ALPHA 66
Y SU HISTÓRICA TAREA

COLECCIÓN CUBA Y SUS JUECES

EDICIONES UNIVERSAL, Miami, Florida, 1995

Miguel L. Talleda

ALPHA 66
Y SU HISTÓRICA TAREA

EDICIONES UNIVERSAL

Primera edición, 1995

EDICIONES UNIVERSAL
P.O. Box 450353 (Shenandoah Station)
Miami, FL 33245-0353. USA
Tel: (305)642-3234   Fax: (305)642-7978

Library of Congress Catalog Card No.: 95-60897

I.S.B.N.: 0-89729-779-2

Agradecimiento especial a Mark Pagniano por el magnífico diseño de la portada.
Special thanks to Mark Pagniano for the superb design of this book cover.

Mi agradecimiento especial a mi esposa, Zoraida, por su estímulo y comprensión en todo el tiempo que he dedicado no solo a este trabajo, sino a la tarea de devolver a Cuba su libertad.

A mi familia en general que me han animado siempre a seguir adelante.

Y a mis compañeros del ALPHA que han estado a mi lado en todo momento en esta gran cruzada.

INTRODUCCION

Hemos querido recoger en este libro la historia de nuestra organización ALPHA 66 en su lucha por devolver a nuestra Patria al cause natural a que tiene derecho como país libre. Es imposible hacer mención de todos los que a través de los años han participado y prestado su esfuerzo en el trayecto de esa fuerza llena de simbolismo patrio que llamamos ALPHA 66. Han sido varios miles de personas de ambos sexos los que han dado parte de su vida para que este aparato deje su huella en la historia de Cuba.

Solo deseamos que al adentrarse en la lectura de sus páginas todos los que pertenecen, han pertenecido o simplemente han cooperado en alguna forma a la labor realizada por ALPHA 66 sientan una satisfacción interna y un orgullo sano de poder decir:

"YO TAMBIEN HE SIDO PARTE DE ESTA HISTORIA."

¿Porque, cómo se podría haber realizado todo lo que se relata sin haber contado con todos los que han puesto su mano sobre este duro arado que ha abierto un surco recto y firme en el proceso que nos ha tocado vivir en los últimos 35 años de destierro?

ALPHA 66 en tantos años de lucha ni ha olvidado su objetivo, ni nadie ha podido apartarnos del camino que consideramos correcto. Hemos sabido superar momentos críticos y las aparentes derrotas. Hemos persistido sin tregua. La historia, que ha sido nuestra gran maestra, y de la que nunca aprenderemos demasiado, nos trae grandes ejemplos de esta persistencia ante tareas que parecían invencibles y que la fe y el esfuerzo han echado por el suelo.

Ha habido y sigue habiendo desgraciadamente una siembra de sangre generosa que es lo que hace gloriosa esta epopeya y que ha sido parte de la histórica tarea del ALPHA 66.

Tanto a los que han partido del destierro y han dado su vida en la Isla en combate o frente al paredón, como a los que dentro de Cuba han tomado nuestra organización como bandera para situarse frente el despotismo castro-comunista dando la vida en el empeño, dedicamos este libro.

Y a los compañeros nuestros ya fallecidos de todas las Delegaciones y en todos los cargos de la Organización quienes aportaron su tiempo, sus talentos y su dinero y que tuvieron siempre el gozo de sentirse parte del ALPHA 66, para ellos también este libro es dedicado.

M.L.T.

"El deseo de la libertad históricamente ha tenido comienzos pequeños en los corazones, las mentes y espíritus de determinados hombres. Estos hombres nunca se detuvieron a considerar el costo, o analizar la probabilidad del éxito final. Estos impulsos brotan de algo profundo dentro del individuo que se niega a aceptar el cúmulo de dificultades que tienen contra ellos."

Barry Goldwater,
Senador por Arizona (*)

(*)   Los Angeles Times
       April 23, 1963
       Artículo con relación al ALPHA
       y los ataques comandos.

INDICE

Introducción

CAPITULO 1

LA TRAICION

Nada mas tenemos una vida para vivir y de vez en cuando debemos mirar hacia atrás para ver lo que hemos hecho, o estamos haciendo con ella, nuestra lógica preocupación es si lo que Dios nos ha dado en nuestro paso por !a tierra lo hemos aprovechado. Si es de algún valor lo que hemos hecho, o si hemos malgastado las oportunidades que hemos tenido para dejar algo positivo a las generaciones que nos sigan, no importa en la escala pequeña o grande en que nos ha tocado desenvolvernos.

Por eso estoy tratando de hacer este recuento de los años que he dedicado en mi estancia en el destierro a la lucha por la liberación de la tierra en que tuve el placer y privilegio de nacer, que ya son más de treinta y tres años y en los cuales el trabajo realizado ha sido principalmente en cooperar a la consolidación y fortalecimiento de un aparato que pueda ser el vehículo idóneo, primero para ayudar al pueblo cubano a liberarse y después para en una Cuba nueva, ya libre del comunismo y la tiranía personal de Fidel Castro, se pueda presentar como el ejemplo político capaz de traer la felicidad al pueblo.

Ese aparato revolucionario-cívico que tiene sus raíces única y exclusivamente en los ejemplos que en nuestra historia fueron perfilando nuestra nacionalidad, es el ALPHA 66.

Con mis compañeros de lucha en el Estado de California, y principalmente en los condados de San Diego, Orange y Los Angeles, asi como también en ocasiones en San Francisco, Oakland, Santa Clara y San José no hemos tenido descanso durante todos estos años. Ha sido una labor fructífera. He tenido la oportunidad de trabajar, en ocasiones orientar y lo que es más importante aprender y crear un espíritu de hermandad que nos ha permitido formar una gran familia de hombres y mujeres que con el solo pensamiento de luchar por la liberación de nuestra Patria, hemos trabajado dia y noche, semana tras semana, mes tras mes y año tras año en esta épica tarea de enfrentarnos a la odiosa tiranía que los traidores del patio, con el contubernio del comunismo internacional han impuesto a nuestro pueblo.

Pero por algún lado hay que comenzar este relato del trabajo

6

en Alpha 66 y no precisamente por nuestra estancia en el destierro. Es más propio retroceder a una fecha fatídica que puede considerarse como el origen y principio de lo que le ha tocado a Cuba vivir: el 10 de Marzo de 1952. Esta parte la traemos a grandes rasgos, pues es nuestra intención el concentrarnos principalmente en nuestra lucha en el destierro.

Cuba se encontraba el 10 de Marzo de 1952 envuelta en la fiebre que las campañas políticas nos traían cada cuatro años. Las elecciones para elegir un nuevo presidente y vice-presidente, senadores, parte de la cámara de representantes, alcaldías municipales y algunas otras posiciones de menor importancia se llevarían a cabo el 1ro de Junio de 1952, o sea, a solo 82 días del 10 de Marzo.

Pero en la sombra se movían las peculiares ambiciones de un grupo de militares, típicos de nuestra América, que tramaban tomar el poder en un golpe de estado destituyendo al Presidente Dr. Carlos Prío Socarrás y para ello utilizaron a Fulgencio Batista, en ese momento Senador de la República y candidato a la presidencia y que en los sondeos de popularidad que se habían realizado aparecía en un tercer lugar con muy pocas posibilidades de ser el triunfador. Así que estos militares amotinados, conjuntamente con Batista, a las dos de la mañana del 10 de Marzo tomaron por sorpresa el Campamento de Columbia, cerca de la Habana. Columbia era el más importante centro militar y ejercía la dirección militar para el resto de la Isla. Tomaron los amotinados el Palacio Presidencial y al asilarse el Presidente Prío en una embajada y controlar los golpistas la mayoría de los cuarteles militares de las provincias, la usurpación del poder quedó consumada.

Una tristeza general sumió al pueblo cubano. Los estudiantes trataron de convencer al Presidente Prío para que no rindiera su derecho. Los militares del Cuartel de la Provincia de Matanzas, también se pusieron del lado del Presidente y de la Constitución. Los trabajadores, dirigidos por Eusebio Mujal, decretaron una huelga general, pero con la indecisión del Presidente y la poca responsabilidad de una gran parte de los políticos y militares, se pudo consumar el despojo.

Al segundo día ya la Confederación de Trabajadores de Cuba (C.T.C.) se había plegado al dictador y suspendió la huelga bajo la promesa de que serían respetados los derechos de los trabajadores y comenzaron así siete años de lucha para tratar de encausar de nuevo

7

la vida de la nación hacia un proceso democrático.

Sin embargo Batista se empeñó en creerse invencible. ¡El salvador de la patria! Y poco a poco fué permeando en el pueblo la certeza de que solamente saldría del poder por la fuerza de las armas.

Los políticos del gobierno destituido comenzaron a conspirar, pero carecían de la decisión necesaria para establecer una lucha armada. No les interesaba, con muy pocas excepciones, sacrificarse personalmente. Temían que en un levantamiento de los elementos jóvenes, esa juventud ganaría la popularidad en caso de un triunfo y pondrían en peligro sus posiciones dentro de la política.

Así surgieron varias conspiraciones y nuevas organizaciones que se pusieron frente a la dictadura militar y entre ellas fué resaltando Fidel Castro, quien un 26 de Julio de 1953 atacó el Cuartel Moncada, máxima fortaleza militar de la Provincia de Oriente y con ese hecho, a pesar de que fué un sonado fracaso consiguió obtener el nombre que necesitaba para que un gran número de jóvenes empezara a creer en él y así fué creciendo su estatura frente al gobierno de Batista.

Desde el mismo día 10 de Marzo en que como Delegado del Departamento de Oficina en el sindicato del Central Washington paralicé las labores, declarándonos en huelga (al igual que lo hicieron los demás departamentos del Ingenio) en protesta por el golpe militar, me ví envuelto en la lucha por volver a rescatar la democracia y los derechos constitucionales que estaban siendo pisoteados por los usurpadores.

Con vista a las elecciones que debían haberse celebrado el 1ro. de Junio de 1952 estaba yo haciendo política, dentro de la Juventud Liberal, aliada electoralmente al Partido Revolucionario Cubano (Auténtico), apoyando al candidato a la presidencia de la República por ese partido, el Dr. Carlos Hevia y así al interrumpirse el proceso electoral me integré a la primera organización clandestina que se creó y que surgió de las filas del gobierno derrocado. Esta organización se llamó la "Triple A". Tuvo su momento de euforia y constituyó una esperanza, pero pronto se desintegró al tenerse que exiliar el Dr. Aureliano Sánchez Arango que la presidía desde la clandestinidad.

Los factores que componían la Triple A, y entre ellos nosotros en el pueblo de Santo Domingo, pasamos a la nueva organización que se creó: la Organización Auténtica (O.A.) que dirigía el Dr. Manuel Antonio de Varona, que había sido Premier en el gobierno del Dr. Prío Socarrás. En ella estuve ubicado hasta la caída de Batista en Diciembre 31 de 1958. La O.A. aunque participó en la lucha armada, especialmente en la provincia central de Las Villas, y en la lucha clandestina en todas las ciudades de Cuba, nunca pudo competir en fuerza con el 26 de Julio de Fidel Castro y aun tuvo que ir de subalterna a formar parte en el "Segundo Frente del Escambray" que dirigía en la zona montañosa del Escambray Eloy Gutierrez Menoyo y con el cual estábamos trabajando juntos en los pueblos en las labores de aprovisionamiento de víveres y pertrechos de guerra.

Desgraciadamente el giro que tomó la lucha contra Batista fué dándole cada dia mas simpatía y poder a Fidel Castro, ayudado inmensamente por una campaña internacional de prensa iniciada por ingenuos periodistas americanos que lo hacían figurar como un moderno Robin Hood. Esta campaña hizo que al terminar la revolución él pudiera deshacerse de los otros grupos participantes, la O.A., el II Frente del Escambray, el Directorio Estudiantil Universitario, etc. y tomarse para sí la victoria, que en honor a la verdad habia sido la labor efectiva de todas las organizaciones y del pueblo en general que cooperaba con todas ellas.

Es muy difícil hablar de la lucha contra el régimen de Batista y que no se interprete mal, pero en realidad esos siete años de 1952 a 1959 fueron, no solo necesarios, sino que representan el sacrificio de lo mejor de nuestra juventud. Idealistas que no merecían que el fruto de su labor, que a muchos les costó la vida, fuera convertido por Fidel Castro en una tiranía entregada al comunismo internacional.

Esto es solo una pequeña introducción necesaria para situarnos en el camino que nos condujo al destierro. Nuestra participación, nuestras experiencias y las enseñanzas que recibimos en este período revolucionario trataré de relatarlas en otra ocasión. Fueron años de prueba en los cuales estuve preso, perseguido, presente en batallas sangrientas y en los cuales aprendí el difícil arte de ser un conspirador.

La traición de Fidel Castro fué como si hubiéramos recibido un latigazo. Produjo tremendo impacto en nuestro espíritu. ¿Cómo podía ser posible que hubiéramos luchado siete años para sacar un dictador y encontrarnos al triunfar con que nos decían: "¿Elecciones para qué?" ¿Era para cambiar de dictador que tantos jóvenes de ambos sexos habían dado la vida unos y sufrido cárcel, torturas y destierro otros? Desde luego que no. Habíamos luchado por defender los derechos inherentes a una nación libre.

Comprendimos inmediatamente que estábamos ante una nueva lucha. Que nada habíamos adelantado, solo habíamos cambiado un dictador abusador y malo, por otro mucho más abusador, cínico, al cual se le podía aplicar la frase criolla "sin gandinga" y que en su desespero por mantenerse en el poder no tuvo escrúpulos para entregarse al comunismo internacional. Así que a los cuatro meses del triunfo de la revolución ya estábamos prácticamente conspirando de nuevo y a los siete meses ya trabajábamos en forma activa en la coordinación de un nuevo aparato de lucha clandestina contra el nuevo dictador. Todavía Fidel no se había declarado comunista, pero ya estábamos seguros de que no estaba dispuesto a restablecer la democracia por la que habíamos luchado.

Se desvanecieron así nuestros sueños. Al júbilo que sentimos el primero de Enero de 1959, las alegrías y esperanzas de todos los que habíamos participado en la batalla contra Batista se tornaba poco a poco en una desilución cruel. Nuestra esperanza de que vendrían días de descanso, donde no tendríamos que escondernos, huir, conspirar día y noche y en fín vivir en un medio natural donde solo tuviéramos que mirar hacia el crecimiento de nuestra familia y el engrandecimiento de nuestra patria se fué evaporando poco a poco y en su lugar se fué creando un furor y un resentimiento contra el perverso traidor que así nos engañaba.

Esta sorpresa que el destino nos tenía preparado aun hoy nos parece increible. Fidel se hacía dueño de la República y se tomaba para sí todo el esfuerzo que otros habían realizado. El orientador del 26 de Julio que desde la Sierra Maestra había estado realizando una inteligente labor de propaganda personal ahora venía a recoger los frutos de la misma. Con maligna intención había socavado al resto de los movimientos que habían luchado y desconocía la participación del pueblo en general. El se consideraba el dueño único del triunfo, él lo habia hecho todo y en esa forma, sorprendiendo la buena fé del cubano en muy poco tiempo efectívamente todo estaba en sus manos, todo lo dominaba. Una parte considerable del pueblo le adoraba y seguía ciegamente y el resto no se atrevía a oponerse, so pena de ir a parar a la cárcel o al funesto paredón.

CAPITULO 2

RUMBO AL DESTIERRO

La reacción a esta nueva situación fué al principio muy lenta. Un pueblo al terminar una lucha contra un gobierno que, como en el caso nuestro duró siete largos años, no se dispone de nuevo a luchar fácilmente. El cansancio le había casi agotado la energía y llevado al máximo el aguante del sistema nervioso. Era pues natural que estupefacto observara la tragedia que nos estaba cayendo encima.

Así, me encontraba en la Habana en los primeros días del mes de Enero de 1959 cuando llegó Fidel a la Habana. Habíamos ido a plantearle al nuevo gobierno la situación del Central Washington que listo para comenzar la zafra se encontraba abandonado, pues dueños y administradores habían salido huyendo. El Central pertenecía a una sociedad conjunta de la Sra. Marta Fernández Miranda, esposa del dictador Batista; el Dr. Andrés Domingo y Morales del Castillo, Ministro de la Presidencia del propio gobierno y Amadéo López Castro, Ministro de Agricultura también del gobierno de Batista.

El Sindicato que representaba a los obreros; la representación de la Asociación de Colonos y los elementos que habíamos luchado en esa zona fuímos en comisión a la Habana y estando en un restaurant por la noche vimos por televisión a Fidel Castro en su primer discurso en el Campamento de Columbia anunciar que ya el pueblo había dado su veredicto de apoyo a la revolución, por supuesto que el apoyo era a él, lo que hacía innecesaria toda consulta popular.

El Dr. Emilio Castañeda, que formaba parte de la comisión y yo nos miramos, hicimos una mueca, pero nada dijimos. Comenzaba así a crearse la sensación en lo interno de uno de lo que vendría. Pero nos fuimos a Palacio al día siguiente y por mediación de Oscar, mi hermano, que había acabado de regresar ese día de su exilio en los Estados Unidos, y que era amigo personal de Faustino Pérez, recién nombrado por el gobierno revolucionario Ministro de Recuperación de Bienes, se logró que el gobierno interviniera el Central Washington y nombrara al Dr. Castañeda como Interventor y a mí como Interventor Auxiliar.

Había la necesidad imperiosa de echar a andar el Ingenio

pues la zafra tiene su tiempo y no se debe esperar que pase el mes de Enero para comenzar, ya que las lluvias de Mayo y Junio hacen después difícil la molienda en los finales.

Así que nos fuimos para el Ingenio y con la espina clavada de la duda dedicamos nuestro tiempo y energías a la labor difícil y nueva para nosotros, de administrar un Central. El Dr. Castañeda, médico del Ingenio, dirigente del Movimiento 26 de Julio que había tenido que exiliarse en Venezuela y yo llegamos a sentir un gran compañerismo, una gran amistad y una total afinidad en nuestro modo de pensar con respecto a lo que estaba pasando en el nuevo gobierno revolucionario. Pero teníamos la esperanza de que se rectificara poco a poco y que Fidel entendiera que la revolución no era él, sino que había sido la labor de una gran parte del pueblo y de los distintos factores que habían participado.

Aproximadamente a los tres meses del triunfo ya comenzaron a irse en rebeldía para las lomas del Escambray algunos soldados del Ejército Rebelde que no aceptaban la nueva situación. Uno de los primeros fué el Teniente Nenito, un muchacho valiente y muy popular del pueblo de La Esperanza, ciudad cercana a Santo Domingo. Antes de irse vino a ver al Dr. Castañeda al Central y le pidió ayuda. Castañeda no quiso comprometerse a nada y si le advirtió que al irse para las lomas, se estaba adelantando y tomando una determinación demasiado temprana y peligrosa.

Pasaban los días y nosotros trabajando para la revolución, tratando de ser ejemplo de como se podía con voluntad y esfuerzo manejar la complicada industria que estaba a nuestro cargo y que no solo producía azúcar centrífuga, sino que parte de su producción era refinada en el propio Ingenio. Además tenía grandes colonias de caña propiedad del Central y una destilería que producía una gran cantidad de alcohol.

Nos sentíamos satisfechos del trabajo que estábamos realizando, obreros, empleados y colonos estaban contentos con nosotros, pero la duda iba creciendo y ya unos días antes de terminar la zafra habíamos tomado la determinación de renunciar a la Intervención y volver a nuestros puestos en el Central. El Dr. Castañeda a su puesto de médico y yo a la oficina como Jefe del Departamento de Caña. En nuestro nombramiento, a petición nuestra, se había hecho constar por el Ministerio de Recuperación de Bienes que al terminar nuestras labores como interventores, volveríamos a nuestros trabajos respectivos.

Nos fuímos a la Habana el médico y yo y le planteamos al Ministro Faustino Pérez nuestro deseo de que nos relevara de nuestras responsabilidades como Interventores. El nos rogó que termináramos la zafra y que por favor no nos fuéramos, que nosotros representábamos un ejemplo de como el gobierno revolucionario era capaz de manejar una industria privada, y que el experimento estaba siendo observado con mucho detenimiento. En fin, volvimos al Central y terminamos la zafra. Con gran alegría tuvimos una fiesta con todos los obreros y se repartió todo el vino y licor que la administración anterior tenía almacenado en la casa de vivienda del administrador

Ya en los meses de verano se perfilaban muchas nuevas cosas que tenían al pueblo asustado. Uno de los peligros que la gente veía con mas preocupación y se murmuraba abiertamente era que los comunistas, con el visto bueno del gobierno estaban avanzando en las posiciones en todos los campos y Fidel no le daba importancia. Viejos luchadores del "Movimiento 26 de Julio" abandonaban sus posiciones o puestos en la administración del gobierno y conocidos comunistas eran nombrados en su lugar.

Esto nos hizo volver a la Habana, en Agosto de 1959, y ya en una forma irrevocable plantearle a Faustino nuestra renuncia. La respuesta del Ministro fué que él también se iba y nos aceptó la renuncia.

Para hacerse cargo del Ministerio de Recuperación de Bienes, una vez que Faustino salió del mismo, el gobierno entregó las industrias intervenidas al recién creado Instituto Nacional de la Reforma Agraria (INRA) a cargo del Comandante Ernesto "Che" Guevara. Tuvimos que volver a la Habana y ver al "Che". Este nos recibió muy cortesmente, fuímos conjuntamente con la representación de los obreros y colonos del Ingenio y nos anunció que nombraría otro Interventor para que se hiciera cargo del Central. Así nos librábamos el Dr. Castañeda y yo de pertenecer a nada que fuera parte del gobierno, que en forma autoritaria y con muy poca contemplación para los derechos ciudadanos estaba ejerciendo Fidel Castro.

Desde el mismo día del triunfo de la revolución contra Batista mantuvimos nuestros contactos con nuestros compañeros de la Organización Auténtica (O.A.) y también con los líderes locales del "26 de Julio". En el ambiente local y en todo el Termino Municipal de Santo Domingo gozábamos de un gran prestigio y a escala provincial estábamos ligados con los directivos provinciales de la O.A. que ahora había cambiado su nombre de lucha por "Rescate", más propio para la nueva etapa que se iniciaba, donde había que rescatar la revolución traicionada por Fidel Castro.

Nuestro principal contacto provincial era en Santa Clara con Gil Ascunse. Este era un jóven que tenía un negocio de representación de productos de la General Electric, en cuyo local nos reuníamos todo el tiempo que estuvimos conspirando contra Batista. El se tuvo que ir para las lomas del Escambray en los finales de 1958 y allí se encontraba alzado al final de la revolución. El constituía nuestro contacto ya que recibía orientación del Jefe Nacional de "Rescate" el Dr. Manuel Antonio de Varona.

Originalmente el grupo principal de Santo Domingo lo componíamos Andrés Espinosa, Rolando Ortíz y yo. Como Ortíz había tenido que exiliarse de la zona en la época de Batista, solo Espinosa y yo con una serie de responsables en todos los barrios del Término Municipal manteníamos constantemente contacto, analizábamos los acontecimientos y estábamos a la espectativa para recibir o delegar orientaciones, pues cada día se producían nuevos hechos que nos tenían a todos muy preocupados.

Tony Varona había recomendado a todos que no aceptaran responsabilidades en el gobierno que ya era manejado en forma dictatorial por Fidel. Nuestra casa se fué convirtiendo de nuevo en centro de reuniones donde distintos elementos revolucionarios iban a lamentarse de lo que consideraban una traición de Fidel; a buscar orientación y a ofrecerse para cualquier acción que se decidiera tomar.

Un dia Papá me llamó y en forma dura me dijo: "¿Qué estás haciendo?" "¿Piensas comenzar de nuevo a conspirar?" "¿No te das cuenta del lío en que te estas metiendo?' Hombre, es hora de que pienses en tus hijos y tu mujer. Esta situación es mucho más peligrosa que la anterior."

Estaba realmente disgustado y tuve que calmarlo y decirle que no, que solo estábamos estudiando lo que estaba pasando y que yo de ninguna manera me iba a poner frente al gobierno revolucionario.

Se calmó un poco, pero él sabía que yo no le estaba diciendo la verdad. No era fácil engañarlo. Yo por mi parte traté de disimular más nuestras actividades, que ya estaban tomando un cariz de verdadera conspiración, pero me envolvía cada vez más en la peligrosa madeja que hacía falta preparar para luchar contra la fuerza totalitaria que Fidel estaba construyendo para ahogar todas las libertades y sumir al pueblo en una dictadura muy superior a la que habíamos sufrido con Batista.

Y he aquí que mientras yo me envolvía día y noche en esta tarea conspirativa y que prácticamente ocupaba todo el tiempo libre en que no estuviera trabajando en el Ingenio, a mis espaldas se estaba tejiendo otra conspiración entre Zoraida, mi esposa, y mi hermana Olga que residía en Nashville, Tennessee, en los Estados Unidos. Olga comenzó, de acuerdo con Zoraida, a gestionar visa para toda la familia, haciendo esta gestión a través del Senador por Tennessee Albert Gore, padre del actual Vice Presidente de los E.U. Fué atendida rápidamente y muy pronto teníamos una Visa Waiver para cada uno de los cuatro muchachos, para Zoraida y para mí.

Esto fué en el año 1961. Ya papá había fallecido en Febrero del año anterior y a regañadientes acepté esta nueva perspectiva. Había ya en el país un corre-corre enorme, pues mucha gente previendo el cierre total del sistema en que ya Fidel Castro se había declarado abiertamente comunista, despavoridos trataban de abandonar la Isla.

El destierro había sido el camino de los cubanos en casi todas las generaciones desde que tuvimos conciencia de que Cuba era un país que debía ser libre y soberano. Era como parte de nuestro destino como nación el que siempre hubiera una fuerza gobernante que amparada en la fuerza bruta quisiera enjaezar instintos humanos con que el hombre fué creado y contra cuyos métodos no había otro remedio que revelarse, asumiendo toda clase de riesgos, inclusive el de abandonar la patria.

Al principio me mostré renuente a irme de Cuba, pero las circunstancias nos estaban obligando. Un día se nos apareció Marianita, la mayor de nuestros hijos, que tenía unos seis años, cantando "la Internacional" y hablando de lo bueno que se estaba haciendo y los planes que tenían en el colegio. Y por supuesto empezaban a ver a Fidel como el salvador de Cuba, pues esa era la característica principal y el objetivo de la educación que estaban dando a los muchachos desde muy temprana edad. Todo giraba en crear una idolatría hacia Fidel Castro.

Al fin me rendí ante la realidad y a instancia de Zoraida acepté irme de Cuba, pero puse una condición que ella aceptó. Que aunque me fuera de Cuba nunca dejaría de luchar por regresar a una Cuba verdaderamente libre.

Presentamos todos los papeles ante las autoridades y nos fuimos preparando para la partida. Muchos nos decían, familiares y amigos, que estábamos locos. Que qué íbamos a hacer nosotros con cuatro hijos en los Estados Unidos. Que tendríamos que venir a lavar platos. Pero una vez tomada la determinación nada nos detenía. Para complicar las cosas Zoraida salió en estado mientras esperábamos la salida y eso representaba un nuevo problema, pues si la salida se demoraba no teníamos visa para la nueva criatura. Nuestro permiso de partida se nos fijó para el 5 de Mayo de 1962, afortunadamente antes de que Zoraida diera a luz.

Es muy común que las cosas fáciles se compliquen cuando ya parecen que todas las dificultades han sido superadas y lo nuestro no iba a ser una excepción. El 5 de Mayo, nos encontrábamos en el aeropuerto, en lo que los cubanos dieron por llamar "la pecera" y que era una habitación cubierta por cristales donde solo podían entrar los que se iban del pais. Familiares y amigos se despedían desde fuera, mayormente por señas, pues era difícil comunicarse a través del cristal. De pronto apareció un miembro de la Seguridad del Estado (G-2) que era la policía encargada de chequear a todo el mundo en Cuba y que ya para esa fecha tenía una fama tremenda de abusiva y peligrosa, y me increpó: ¿Quién es Joaquín Talleda?

"Este", le contesté, señalando para Joaquín mi hijo de solo cuatro años de edad.

"Usted no puede irse del país. Tiene que entregar su automóvil que está a nombre de Joaquín Talleda" me dijo.

"Yo no tengo, ni nunca he tenido automóvil y Joaquín tampoco", le contesté.

Dentro del susto que esta dificultad nos creaba, a Zoraida se le encendió el bombillo y me dijo. "Ese automóvil debe ser el del Dr. Talleda, cuyo nombre es Francisco Joaquín". El médico Talleda era nuestro primo que vivía en Santo Domingo y sí tenía un automóvil. Se lo expliqué así al Inspector del G.2. El hombre se quedó sorprendido y puso una cara seria, pero indudablemente se dió cuenta que nuestro hijo Joaquín no podía ser dueño de un automóvil.

Me dijo: "Espere un momento" y salió.

Yo le dije a Zoraida, si insisten en que yo no me puedo ir, tú vete con los muchachos, que ya yo trataré de resolver el problema. Zoraida no estaba muy conforme. Marianita comenzó a llorar. En fin, una tragedia con la cual no habíamos contado.

El Inspector del G.2 se demoró en volver y en eso el piloto del avión, un Cubano, que había presenciado toda la escena me dijo: "Párate aquí". Y me situó a su lado. A los pocos minutos dieron la orden de que los pasajeros comenzaran a subir al avión y el piloto me dijo: "Arriba".

Salí primero que nadie y me monté en el avión el primero, mi familia venía detrás junto con el resto de los pasajeros. Desde lo alto de la escalerilla miré a lo lejos unos palmares.

Esa fué la última impresión que tuve de la tierra que abandonaba. Y en mi cabeza daba vueltas un triste pensamiento: ¿Cuándo podría volver a verla?

CAPITULO 3

MIAMI, PRIMERA ETAPA DEL EXILIO

Los pasajeros subían al avión y se sentaban en silencio, por un tiempo apenas se oía una voz de alguien que trataba de acomodar a los pequeños, pero cuando el avión despegó, que ya se encontraba en el aire, se formó tremenda algarabía. Por algunos momentos todos dimos rienda suelta a la alegría que nos producía el sentirnos ya libres de la sofocante situación que dejábamos atrás. Se había dado el caso, y todos estábamos conscientes de ello, que en ocasiones el gobierno cubano mandaba bajar a todos los pasajeros cuando ya estaban listos a salir, así que ese peligro existía mientras el avión estuviera en tierra.

A los pocos minutos oímos la voz del Presidente Kennedy a través del sistema de comunicación del avión, en que nos daba la bienvenida a los Estados Unidos y nos animaba a que acogiéramos con fé y entusiasmo esta oportunidad de comenzar una nueva vida en este país.

Yo en lo personal tenía cierto temor a que a mi llegada a los E.U. se pusiera en duda los motivos de mi viaje. Después de todo yo había sido empleado al servicio del gobierno en la Intervención del Central Washington y sabía que aquellas personas que el gobierno americano dudaba de sus motivos al viajar hacia este país, los internaban en la base de Opa Locka para investigarlos. Por lo tanto el único documento que pude encontrar que atestiguaba que yo era anticomunista, desde mucho antes de la revolución, fué un manifiesto que tiramos en el Central Washington firmado por todos los delegados del Sindicato Obrero, donde atacábamos al comunismo.

Así que antes de salir de Cuba tomé este manifiesto, hecho en una hoja de papel tamaño regular de carta, y conjuntamente con los únicos cuatro dólares en moneda americana que tenía los llevé a un amigo zapatero, el que hizo un hueco en el tacón del zapato de mi hijo Miguelito y en esa forma los pude traer. Unica quizás pues a la salida me hicieron quitarme las ropas hasta quedarme en calzoncillos y me quitaron un reloj pulsera valioso y los pocos centavos que llevaba en el bolsillo.

Afortunadamente no hizo falta demostrar mi anticomunismo. Nadie questionó los motivos que tenía para abandonar el país aunque como a todos los demás que llegaban, oficiales de inmigración nos hicieron gran número de preguntas sobre la situación interna, la revolución, el control de los comunistas, etc.

Como no teníamos familiares en Miami nos mandaron para el Hotel Tamiami por unos días hasta que encontráramos apartamento y nos dieron unos ochenta dólares para que pudiéramos comenzar. Amigos de Santo Domingo y del Central Washington que habian venido antes que nosotros nos ayudaron y pronto ya estábamos instalados en una casa de apartamentos en el #1157 NW 1ra. Calle.

Al principio fueron unos días donde junto a la tensión de adaptarnos a un nuevo y diferente ambiente teníamos que concurrir al refugio para distintos chequeos médicos, entrevistas y otras gestiones. Zoraida enseguida fué puesta bajo cuidado médico pues estaba próxima a dar a luz. Los muchachos se estaban adaptando de lo mejor. Los tres mayores los pusimos en la escuela y yo comencé a buscar trabajo.

No era fácil. Sobre todo en el área de Miami donde todos los días arribaban alrededor de cuatrocientos cubanos refugiados ansiosos de trabajar en lo que fuera y ganarse el derecho a una nueva vida en libertad. Fueron días excitantes, esos primeros días, el 26 de Mayo, a los 21 días de haber llegado nació Juanita. El nombre le vino como recuerdo por la tía Juana que nos había criado y de la cual nos habíamos despedido en Cienfuegos solo unos días antes. Zoraida tuvo que estar varios días en el Mercy Hospital y mientras tanto yo atendiendo a los muchachos. Nuestros buenos amigos, la familia Domenech, se nos brindaron para cuidar a Joaquín, de solo cuatro años, y que por travieso era muy difícil dejarlo solo en el apartamento. Mariana y Margarita nos ayudaron mucho en esos días y ya les empezaba a gustar la escuela.

Yo iba a buscar comida que nos daban en el refugio sin costo alguno. No fué fácil acostumbrar a los muchachos a cosas como la leche en polvo, el "peanut butter" y otros alimentos pero avanzábamos en el proceso de adaptación. Hice varias gestiones para trabajar pero no encontré nada de importancia que me permitiera ganar lo suficiente para mantener la familia. Fuí pintor con otro amigo en una contrata; repartí muestras de pastillas de "Salvo" un producto para lavar, de casa en casa, durante unos días, pero pronto el trabajo se acabó para el grupo de cubanos refugiados que estábamos haciendo esa labor.

En otra ocasión me dijeron que estaban buscando trabajadores para fomentar una colonia de caña en un ingenio azucarero que se estaba construyendo en la Florida y para allá me fuí conjuntamente con el polaquito Bernardo Nieman que había venido en el mismo viaje con nosotros desde nuestro pueblo en Cuba. Trabajamos solo un día. Había que internarse muchas millas en el campo viajando en una carreta tirada por un tractor y al llegar al lugar del trabajo lo primero que vimos fué una gran serpiente que uno de los trabajadores mató con un machete. Todo el día me lo pasé con una guataca en la mano limpiando caña, dos serpientes más tuvimos que matar.

Al terminar el día decidimos Bernardo y yo que ese era un trabajo muy riesgoso y no volvimos a él. De administrar un central azucarero en Cuba a guataquear la caña, que es una de las labores más dura y más mal pagada, a la cual yo no estaba acostumbrado, hay una gran distancia. Una distancia superior al sacrificio que estaba dispuesto a soportar en mi nueva vida.

Hubo otra oportunidad de trabajo fregando platos en el mejor hotel de Miami Beach, el Fontainebleau pero el trabajo estaba controlado por oficiales del ejército de Batista, que habían sido los primeros refugiados y consideré que no era la compañía con la cual yo deseaba trabajar, pues por haberlos combatido yo antes, podían burlarse de mí por también haber tenido que salir del pais. Nada tenía contra ellos pero tampoco simpatía y creí lógico evitar un conflicto.

Mientras tanto yo no dejaba de pensar y estudiar la situación de Cuba, por la noche nos reuníamos un grupo de cubanos, muchos de ellos conocidos de Santo Domingo, y estábamos hablando y discutiendo las cosas de la isla hasta altas horas de la noche en la esquina de Flagler y 12, que nosotros bautizamos como la esquina del "Oso Blanco" nombre de la tienda que había allí. La policía al principio trató de mandarnos a dormir, pero se dieron cuenta de que esa era nuestra costumbre; discutir en alta voz y hablar muchas veces varios a la vez y obtaron por dejarnos tranquilos.

La solución del problema de Cuba era mi obsesión. Quería comenzar a ser útil a la lucha por rescatar a nuestra patria del comunismo, pero quería estar seguro de que no iba a ser de nuevo víctima. Realmente no había mucha claridad en la situación. Un día fuí a las oficinas de la organización II Frente del Escambray (que ya formaba parte de una trilogía conjuntamente con Alpha 66 y el MRP (Movimiento Revolucionario del Pueblo) y pregunté por Conrado

Rodríguez Sánchez un gran luchador en el sector obrero de los centrales azucareros del área nuestra en la provincia de Las Villas. Conrado formaba parte de esas organizaciones y con él podía orientarme sobre cuales eran los mejores pasos a seguir. No estaba allí. Saludé en la puerta a Andrés Nazario, a quien no conocía entonces, conversamos algo sobre la situación y la labor que estaban realizando, me despedí y aunque pensaba regresar, no volví por dicha oficina.

Otro día un amigo nos dijo que había una misionera Bautista que había estado en Cuba y que estaba tratando de relocalizar a cubanos en distintas áreas de los Estados Unidos donde podrían encontrar mejores oportunidades de empleo para comenzar su nueva vida. Fuimos a verla. Miss Taylor había estado de misionera en la Provincia de Oriente, en Cuba, y tenía una gran estimación por los cubanos.

Por su mediación fuimos al Refugio de nuevo, aunque allí acudíamos a menudo solo para ver, como hacían muchos otros cubanos, si en los diarios vuelos de la Habana venían amigos o conocidos. Allí en el Refugio, en la sección del Church World Service (CWS) nos ofrecieron tres opciones para trasladarnos: Cleveland, Ohio; Houston, Texas o Los Angeles, California. Escogimos a Los Angeles, pues en Cleveland sabíamos que la temperatura era muy fría y de Houston la realidad es que sabíamos muy poco. Tuvimos que esperar unos días a que nos fijaran la salida, pues había que buscar una iglesia que quisiera ser nuestra protectora hasta que nos encamináramos.

Estando esperando la salida para Los Angeles me encontré en el Refugio con Gil Ascunce y al enterarse de que me marchaba para Los Angeles me sugirió que fuéramos a ver a Tony Varona para que yo trajera para California la representación de su organización "Rescate" a la cual había yo pertenecido en Cuba. No tenía mucho entusiasmo pues tenía mis dudas en cuanto a la efectividad de "Rescate" como instrumento en la recuperación de la libertad perdida (al poco tiempo desapareció). Pero de todos modos nos fuimos al lugar donde estaba la oficina de Varona, en el Bizcaine Blvd.

Allí me encontré con algo de lo que había oído hablar en la calle, pero que no sabía si era o no verdad. El gobierno Americano, probablemente a través de la C.I.A., tenía una casa grande donde en cada habitación había uno o dos burós y en ellos trabajaban distintos personajes cubanos del exilio los cuales, era voz popular, recibían un sueldo del propio gobierno.

No estaba Varona cuando fuímos a verlo. Me alegré sobremanera, pues me causó pena lo que estaba viendo. Yo creía que con el fracaso de Bahia de Cochinos donde la C.I.A. habia manipulado a su antojo el patriotismo de los cubanos que estaban dispuestos a dar la vida por recuperar la libertad de su patria y había situado en una posición bastante incómoda, o quizás pudiéramos decir denigrante, a las personalidades que pensaba "utilizar" a la caída del régimen de Castro, nadie se prestaría a seguir haciéndole el juego. Pero no era así, muchos dirigentes de organizaciones mantenían supuestos liderazgos a la sombra del gobierno Americano.

Todo esto no aminoró mi entusiasmo ante el deber de luchar, pero sí me fué abriendo los ojos para separar y clasificar lo que a mi modo tenía valor, de lo que estaba contaminado. Pensé siempre que los cubanos teníamos un gran deber de agradecimiento a este país por habernos recibido en nuestra hora negra de esclavitud, pero de ninguna manera podíamos entregar ni someter la responsabilidad que nos correspondía de liberar a nuestra patria.

Esa tarea no era de los Estados Unidos ni de ninguna otra nación u organización internacional. La cruz era nuestra y nada más.

CAPITULO 4

CALIFORNIA, TERMINAL DE LA ODISEA

El lejano oeste, ese territorio americano que se encuentra después del Rio Mississippi había sido siempre para nosotros fascinante. Las historias de la lucha del hombre blanco por explorar, descubrir y al fin conquistar esa vasta extensión de tierra del continente en poder de los nativos indios la habíamos conocido a través de las películas del Oeste y de los libros en la imaginación de Zane Grey y los episodios de Buffalo Bill que en nuestra juventud leíamos constantemente.

¿Quién me iba a decir que al cabo de los años vendría yo con mi familia también a atravesar, en avión por supuesto, ese legendario espacio donde cowboys e indios habían sido protagonistas de las más espectaculares aventuras? No solo eso, sino que habíamos llegado tan lejos que ya el "lejano oeste", cuando nos referíamos a él, teníamos que apuntar para el Este.

Pero todo llega y al fín llegó el momento de abandonar la Florida y el 20 de Julio de 1962 embarcamos para California. Antes de salir nos dieron a todos una encomienda en una pequeña tarjeta que nos entregó con los pasajes el Church World Service. En esta tarjeta nos decían: "que debíamos en toda circunstancia que fuera posible hablar a toda persona u organización sobre el caso de Cuba para que abrieran los ojos ante el peligro comunista". Por supuesto que hice y aun estoy haciendo buen uso de ese consejo.

La tarde antes de salir de Miami no teníamos ni un centavo. Bernardo me prestó $5.00. Gasté dos en pan y leche para el desayuno y al embarcarme para California solo lo hacía con los $3.00 restantes. Creo que ésto era sintomático de lo que sería nuestra vida posterior en este Estado, pues por muchos años estuvimos monetariamente pegados siempre al límite necesario para resolver nuestros problemas económicos.

Al aeropuerto de Los Angeles fueron a recibirnos el Rev. Harold Sweeze y su esposa quienes nos condujeron a un pequeño apartamento en la calle Olive, que nos tenían preparado y que quedaba al costado del parqueo de la Primera Iglesia Bautista de Alhambra. Esta era la iglesia que nos estaba auspiciando y que nos ayudaría hasta que nos pudiéramos encaminar.

Los días iniciales en California fueron excitantes. Todo era nuevo para nosotros. El proceso de adaptación no fué difícil, especialmente para los muchachos, el mundo nuevo a que se estaban acostumbrando les agradaba sobremanera. Misioneras que habían estado en Cuba y que estaban retiradas les ayudaron con sus tareas en la escuela para que se fueran acostumbrando al nuevo idioma. Zoraida y yo, y también los muchachos íbamos a la Iglesia que nos había ayudado a comenzar y allí tomé la determinación que ya Zoraida había hecho desde Cuba, de aceptar la doctrina Cristiana y reconocer que había un ser supremo sin cuya ayuda todos los pasos que estábamos dando no tendrían sentido ni éxito.

Ya había tenido experiencias en Cuba en varias ocasiones en que nos vimos en aprieto y me sentí que nuestras fuerzas no eran suficientes para salir adelante, pero en las dudas en que vivía no tenía a quien recurrir para pedir ayuda. Ahora contaba con Dios.

La nostalgia de estar tan lejos de nuestra Patria era algo que no podíamos evitar. Muchas veces me pregunté que como podría ayudar yo al esfuerzo que el regreso a un clima de libertad requería. En Miami estábamos rodeados de noticias por la radio, la televisión, los periódicos y sobre todo del contacto cotidiano con el resto de la colonia cubana que cada día iba creciendo y que constantemente estaba recibiendo noticias de nuestra tragedia.

Cuando comencé a trabajar, con la ayuda de miembros de la iglesia, lo primero que hice fué ir a Sears en Pasadena y comprar a plazos un radio que me permitiera estar en contacto con las estaciones latinas que existían en ese entonces y que de vez en cuando trataban mas a fondo el problema de Cuba que las estaciones americanas, a las cuales me costaba trabajo entender. Poco a poco nuestra casa se convirtió en el punto de reunión de innumerables familias cubanas que vivían en Alhambra y otros pueblos del Valle de San Gabriel. Nosotros habíamos sido los primeros refugiados en Alhambra. Sabía que ya se estaban organizando algunos grupos de cubanos en el área de Los Angeles pero por falta de transporte y de contactos se nos hacia muy difícil asistir a los actos. Sin embargo mi obsesión constante era incorporarme al proceso de lucha contra la dictadura.

Conocí en Pasadena a Mariano Sedó que con su esposa Darita tenían un espíritu de cubanía que me hizo sentirme atraído a ellos, pues muchos cubanos tenían su interés por avanzar y superarse en sus problemas financieros y personales en primer lugar y la tierra donde nacieron no olvidada, pero realmente relegada a un plano secundario bastante lejano. Comenzaba a echar raíces la tésis que el gobierno de Cuba pretendía que todos aceptaran, o sea que ellos eran invencibles y que el comunismo en Cuba era para siempre.

Mariano me convidó a asistir a la inauguración de la delegación en Pasadena de la organización Junta Revolucionaria (JURE) que presidía nacionalmente el Ing. Manolo Ray que había sido Ministro de Obras Públicas en el primer gabinete de la revolución. No me impresionaron los planteamientos del JURE y decliné la invitación que me hicieron para que me incorporara a trabajar con ellos. No obstante económicamente cooperé en sus campañas en varias ocasiones, lo que representaba un esfuerzo enorme, pues nuestra economía en la casa estaba en los límites de subsistencia.

En una ocasión asistí a un acto donde saludé al Ing. Ray quien en su discurso usó una frase que nunca he olvidado y que inclusive la he repetido en ocasiones. Dijo el Ingeniero Ray: "Estén alertas para rechazar al diablito del desaliento que sin duda alguna vendrá de vez en cuando a posarse en sus hombros". Era una frase profética. El desaliento en el destierro ha sido un gran aliado del tirano.

El primer trabajo que conseguí fué en una oficina en la ciudad de Pico Rivera y para ir al trabajo dependía de un americano que me llevaba y me traía desde Alhambra por un módico precio. Conversábamos mucho sobre Cuba. Una mañana me dijo: "¿Leístes la noticia de que una organización de exiliados cubanos llamada ALPHA 66 hizo un ataque por mar a las costas de Cuba?"

"No," le contesté. Y quedamos que al día siguiente me traería el recorte del periódico.

Efectivamente la noticia daba escuetamente la reseña del ataque efectuado y así mismo daba la dirección en Puerto Rico donde se podían remitir donaciones para que el ALPHA 66 pudiera continuar los ataques comandos. Inmediatamente hice un cheque por $5.00 y lo mandé a la dirección señalada como mi humilde contribución y a los pocos días recibí el acuse de recibo correspondiente. Ese fué mi primer contacto con el ALPHA y mi primera contribución a su esfuerzo. Muy pobre por cierto, pero dadas las circunstancias, pretendía ser solamente nuestra señal de aprobación al trabajo que ALPHA estaba realizando.

Por instinto quise cooperar en algo que pensé, era el camino correcto en la lucha por la liberación de nuestra patria. Era indudablemente una heroicidad por el peligro que se corría al acercarse a las costas cubanas a tirotear las instalaciones militares. Y conseguir los fondos necesarios para sufragar los gastos que la operación requería era por supuesto otra heroicidad.

En aquel momento yo ignoraba que el II Frente-MRP-ALPHA 66 tenían ya una oficina en Los Angeles y una Delegación constituida para apoyar el esfuerzo bélico. Originalmente el Delegado había sido René Valdés, después lo sustituyó Alfredo Rondón y cuando los ataques comandos comenzaron el Delegado era Manuel Luaces y la oficina estaba situada en el 1830 West Calle 9. Pero el área de Los Angeles es tan basta y contábamos con tan pocos medios de comunicación en la colonia cubana, aunque estaba creciendo enormemente, que muchas cosas llegaba uno a conocerlas cuando ya habían pasado. Me refiero a los actos y fiestas que los cubanos comenzaron a preparar para mantener una vinculación necesaria que nos permitiera preservar nuestras costumbres y cooperar a cualquier esfuerzo que se hiciera para sacar a Cuba del barranco comunista. La preocupación inmediata era conseguir trabajo, buscar donde vivir, escuelas para los hijos, un automóvil para moverse, que en Miami y por ende en Cuba no era tan necesario, pero aquí en California era indispensable.

Los ataques de Alpha venían sucediéndose uno tras otro. Después del ataque al barco inglés "Newlane" en el puerto de Caibarién en Septiembre 10, 1962 vinieron acciones comandos contra un campamento Ruso y cuartel de milicias en el puerto de Isabela de Sagua. Julio Cruz, uno de los participantes cuenta lo siguiente sobre el ataque a la Isabela, según el periódico "El Mambi" de Agosto 4, 1964...."Alli nuestros hombres ranas colocaron cargas de explosivos en almacenes, locomotoras, carros de ferrocarril, etc. Cuando se iniciaron estas explosiones vimos correr desesperadamente a todo el personal que se encontraba en el Cuartel...."

Ya la prensa americana y mundial comenzaba a notar este esfuerzo del destierro cubano por sacar a nuestra patria de la telaraña que Fidel venía tejiendo para envolver al pueblo cubano en la lobreguez de la noche comunista. En Cuba el tirano también se sorprendió. El había pensado que al partir para el exilio los cubanos quedarían deslumbrados en el afán de adaptarse a la vida del país más rico, civilizado y con más oportunidades y se irían olvidando poco a poco del dolor que la tiranía iba creando en nuestro pueblo.

Craso error, el destierro en un porcentaje mayor o menor nunca olvidaría nuestro deber con la tierra que nos vió nacer.

CAPITULO 5

LA CRISIS DE LOS COHETES

Es entonces cuando se produce la famosa "Crisis de los Cohetes", Octubre de 1962, donde el gobierno americano descubre que Nikita Kruschef de acuerdo con Castro estaba instalando cohetes atómicos en tres lugares distintos en la isla de Cuba.

El Presidente Kennedy declara una "cuarentena" alrededor de Cuba, por medio de la cual todo barco que se acercara a Cuba tenía que pasar por un registro de la armada americana para determinar si llevaba productos atómicos o partes para los cohetes, o cualquier otro material que pudiera representar un peligro para esta nación.

Fueron días de tensión en todo el mundo y el peligro de una catástrofe atómica fué verdadero. Finalmente se pusieron de acuerdo Kennedy y Kruschev, sin consultar siquiera a Fidel, y acordaron retirar los cohetes de la Isla, con la promesa de Kennedy de que los Estados Unidos no invadirían a Cuba. Quedaban implícitas otras condiciones, como la retirada de cohetes americanos de Turquía y la protección al comunismo cubano al restringir las actividades de los exiliados en lucha contra Castro.

Para nosotros en particular fué interesante saber que una de las tres bases de cohetes estaba enclavada en una finca que había sido de nuestra familia, la finca "Villanueva", que ése era el apellido de mi madre y que se encontraba en el área de Sagua la Grande, en el camino entre Quemado de Güines y Rodrigo. ¡Cuántas veces fuimos al atardecer a la finca "Villanueva" mi hermano y yo con nuestro primo Pedro a echarle maíz a la cría de gallos finos que se criaban libres en la manigua! ¿Qué hubiera sido de nuestros familiares y amigos en Rodrigo si se hubiera declarado una guerra para destruir las instalaciones? Nos preocupaba a todos esa posibilidad.

La confrontación entre la Unión Soviética y los Estados Unidos a pesar del peligro que representaba, produjo un momento de excitación para los exiliados. Por miles fueron a inscribirse al ejército americano para participar en la invasión a Cuba, que ya todos daban por un hecho que se produciría.

Yo también cometí ese error. Llegué a mi trabajo y le dije al Jefe que yo me iba, que iba a solicitar mi ingreso en el Ejército

Americano para ir a pelear a Cuba. El Jefe me miró como diciendo, ¡Este está loco! Pero me dijo: "Está bien". Y me fuí a Los Angeles y en una oficina de reclutamiento me presenté. El oficial encargado me preguntó la edad. "43 años" le dije.

"Lo siento pero solo admitimos personas menores de 36 años" me contestó. Y de nada valieron mis argumentos de que yo conocía bien el terreno en Cuba, que hablaba los dos idiomas, que podía ser muy útil, etc.

Comprendí que no había posibilidades. Me fuí y al dia siguiente regresé al trabajo donde me recibieron muy contentos.

Muchas veces he pensado en este error que cometí. Primero, yo había criticado lo que habían hecho los americanos con los cubanos que entrainaron y luego dejaron a su suerte en Bahia de Cochinos. Segundo, era mi firme convencimiento de que el problema nuestro, el de la liberación de nuestra patria, era un problema para resolver los cubanos y no ninguna potencia extranjera.

¿Cuál fué la razón que me hizo echar a un lado estas consideraciones? ¿Será acaso que existe algo en cada uno de nosotros que en un momento dado nos nubla la mente ante la posibilidad de ver realizado un sueño tan querido como es el de ver a Cuba libre, y nos hace tomar una actitud completamente contraria a nuestros profundos sentimientos? Una cuestión a la cual, a pesar de los años transcurridos, le doy vueltas de vez en cuando.

Pero volvamos al ALPHA. La crisis de los cohetes no fué óbice para que se continuaran los ataques comandos a las costas de Cuba. El 4 de Diciembre se atacó un cuartel de milicias en la Playa Juan Francisco, en Las Villas y días después se trató de dinamitar el barco Ruso "Lvov" en la Isabela de Sagua, además de un cuartel del G-2, la temida policía de la tiranía, en el propio lugar.

Claro que desde el punto de vista de ALPHA 66 estábamos en guerra con el sistema imperante en Cuba y todo era considerado lícito en esa circunstancia. Sin embargo lo que estaba haciendo ALPHA rompía los planes de las fuerzas tradicionales del equilibrio y estas se empezaron a mover en contra nuestra. En las cancillerías de las grandes potencias se trabaja sinuosamente para no dejar que los movimientos como el nuestro rompan el "status quo" que para ellos los hechos consumados, malos o buenos, representan tranquilidad.

Los ingleses, conjuntamente con los americanos, comenzaron

a perseguir las embarcaciones y escudriñar los mares adyacentes a las Bahamas y cerca de Cuba, buscando afanosamente las bases en islas desiertas del Mar Caribe que servían de puntos intermedios en los ataques a las costas cubanas y de refugio en casos de peligros emanados de las autoridades cubanas.

Así en Abril 7 de 1963 fueron detenidos por los ingleses en aguas internacionales, con la cooperación de las autoridades americanas, los comandos encabezados por Eloy Gutierrez Menoyo y todo lo que tenían en el campamento en Cayo Andros también fué confiscado.

Esto dió por resultado que por un tiempo se detuvo la estrategia del ALPHA de hacer llegar a Cuba el mensaje cada vez más pujante de sus comandos, mensaje de fuego y plomo que levantaba el espíritu de los cubanos en la isla y creaba una aureola de fé en las posibilidades que representaba ALPHA. Sin embargo a pesar de las dificultades, se hizo otra incursión a la Playa de Tarará, cerca de la Habana, donde había un cuartel de milicias y un campamento de instrucción de guerrilleros que se preparaban ya para ser regados por todo el continente americano para implantar el comunismo por medio del terror.

El interés que los ataques comandos de ALPHA habían producido en la prensa mundial y principalmente en la americana, era enorme. La Revista LIFE en su edición de Noviembre 2, 1962, en plena crísis de los cohetes, había publicado un mapa de Cuba cubriendo dos páginas completas y en ese mapa en forma muy señalada aparecían en tres lugares distintos "ALPHA 66 raids". Este reconocimiento al esfuerzo del ALPHA tenía un impacto tremendo.

Los comentaristas políticos constantemente se referían a nuestra organización. William F. Buckley Jr. escribía en LOS ANGELES TIMES, abril 29, 1963, "Los bravos hombres de ALPHA 66, que deben ser comparados con los comandos que entraron en Francia y Alemania durante la última guerra, arriesgando sus vidas para dar aliento y esperanza a los pueblos esclavizados, hacen constar que son tales los problemas económicos en Cuba, particularmente en las refinerías de petróleo y azúcar que estos pocos ataques podrían traer el caos a esas importantes industrias..."

Mientras tanto los Estados Unidos trataban de explicar al Reino Unido que ellos estaban haciendo lo posible para evitar los ataques comandos. Chalmers M. Roberts in THE WASHINGTON

POST escribía...."La oficina del Servicio Extranjero informó que encontraba "satisfactoria" la explicación de los E.U. de que está tratando de evitar los ataques comandos a Cuba, como los que hace ALPHA 66, pero que los E.U. no pueden constantemente vigilar cada milla de la larga costa Americana.."...

Otros protestaban por lo que consideraban que el gobierno de Kennedy se había comprometido a proteger la tiranía de Cuba. El Capitán Eddie Rickenbacker, as de la aviación americana en la Primera Guerra Mundial decía:..."Sin disparar un tiro Kruschev obtuvo lo que quería en Cuba"...."La prisión comunista de Cuba será protegida como base de subversión para la conquista de la America Central y del Sur y desde luego los Estados Unidos.."...(LOS ANGELES TIMES -Dic. 3, 1962)

Los ataques comandos del ALPHA eran el tópico mas importante de la política americana en ese tiempo. Henry Taylor la juzgaba de "Humpty-Dumpty" donde había dado un giro total y en lugar de situar al gobierno americano frente a Castro, se estaba convirtiendo en su protector. (LOS ANGELES TIMES -Abril 4, 1963).

Drew Pearson, en su famoso "Washington Merry-Go-Round" (Abril 10, 1963) criticaba la política que decidía no molestar al status quo en Cuba y que incluía una amenaza de llevar a los tribunales a los que trataran de hacer más ataques comandos y que además aceptaba tácitamente la permanencia de tropas rusas en Cuba.

Pero no eran solo los articulistas, periódicos y revistas los que se quejaban de la aplicación de restricciones al ALPHA, era también el público en general que no entendía porque se estaba protegiendo a Castro que se había, no solo declarado enemigo de los Americanos, sino dictador absoluto de su pueblo. Las cartas a los periódicos eran constantes. Como muestra: Decía John O. Mouton, de Canoga Park, California, en carta a LOS ANGELES TIMES - (Abril 12, 1963)..."¿Qué se hizo de la Doctrina de Monroe descrita una vez como la piedra angular de la política exterior de los E.U.? ¿Se ha eliminado porque contradice la sagrada Ley de Neutralidad? ¿O es porque Kruschev la declaró muerta? "La verdad es que estos 'ataques mosquitos sin importancia' están haciendo más por la liberación de Cuba que el léxico completo de palabras bonitas del Ministerio de Estado"....

Los descalabros sufridos a mano de ingleses y americanos,

pues en las incursiones a Cuba no hubo una sola baja, no amilanaron a los que dirigían la organización, en ese tiempo por Eloy en la parte militar y como Secretario General Aurelio Nazario Sargén, político excepcional que había sido jefe provincial del Partido Ortodoxo en la Provincia de Las Villas en las campañas anteriores al 10 de Marzo de 1952. El grueso de los otros dirigentes estaba compuesto principalmente por elementos que en la etapa anterior habían pertenecido a las fuerzas que se alzaron contra Batista en las lomas del Escambray.

También formaban parte de la dirigencia elementos de otras tendencias como Antonio Veciana que era uno de los principales encargados de buscar los fondos necesarios, en su carácter de tesorero, para poder hacer frente a los gastos que las incursiones de los comandos ocasionaban.

Con la encomienda de lograr que la organización se extendiera a todas las áreas del destierro, donde ya los cubanos comenzaban a formar "colonias" que se unían con el objeto de hablar, discutir, analizar e inyectarse ánimo en la nostalgia de la tierra lejana, el ALPHA nombró a uno de sus miembros mas capacitados, Andrés Nazario Sargén, que había sido Comandante de las guerrillas del II Frente del Escambray y le encomendó la tarea de crear Delegaciones en cada lugar donde existieran cubanos.

Andrés había demostrado gran habilidad en la lucha clandestina contra Batista en Las Villas y al subir al Escambray su espíritu organizador fué muy eficaz para ayudar a mantener abastecidas las fuerzas que allí luchaban. Su asistente era otro hombre de gran principio, heredero de la estirpe mambisa que en la guerra de independencia luchó contra España, el Coronel Néstor Aranguren.

Con igual nombre que su tío, Néstor Aranguren, de pluma fácil, de mente clara y de acendrado patriotismo tenía entre sus ocupaciones en la organización la dirección del semanario "El Correo" que mantenía a los cubanos de todas las áreas al tanto de todo lo que estaba sucediendo en Cuba, en el exilio y en el ALPHA 66. Y que además contenía el mensaje ideológico, piedra angular de nuestra lucha, que Aranguren exponía en forma magistral semana tras semana.

Nada podía detener la dinámica desplegada por el ALPHA, como parte ya de un nuevo plan, y para dar por terminados en forma temporal los ataques comandos, el 19 de Mayo de 1964 volvieron a hacer sentir su presencia en Tarará, cerca de La Habana, donde según cuenta Julio Cruz, uno de los participantes, (EL MAMBI - Agosto 4, 1964).."los soldados de Castro abandonaron sus armas y se dieron a la desbandada."

Esta etapa de confrontación entre la Unión Soviética y los Estados Unidos, por motivo de la instalación de cohetes nucleares en Cuba ha sido estudiada, examinada, llevada al cine, a la televisión, en fin es una experiencia singular favorita de los historiadores contemporaneos y de los que participaron y fueron parte en las decisiones que se discutieron y tomaron.

Varios son los libros que han recogido el papel que jugaba el ALPHA en esos momentos difíciles, quizás los mas peligrosos en la historia del mundo. El historiador Robert Smith Thompson en su libro "THE MISSILES OF OCTOBER" (La historia declasificada de John F. Kennedy y la crísis cubana de los cohetes) hace múltiples referencias de lo que estaba haciendo ALPHA en esos difíciles días. En las páginas 176 y 177 dice: "Cerca de Cárdenas durante la noche un bote de los exiliados cubanos atacó un barco de Castro y lo hundió"..."En Puerto Rico donde el mal tiempo presagiaba un huracán un responsable de ALPHA 66 informó que estaban planeando dos ataques más, incluyendo uno contra barcos de Inglaterra. Londres mandó una formal protesta a Washington"..."Esa tarde en una batalla de tiros en el Caribe un comando de ALPHA 66 hundió un patrullero Cubano y trajo dos prisioneros heridos a Miami"

En la página 247 del mismo libro Robert Smith Thompson informa: "Un reportero encontró un miembro de ALPHA 66, la unidad paramilitar Cubana y éste le juró que ellos hundirían cualquier barco que fuera para la Habana, porque Inglaterra estaba desafiando el embargo Americano a Cuba" Este libro tiene múltiples referencias adicionales a las actividades de ALPHA 66 (Paginas 290, 308, etc).

Quizás si la referencia mas significativa de estos historiadores viene en el libro KENNEDY escrito por Theodore C. Sorensen, consejero especial de dicho Presidente, quién en la página 717 informa que el Presidente Kennedy cuando ya sentía resuelta la crisis con el gobierno de la Unión Soviética, demostrando la misma precaución y precisión que había mantenido durante los trece días de la crisis pidió que se tomaran precauciones para prevenir que las unidades de los exiliados Cubanos (ALPHA 66) fueran a echar a perder el arreglo acordado con Kruschef mediante uno de los ataques

33

para buscar publicidad.

Claro que cuando Mr. Sorensen habla de "ataques para buscar publicidad" no entiende el efecto de esos ataques en el pueblo esclavizado de la Isla, porque él, gracias a Dios, no ha tenido nunca la desgracia de vivir prisionero en su tierra y desconoce lo que representa el saber que alguien está haciendo un esfuerzo, por pequeño que sea contra el opresor, o sea que no está abandonado.

Muchos años después de la crisis de los cohetes, el DAILY NEWS de New York en su edición del 4 de Marzo de l988 anunciaba para el 11 del propio mes una subasta en el Sheraton City Square Hotel en la cual se incluía papeles que se consideraban "muy secretos" y que habían sido recientemente desclasificados, en uno de los cuales el Presidente Kennedy en el día donde la crisis estaba en su punto más alto, el 27 de Octubre de 1962, había escrito varias palabras "Bombardero" "azúcar" "barcos" y concretamente subrayó "ALPHA 66".

El periódico "The Tribune" de San Diego anunciaba en su edición de Marzo 11, 1988 que dicha subasta se había llevado a efecto y que por el papel donde aparecía el nombre del ALPHA 66 un comerciante privado había pagado $10,000.00.

¡Que ironía!! Una pequeña organización de los exiliados cubanos, ALPHA 66, preocupaba al Presidente Kennedy porque podían estropear con sus "ataques mosquitos sin importancia", los acuerdos a que habían llegado las dos grandes potencias y traer sobre la humanidad el terrible desastre de una hecatombe atómica!

Que ese no era nuestro propósito en esta coyuntura histórica no admite dudas, pero pone en perspectiva nuestros objetivos libertarios para con nuestra patria y le dá vuelo universal a nuestra lucha.

CAPITULO 6

EL PLAN OMEGA

Había que ir a nuevos planes. Los ataques comandos a las costas de Cuba habían creado una aureola de prestigio para ALPHA 66, habían demostrado que el sistema era vulnerable, que los exilados no estaban dispuestos a quedarse tranquilos disfrutando de la nueva vida; que en la juventud cubana del destierro había hombres capaces de jugarse la vida por reconquistar el derecho a vivir en la tierra donde habían nacido, y más importante aun, que la lucha era enteramente cubana, sin dependencia de gobierno u organización internacional alguna y como era el lema del ALPHA "sin pedir permiso ni esperar por nadie".

Además mundialmente los ataques comandos habían hecho un impacto en la opinión pública. Los escritos y fotos, como los de la revista LIFE, abrían a la mente de todos las posibilidades que las acciones del ALPHA representaban. Importantes figuras de la política americana pedían ya que se mirara con respeto la labor de ALPHA. Barry Goldwater, Senador por Arizona, y que después fué candidato a la presidencia de los Estados Unidos, escribía en LOS ANGELES TIMES el 23 de Abril de 1963:..."La administración nos dice con razón que esos ataques son inefectivos y no han hecho ningún bien hasta ahora en lo concerniente a sacar el comunismo de Cuba. Pero nos preguntamos si esos pequeños ataques no son mejor que no hacer nada"..."El deseo de la libertad históricamente ha tenido comienzos pequeños en los corazones, las mentes y espíritus de determinados hombres. Estos hombres nunca se detuvieron a considerar el costo, o analizar la probabilidad del éxito final. Estos impulsos brotan de algo profundo dentro del individuo que se niega a aceptar el cúmulo de dificultades que tienen contra ellos..."

La alta dirigencia de esta "ALIANZA REVOLUCIONARIA" que así se llamó la unión de ALPHA 66, el II Frente del Escambray y el M.R.P. (Movimiento Revolucionario del Pueblo) y a la cual se unieron además el "Frente Anticomunista Magisterial" y la Federación Estudiantil Universitaria (la FEU) tomó el acuerdo de hacer un nuevo plan que llamó EL PLAN OMEGA. Si ALPHA había sido el nombre escogido al fundarse la organización en Puerto Rico en Noviembre de 1961, por ser la primera letra del alfabeto griego y

35

que internacionalmente se considera como "principio". Omega venía a representar el final, o sea, el final de la tarea que nos traería la liberación.

A diferencia de los ataques comandos el PLAN OMEGA contemplaba conducir la guerra dentro de Cuba, ya fuera con sabotajes, infiltraciones, guerra de guerrillas o cuantas acciones pudieran contribuir al derrocamiento del régimen comunista.

La organizacion JURE (Junta Revolucionaria) había anunciado que para el 20 de Mayo de 1964 su jefe el Ing. Manuel Ray Rivero estaría ya en Cuba dirigiendo la lucha clandestina, para lo cual los miembros del JURE comenzaron a prepararse con verdadero ahinco. Al propio tiempo la Alianza Revolucionaria hizo el anuncio que antes de terminar el año 1964 Eloy Gutierrez Menoyo, Jefe Militar designado para estas operaciones estaría luchando en Cuba, con las armas en la mano. Ese anuncio dicho así, que para muchos tenía poca importancia, para los miembros, directivos y simpatizantes de ALPHA 66 resultaba electrizante. Esa promesa hecha por el legendario guerrillero que en las montañas del Escambray había dirigido la lucha contra Batista y que además había estado al frente de las operaciones de los ataques comandos, era de una seriedad e importancia tremenda. El exilio se sintió estremecido de asombro y esperanza. Si los dirigentes del JURE y del ALPHA cumplían su promesa y además con el anuncio de Manuel Artime, uno de los líderes de la Brigada 2506 que había desembarcado en Playa Girón en 1961, de que la Brigada también se preparaba para desembarcar en Cuba nuevamente, esto representaba que el año 1964 habría de ser decisivo para dar comienzo a la lucha en grande contra la tiranía de Fidel Castro.

Los miembros de la Alianza Revolucionaria, que el público y la prensa habían bautizado ya con el solo nombre de ALPHA 66, se aprestaron presurosos a inscribirse como voluntarios para participar en los desembarcos prometidos por EL PLAN OMEGA. Eran más los voluntarios que los que prácticamente podían ser aceptados pues los recursos necesarios eran enormes y no era fácil conseguirlos.

La febril actividad que invadió todos los predios del ALPHA era contagiosa y por todas partes se creaban Delegaciones, Comités de Guerra, Comandos de Guerra, etc. Andrés Nazario viajaba constantemente por todos los Estados Unidos orientando y animando a los cubanos para que todos se sintieran parte de este esfuerzo libertador. En el continente Americano, fuera de los E.U., se crearon múltiples delegaciones en Venezuela, Santo Domingo, Mexico, Panamá, Colombia, etc. Y mientras tanto el grupo escogido para los desembarcos sigilosamente se fué trasladando a la República Dominicana donde se había conseguido por mediación de altas autoridades de dicho país un lugar en Punta Presidente, donde establecer un campamento y poder hacer prácticas militares.

El trabajo era agotador, el proveer de todo lo necesario al campamento y la tarea de crear las condiciones para producir un efecto mayor que levantara la fé en el exilio y despertara en la Isla la conciencia de que había una decisión firme de luchar contra la tiranía con posibilidades de éxito, requería un esfuerzo ciclópeo. Pero ya se estaban viendo los resultados. El exilio se estremecía de un extremo a otro.

Por ejemplo para commemorar la fecha del 10 de Octubre, que los cubanos celebramos cada año, pues representa el comienzo de la guerra de los 10 años cuando Carlos Manuel de Céspedes se levantó en armas contra España en el 1868, en distintas ciudades se efectuaron veladas commemorativas y los dirigentes de la Alianza fueron los oradores principales. En Puerto Rico, Andrés Nazario y Lucy Echevarría, esta última hermana del mártir universitario José Antonio Echevarría; el Dr. Armando Fleites, Aurelio Nazario y Néstor Aranguren hablaron en el acto de Orlando, Florida; el Dr. Gómez Vidal hizo el resumen en San Francisco, California; Antonio Veciana habló en Boston, Mass; el Dr. Diego Medina fué el orador principal en el acto de Milwaukee, Wisconsin y para el acto de Los Angeles vino el Comandante Eloy Gutierrez Menoyo.

Este acto de Los Angeles se celebró en el Embassy Auditorium el dia 12 de Octubre y al mismo concurrió una gran parte de la colonia cubana de esta área, así como periodistas americanos, entre ellos Harold Fishman, conocido comentarista de la televisión.

Por mi aislamiento en Alhambra donde tenía que trabajar día y noche, pues además de mi trabajo como Tenedor de Libros por el día, era Custodio de la iglesia por la noche, no tuve conocimiento del acto del Embassy hasta después que había pasado. Así que no pude asistir al mismo. Pero al día siguiente, domingo por la mañana, se apareció en mi casa Bruno Estévez, amigo de mi pueblo en Santo Domingo y con el venía un muchacho joven, vestido de uniforme militar del ejército americano llamado Alipio, hijo que era de un comerciante de Rodrigo, el pequeño pueblo cerca de Santo Domingo, en la provincia de Las Villas, donde yo había pasado varios años en mi niñez. Me venían a invitar para que me uniera al ALPHA 66. Acepté gustoso pues ya conocía de los ataques comandos, quienes eran sus dirigentes, cuales eran sus metas y qué pretendían para la Cuba del futuro.

¿Habría encontrado mi lugar en la lucha contra el comunismo y la tiranía que sufría nuestra patria? ¿Sería éste el movimiento con que yo había soñado? ¿Valdría la pena entregarme en forma total al mismo como lo había hecho en la anterior lucha contra Batista?

Estas y otras preguntas pasaron por mi mente antes y despúes de ofrecer mi participación a Bruno y Alipio. Me imaginaba, por experiencia, que habrían organizaciones, movimientos y trabajos realizados por individuos que alumbrarían de esperanzas al exilio en distintas ocasiones. Unas momentaneamente, otras por un tiempo, pero a la larga como decimos comunmente "se les acabaría la gasolina" y desaparecerían como instrumentos útiles en la tarea por ver a Cuba libre. ¿Llegaría ALPHA a ser uno de ellos?

No tenía facultades para predecir el futuro, así que decidí seguir mi instinto y entregarme a la lucha dentro del ALPHA 66 para, desde mi pequeño lugar en California reforzarlo en lo posible. Hacer del trabajo revolucionario por la reconquista de la libertad para mi tierra el centro sobre el cual giraran todas mis actividades, sin descuidar, por supuesto, mis obligaciones para con mi familia, mi mujer y mis hijos, que precisamente cada día era más numerosa, pues esperábamos un nuevo nacimiento en la familia que al fín llegó en Mayo de 1963. Cristina, nuestro primer producto genuinamente americano, hecho en California.

Zoraida aceptó esta nueva situación, ella siempre me respetó en mis actividades, no por obediencia, sino por propia convicción, pues teníamos una identificación total a la hora de ver la forma de resolver el problema cubano. Y los muchachos se adaptaron al ambiente que la participación mía en el ALPHA iba creando, donde con el tiempo conocerían muchos hijos de otros alfistas y donde la membresía local del ALPHA vendría a ser la nueva gran familia de nosotros.

El ALPHA en California había tenido un comienzo tormentoso. El primer Delegado en Los Angeles fué, como antes dije, René Valdés, que por su carácter o su modo de pensar no congenió con el resto de los militantes que componían la Delegación y éstos pidieron a la Secretaría de Organización en Miami que les diera permiso para sustituirlo. El Secretario de Organización, Andrés Nazario, accedió y ellos le pidieron la renuncia a Valdés, el cual se negó a renunciar, llevando esta polémica hasta la hora radial que en esa época se ocupaba de informar a los cubanos sobre la situación de Cuba y que dirigía un controversial comentarista, Filiberto Rivero.

Al fín todo se resolvió y la delegación eligió, con carácter provisional, a Manuel G. Mesa, quien fué aprobado por la nacional. Sin embargo Mesa por razón de su trabajo no le fué posible desempeñar el cargo de Delegado y renunció, creándose una nueva crisis en la Delegación. Este nuevo problema se resolvió el 7 de Julio de 1963 eligiendo a Alfredo Rondón como Delegado y a Manuel Luaces como Vice-Delegado, los cuales, con el resto del ejecutivo fueron aceptados por la Secretaría Nacional de Organización.

Alfredo Rondón era un joven cubano, estudiante universitario en Cuba que había caído preso bajo la sospecha de que estaba organizando la clandestinidad. Cuando salió de la cárcel se escapó de polizón en un barco Griego que salía de la Habana para el Japón y en Octubre 21, 1961, saltó del barco en una escala que hizo en el puerto de San Pedro, en Los Angeles, y pidió asilo político. Aquí desde que llegó continuó trabajando contra el comunismo e ingresó en las filas del ALPHA 66.

En la oficina del ALPHA constantemente se reunían los miembros del ejecutivo Ernesto Reyes, Adolfo Suárez, Genaro Menéndez, Jesús Placeres, Alipio Alfonso, Manuel del Río, Elda Palma y otros con Rondón y Luaces, planificando como podían ayudar, desde California, al trabajo que representaba el PLAN OMEGA.

Su trabajo era incansable. Además de buscar fondos que ayudaran a engrasar la maquinaria militar del PLAN OMEGA, una de las fases mas importantes y que mas atraía a la juventud deseosa de regresar a Cuba era el ingreso en el departamento de entrenamiento militar. Siempre se contó con una gran cantidad de voluntarios que querían ir a los campamentos de la Florida y otras áreas del destierro.

Rondón pidió permiso para abrir un campamento donde se podrían entrainar 125 hombres, cuyo campamento lo había ofrecido conseguir un periodista, escritor de películas, con grandes contactos, condecorado por sus servicios en la Aviación Americana en Nueva Guinea, Filipinas, Okinawa, etc., el Señor Donn Munson, que estaba dispuesto a ayudarnos en lo que fuera necesario, sin costo alguno.

Consultado el Departamento Militar en Miami, éste estimó que debían comenzar por un grupo más pequeño, unos treinta, e ir ampliando según las necesidades que requiriera el PLAN OMEGA. Además la Delegación trabajó diligentemente en crear los Comités y Comandos de Guerra en las distintas áreas y en actos recaudatorios, cuyos dineros se enviaban al Tesorero en Miami.

La labor de Rondón fué tan notable que llamó la atención del gobierno de Cuba, quien publicó en la Revista BOHEMIA de la Habana el 17 de Diciembre de 1963, lo siguiente:..."Allá por Los Angeles, en la distante California, Alfredo Rondón, un heraldo de los piratuelos del "Alfa", anunció movimientos de infiltración en gran escala para dentro de los próximos tres meses, con el propósito de "ablandar" al Gobierno Revolucionario."...

Es en esta etapa que me incorporo yo al trabajo creando el "Comando de Alhambra". Esta labor la compartimos Zoraida y yo con varios cubanos que se sumaron presurosos, tales como el matrimonio Eulises y Mary Figueras, Georgina y Jorge Untoria, Bruno Estévez y otros. Además de recaudar fondos, la propaganda era fundamental así que tuve oportunidad de hablar a varios grupos de americanos sobre el caso Cuba y explicarles sobre lo que era y representaba ALPHA 66 y manteníamos estrecho contacto con la oficina central de Los Angeles, principalmente a través de Manuel Luaces que nos visitaba muy a menudo en Alhambra.

Eran unos momentos en el exilio de una actividad febril, todos los cubanos estábamos conscientes de que vendrían días duros en que nos enfrentaríamos a la tiranía y mientras el JURE trabajaba incesantemente para cumplir su promesa de estar peleando en Cuba antes del 20 de Mayo de 1964 y Manuel Artime se preparaba para atacar desde Nicaragua, el ALPHA se movilizaba en todas las áreas del destierro a fin de incrementar los fondos necesarios para el avance de nuestro PLAN OMEGA.

La frase clave que se utilizaba en todas las áreas era EL PLAN OMEGA ESTA EN MARCHA. Y en marcha estaba. Para darle un carácter espectacular y que hiciera subir el entusiasmo iniciaron una marcha a pié desde Nueva York hasta Miami, vestidos con uniformes militares, los jóvenes miembros de la organización

José M. García, Rafael Fraga, Jesús Pineda y después se les unieron en el camino Jorge Vázquez y Lino Rodríguez. Había que demostrar a los norteamericanos y a los cubanos que ninguna empresa es imposible y que si es difícil, había la voluntad y decisión de lograrla.

Las distintas regionales celebraron Congresos de Guerra: en Tampa, en Nueva York, en Puerto Rico, en Venezuela, donde se tomaron acuerdos todos conducentes al fortalecimiento de la retaguardia que respaldaría a los combatientes. El caso de Venezuela era extraordinario pues en ese país existían delegaciones de ALPHA 66 en las ciudades de Maracaibo, Valencia, Chivacoa, Barquisimeto, Maracay, La Victoria, Puerto la Cruz y por supuesto en Caracas. De esta área se ocupaban el Dr. Armando Fléites y Amaury Fraginals.

En fin el exilio estaba, como se dice comunmente, en la punta de los piés, deseoso de participar en cualquier forma en la guerra de liberación que se estaba preparando y que era continuación y parte de la que ya los cubanos dentro de la Isla habían estado haciendo por varios años, principalmente en la zona central de la provincia de Las Villas, en la región montañosa del Escambray. Era una guerra que brotaba de las entrañas de la propia tierra, que tenía ya su martirologio y que con enormes sacrificios de vidas y haciendas estaba demostrando al mundo que las ansias de libertad no se habían apagado en Cuba.

Esta llama interna de rebeldía había resplandecido con mayor intensidad en los años 1961 y 1962, pero aun se mantenía esporádica, a pesar de los pocos o casi ningún recurso con que contaba la resistencia.

Era aquí donde el PLAN OMEGA pensaba ser la nueva chispa que avivara la hoguera. Alrededor de cincuenta presuntos guerrilleros se trasladaron para el campamento en Punta Presidente, República Dominicana y se preparaban militar y físicamente para estar listos para los desembarcos. El exilio se encontraba intranquilo, se estaba acercando el fín del año 1964 y aun nada había acontecido. Parte de las promesas no pudieron ser cumplidas. Manuel Ray, Jefe del JURE, que había prometido desembarcar en Cuba antes del 20 de Mayo había sido detenido por los ingleses en alta mar y el movimiento que él representaba había caído en un colapso de desánimo del cual no se levantaría ya más. Manuel Artime y los veteranos de Bahía de Cochinos que se habían trasladado a Nicaragua no daban señales de vida. Solo quedaba el ALPHA 66 con su PLAN

OMEGA.

Ya acercándose el final del año 1964, el 28 de Diciembre, conducidos por Ernesto Díaz y Pedro Rodríguez desembarcaron en Punta Caleta, cerca de Baracoa, en la Provincia de Oriente, Eloy Gutierrez Menoyo y tres compañeros mas: Domingo Ortega, Ramón Quesada Gómez y Noel Salas Santos. Comenzaba así la acción guerrillera cuyo objetivo era encender la chispa de una guerra total contra el comunismo y que libraría a Cuba de la bestial tiranía a que estaba sometida por el gran farsante.

Los invasores fueron detectados desde el principio y se vieron sometidos a una furiosa persecución en la zona montañosa de la Sierra Cristal, pero luchaban valientemente. Habían perdido los equipos de transmisión con que pensaban estar en comunicación con el campamento de Punta Presidente y eso trajo como consecuencia una inquietud entre los que quedaban detrás dispuestos a desembarcar. No obstante cumpliendo el plan trazado que contemplaba el desembarco de hombres cada diez días, Ernesto Díaz y su acompañante llevaron un nuevo contingente de siete combatientes los que no pudieron desembarcar por dificultades en la comunicación con el grupo anterior y tuvieron que regresar al campamento, evadiendo la persecución de los aviones y guardacostas cubanos que ya vigilaban en forma constante esa región.

Mientras tanto nuestros cuatro insurgentes se batían día y noche en el lomerío contra fuerzas muy superiores hasta que rendidos por el cansancio de una persecución constante fueron capturados. El anuncio fué hecho por la radio comunista de Cuba el día 25 de Enero de 1965, o sea, habían estado peleando un mes causándole gran cantidad de bajas a las tropas del gobierno.

La captura de Menoyo y sus hombres, con la consiguiente presentación ante las cámaras de televisión, fué un golpe que causó hondo pesar en el exilio y fué descorazonador para los que esperaban en el campamento. Ellos carecían de un sustituto capaz de motivarlos e inspirarles el respeto y fé que tenían por Menoyo y esto unido al hecho de que por esa época hubo un cambio de gobierno en la República Dominicana, donde los comunistas estuvieron a punto de tomar el poder, obligó a las presuntas fuerzas expedicionarias a abandonar el campamento y regresar a Miami. Dando por terminada esa fase primordial de la operación del PLAN OMEGA.

Al propio tiempo la dirigencia del ALPHA en Miami se movía en gestiones con figuras internacionales, presidentes de distintas repúblicas de América, el Papa, el Secretario General de la O.N.U, Mr. U Thant, etc. para que intercedieran por la vida de los expedicionarios que habían desembarcado en completo uniforme militar y por lo tanto tenían derecho a ser respetados de acuerdo con las leyes internacionales que rigen para los prisioneros de guerra.

La dirigencia de la Alianza Revolucionaria se apresuró a nombrar al Dr. Armando Fleites como Jefe Militar en sustitución de Menoyo y a la vez envió un mensaje a todas las Delegaciones y al destierro en general, diciendo que este era el momento de demostrar de lo que somos capaces los cubanos cuando luchamos por conquistar la libertad y exhortando a todos a ser ejemplo y admiración en toda la América, intensificando la labor de ayuda al PLAN OMEGA.

Pero el golpe había sido de un efecto mortal para los planes inmediatos. Difícil era recuperarse del mismo.

CAPITULO 7

LOS AÑOS DE PRUEBA

El Alpha se apresuró a informar a las Delegaciones de todos los detalles que se conocían en la captura de Menoyo. El hecho había sido aquilatado por el exilio en general como un desastre de verdadera trascendencia. Recuerdo que noche tras noche nos reuníamos en la Oficina y se notaba la tristeza que invadía a todos. Cubanos de todas las tendencias venían a visitarnos como si se tratara del fallecimiento de un familiar, dándonos consuelo y ánimo.

La prensa también reflejó el desastre y ésto nos obligó a aclarar en distintas ocasiones en los periódicos americanos que aunque habíamos perdido una batalla importante en que compañeros muy valiosos habían caído presos en Cuba, la guerra contra el sátrapa comunista seguiría adelante.

En Miami 58 organizaciones unían sus voces a las de la Alianza Revolucionaria pidiendo el tratamiento de prisioneros de guerra para nuestros valientes compañeros.

Los periodistas mas prestigiosos del destierro unían sus voces con el mismo fín ya que comprendían la importancia del hecho guerrillero. Humberto Medrano escribía..."Porque Eloy Gutierrez Menoyo era un combatiente por la libertad de Cuba. No un combatiente de circular impresa o discurso lacrimógeno. Un combatiente verdadero que fué a retar el poderoso aparato bélico de Castro en sus propios cuarteles, poniendo su vida por delante." Y la Revista Bohemia, el 7 de Febrero de 1965 en su editorial se refería al "minuto amargo" y advertía que seguiría la lucha y que era..."desconocer la historia de Cuba, el suponer que con el apresamiento de Menoyo esa linea táctica queda invalidada o va a ser detenida. Menoyo preso o libre, la posición mambisa de la Alianza Revolucionaria que él dirigía continuará hacia adelante."

En "El Correo" del 8 de febrero un pronunciamiento de la A.R. se expresaba..."Rendimos tributo al Comandante y a sus bravos capitanes. Pero les rendimos tributo en la forma dispuesta por ellos mismos. Sin lágrimas ni pesimismo, síno redoblando nuestros esfuerzos para que ese sacrificio no sea en vano. ¡ESTE ES EL MOMENTO DE DEMOSTRAR DE LO QUE SOMOS CAPACES DE HACER LOS CUBANOS CUANDO LUCHAMOS POR

CONQUISTAR NUESTRA LIBERTAD!..."

Fué una batalla tremenda en todos los ámbitos del exilio combatir el desgano producido por el apresamiento de nuestros expedicionarios, cientos de los miembros de ALPHA habian abandonado sus trabajos para dedicar todo su tiempo a la causa. Muchos, especialmente los que se encontraban en el campamento de Santo Domingo, habían dejado sus familias y ahora regresaban a sus trabajos, a reorganizar su vida familiar. Pero la organización no perdió tiempo. El nuevo Jefe Militar Comandante Armando Fleites Díaz, una de las figuras más prestigiosas de la juventud cubana, que fué también uno de los fundadores del II Frente del Escambray en la lucha contra Batista rápidamente se hizo cargo de la situación.

El boletín "El Correo" en Febrero 22, 1965 informaba a todas las delegaciones el nombramiento del nuevo Jefe Militar en la siguiente forma.."El Comandante Armando Fleites Díaz, médico inteligente, revolucionario de varias jornadas cívicas y bélicas, dirigente de la Federación Estudiantil Universitaria, dinámico paladín de las reformas universitarias y sociales de nuestro pueblo, orador de estilo fogoso, infatigable peregrino que ha dado los mejores años de su vida al ideal de redención, asume con entera responsabilidad y absoluto apoyo de la Alianza Revolucionaria, el difícil cargo de Jefe Militar en momentos de expectación pública y de indudable pesimismo en los sectores del exilio."

Así era, en el término de uno pocos meses fueron desapareciendo, como por encanto, una serie de organizaciones que realmente representaban poco en el contexto general de la lucha, pero que demostraban la intranquilidad del Cubano por participar en la batalla contra el comunismo. Hasta la Alianza Revolucionaria sufrió el embate del desgano y de la misma se retiraron la Federación Estudiantil Universitaria; el Frente Anticomunista Magisterial y el M.R.P. (Movimiento Revolucionario del Pueblo). No fué un movimiento para independizarse, síno una desintegración total del ambiente del exilio. De manera que la Alianza Revolucionaria quedó reducida a las dos organizaciones que realmente eran el cuerpo principal de la misma: el II Frente del Escambray y el Alpha 66.

Ya reducida la Alianza a estas dos organizaciones, las mismas se dedicaron a reconstruir todo el aparato militar que se había perdido en el campamento de Santo Domingo y obtener los fondos para adquirir nuevos barcos y todo lo demás necesario para continuar la lucha. La militancia respondió con vigor a esta campaña y pronto se contaba con los recursos necesarios para continuar los planes militares. Andrés Nazario, con su dinamismo característico, recorría las Delegaciones y el departamento militar preparaba nuevos planes.

Los primeros meses del año 1965 después de los informes de la captura de Menoyo y sus acompañantes, pocas noticias pudimos dar de hechos contra la tiranía, todo en el ALPHA y II FRENTE se preparaba en silencio, pero el régimen en Cuba seguía atropellando al pueblo y fusilando a diestra y siniestra. Las noticias nos llegaban por canales clandestinos y eran de tal crueldad que eran difícil de creer.

¡Cómo era posible pensar que la tiranía fuera tan cruel como para llevar a cabo hechos espeluznantes como los que nos informaban desde Cuba! En un parte recibido se hablaba del fusilamiento de 70 patriotas en el Escambray, en el lugar conocido por El Condado. Estos patriotas que ya habían sido condenados a 15 y 29 años y que ya estaban cumpliendo sus condenas los sacaron de la prisión de Isla de Pino y les dijeron que les iban a tomar fotografías y en el fatídico lugar del Condado los fusilaron.

Los macabros relatos de lo que estaba sucediendo en Cuba exacerbaban el ansia del exilio por hacer algo para dar fin a tanta barbarie. De vez en cuando nos venían noticias que nos tocaba directamente, pues conocíamos a los personajes y los lugares donde se producían los acontecimientos. Así sucedió cuando nos llegó la noticia de que en la colonia cañera "Santa Susana", con un pequeño batey de unas cien familias que había sido administrada por el padre de mi esposa Zoraida y donde vivieron ellos por muchos años, habían llegado los sicarios de la tiranía comunista y se habían llevado preso a casi todos aquellos guajiros, que siempre habían sido tranquilos trabajadores, y en forma brutal fueron conducidos a Isla de Pino con largas condenas, por el supuesto delito de quemar cañas.

Ya por esa fecha comenzaba el tráfico de drogas a través de Cuba, según lo denunciaba la INTERPOL. De acuerdo con Rusia y China se pretendía inundar los Estados Unidos con narcóticos, con dos propósitos: desmoralizar al pueblo mediante el consumo de la droga y a la vez obtener divisas en su venta.

Pero volvamos a nuestra narración. ¿Qué estaba pasando dentro del ALPHA y el II FRENTE? Realmente el primer golpe interno, por su importancia, ocurrió a mediados de 1965 cuando

Antonio Veciana decidió abandonar la lucha e hizo unas declaraciones de que había "que inventar otros métodos que ofrecieran mayores posibilidades para triunfar." Veciana era un hombre respetado por todos y su actitud tuvo repercusiones en las Delegaciones. No obstante la organización siguió adelante dirigida principalmente por Andrés Nazario y el Dr. Fleites.

Sin embargo a nuestra delegación en Los Angeles nos trajo un momento de confusión. Manuel Luaces, que era en ese momento nuestro Delegado, gran luchador que había dedicado mucho tiempo totalmente al trabajo de la delegación y que había tenido mucho contacto con Veciana y era además amigo personal de Félix Zabala, Delegado en Puerto Rico, que se había separado de la organización junto con Veciana, se sintió desanimado y ese estado de ánimo comenzó a reflejarse en el resto de los miembros del ejecutivo del área.

Al fin Luaces planteó su renuncia y con él se fueron varios ejecutivos muy valiosos. Eso no quería decir que no cooperarían con el ALPHA en adelante, pues sí se comprometían a ello, pero ya no estarían en la linea de batalla diaria de buscar recursos, hacer declaraciones y hacerle frente a tantas tareas que había que realizar para mantener la Delegación como parte firme e importante de la organización en general.

Andrés Nazario trató en varias ocasiones de convencer a Luaces que no abandonara la Delegación. En carta que me escribía en Noviembre 11, 1965 me informaba: "Acabo de hablar con Luaces y le he explicado ampliamente todo lo relacionado con la renuncia de Antonio Veciana y Félix Zabala, las cuales estimamos como un hecho personal netamente sin que tenga más repercusiones que la lamentable y sensible pérdida de tan valiosos compañeros en momentos en que nuestro movimiento arrecia los pasos para golpear con acciones bélicas al régimen castro-comunista."

Acoplar todo lo necesario para producir acciones no era fácil y este período de tranquilidad en que no podíamos dar noticias de acciones contra la tiranía contribuía grandemente a sembrar la duda en cada dirigente y en cada miembro del Alpha, pero eso era parte de la forma en que el Departamento Militar tenía que trabajar. Un silencio total cubría todo lo que se estaba preparando.

Para suplir a Luaces nombramos Delegado a Jesús Placeres, un recio muchacho de un espíritu inquieto y valiente, dispuesto a todo, y que con muchos bríos se dedicó totalmente a la Delegación. Yo fuí nombrado Secretario de Organización, cargo que ya venía desempeñando con Luaces y se nos unieron varios individuos nuevos y además continuaron trabajando el Ingeniero Guillermo Suñé, Osvaldo Pérez, Lilia Molina, José Ramos y un matrimonio mexicano Manuel Ortuño y su esposa, así como Agustín del Valle, nombrado Secretario de Propaganda. Con este equipo mantuvimos el prestigio que tenía la Delegación en esta área, donde por entonces constituíamos el más fuerte núcleo que existía, pues teníamos sub-delegaciones en los distintos pueblos del área y constantemente estábamos dando actos para recaudar fondos para remitir a la oficina central de Miami.

Siempre he sido dado al análisis de todos los factores que forman o que existen cuando hay alguna crísis y el caso de la renuncia de Luaces como secuela de la de Veciana, me tenía intrigado por lo que escribí a Andrés Nazario explicándole que los miembros de la Delegación de Los Angeles habíamos venido trabajando a base de fé y que queríamos en todo momento estar enterados de la verdad, por dura que esta fuera. Que yo conocía a Manuel Luaces y sabía cuan leal y con cuanta fé y coraje había luchado pero como mi causa era Cuba, no me detendría ante sacrificio alguno, pero eso sí necesitaba tener la absoluta certeza de que no estaba siendo utilizado como un tonto. Y terminaba mi carta refiriéndome al estado confuso que existía en la siguiente forma: "¡Verdad que todo esto, cuando Menoyo y sus tres valientes compañeros se pudren en la cárcel del tirano y cuando hay tanta sangre heroica y dolor por el medio, me luce grotesco y triste, pero que vamos a hacer si somos apenas residuos de un mundo imperfecto!"

Tan pronto Andrés recibió mi carta me llamó por teléfono. Estuvimos hablando largo rato y me explicó que estaban preparando actos de mucha importancia y que pronto saldrían a la luz pública. Que tuviera fe en ellos y que trabajara totalmente convencido de que ALPHA 66 y el II FRENTE no descansarían hasta ver al tirano rojo liquidado. Con esta reafirmación, que comuniqué al resto del equipo de trabajo de la Delegación, nos sentimos confiados e intensificamos nuestro esfuerzo para cumplir las metas que nos habíamos trazado.

Pronto tendríamos pruebas que harían buenas las palabras de Andrés y que nos servirían para respetar más la dirección que él ejercía en Miami donde se había convertido poco a poco en el dirigente mas respetado y mas querido.

El 7 de Marzo de 1966 el exilio se estremeció de nuevo con la noticia de que en la madrugada del dia anterior habían sido detenidos dos barcos del II FRENTE-ALPHA 66 a 42 millas de las costas americanas por los guardacostas de este país, en un acto puramente de piratería, pues estaban fuera de la jurisdicción de los E.U. y que se encontraban presos el Comandante Armando Fléites, jefe de la expedición, y los once hombres que le acompañaban.

Durante meses se había estado trabajando arduamente en la preparación de un plan adicional emergente, que cubriera una etapa intermedia entre el revés sufrido en Baracoa, (la captura de Menoyo) y el reinicio del Plan Omega en territorio cubano. El plan consistía en hacer operaciones militares de distintas categorías; ataques comandos; infiltraciones para sabotajes; destrucción de puentes y ferrocarriles; quemas de caña; demolición de centrales azucareros y refinerías; ataques a cuarteles pequeños; destrucción de partes de los tendidos eléctricos y telefónicos y cuantos otros procedimientos que ayudaran a desmoronar la producción agraria e industrial.

Se habían obtenido por distintas gestiones embarcaciones de gran capacidad y equipos bélicos que nos permitirían golpear en la forma prevista a la bestia del Caribe. En esta captura del 6 de Marzo cuando nuestros barcos se dirigían a un punto específico en el Caribe, no inglés ni americano, la pérdida total oscilaba entre 30,000 y 40,000 dólares. Hubo peligro en esta operación de que se enfrascaran en una sangrienta batalla con los barcos de los Guarda Costas, ya que éstos de primera intención no se identificaron como tales y los nuestros tuvieron dudas de si se trataba de barcos del gobierno cubano. Recuérdese que estaban en alta mar muy lejos de lo que es el área normal de los guarda costas.

El Comandante Armando Fléites logró en medio de los disturbios comunicarse con nuestras oficinas en Miami y transmitir el primer aviso de lo que estaba pasando. Esta noticia cayó como una bomba en el exilio cubano. ¡Cómo era posible que se nos persiguiera de tal forma, cuando el gobierno de Cuba estaba interviniendo en toda América; cuando abiertamente habian declarado la guerra total al "imperialismo americano" en la Conferencia Tricontinental de la Habana celebrada del 3 al 16 de Enero de 1966, según veremos más adelante!

Se había frustrado un hermoso plan de acciones, nuestros propósitos quedaron truncos por unos días, pero el espíritu combativo de nuestras organizaciones se mantenía más vigoroso. Día a día se nos sumaban nuevos contingentes y se nos ofrecían armas de todas clases, hasta cañones. Nos quedaban otros barcos y la organización anunció enfáticamente que volverían a combatir, sin temor, sin demora y sin esperar por nadie.

Nuestros expedicionarios fueron trasladados a las oficinas del cuerpo de guardia de los Guarda Costas, tratados como delincuentes, interrogados y dos horas mas tarde fueron puestos en libertad sin fianza alguna. Nadie podía dar una explicación adecuada.

No solo en el ALPHA había disgusto, el exilio en pleno estaba furioso. Habían seguido los acontecimientos que se estaban llevando a cabo en la Habana, donde el gobierno de Cuba había sido el orientador de la Conferencia Tri-Continental, que bajo el símbolo de una ametralladora Cheka, sobre la cual descansaba la bola del mundo, había unido a representantes de Asia, Africa y América Latina, y habían declarado con arrogancia que había que destruir al Imperialismo (los Estados Unidos por supuesto).

Esta Conferencia Tri-Continental que se llevó a cabo en el antiguo Hotel Habana-Hilton, con la complacencia y la presencia de Delegados de Rusia y China, con el ofrecimiento de Fidel Castro de ayudar a todos los movimientos de liberación (comunistas) que se llevaran a cabo en los tres continentes, Africa, Asia y América fué el comienzo del envío en gran escala de tropas cubanas a distintas partes del mundo y de la creación de las escuelas de entrenamiento de sabotajes y guerrilleros utilizando jóvenes comunistas traídos de sus respectivos paises, los cuales una vez indoctrinados en el odio y el terror rojo eran devueltos a sus países de origen para tratar de desestabilizar los gobiernos y crear el caos. En toda la América Latina estos resultados de la Tricontinental fueron devastadores.

Sin embargo a nosotros no se nos permitía ningún esfuerzo por liberar a nuestro pueblo. Pero el ALPHA 66 y el II FRENTE no se detenían y en Mayo 19 volvían a atacar (por tercera vez) el cuartel de Tarará cerca de la Habana. Los comandos de guerra marítimos utilizaron cañones de 20 m.m., ametralladoras, fall Belgas y rifles AR15, creando entre las tropas castristas una tremenda desmoralización, que les impidió ripostar el ataque.

A finales del mes de Julio invitamos a Andrés Nazario a venir a Los Angeles y tuvimos con él una cena en el Masonic Temple de San Gabriel. Se presentó en esos días una huelga de aviones y Andrés no podía irse, así que se pasó dos semanas con nosotros y pudimos conocernos mejor y recibir de él informes y orientaciones que hicieron un buen efecto en la militancia. Al fín Andrés pudo regresar a Miami en tren, pues los trabajadores y las companías de aviones no se ponían de acuerdo para terminar la huelga, y le dimos una gran despedida en la Estación de Ferrocarriles de Alhambra.

Nuestro trabajo y nuestra firmeza también produjo en Andrés entusiasmo, unos días después nos escribía..."Aquí produjo un gran impacto mi informe, se les considera, sin halagos falsos, a ese grupo como una bandera de rutilantes destellos que dará reflejos a otros lugares del destierro."

Nuestro Departamento Militar evidentemente no descansaba. A principios de Septiembre estando frente a las costas de Cuba, en el mar Caribe, fueron apresados por barcos ingleses y llevados presos a Nassau en las Bahamas, el Jefe Militar Comandante Armando Fléites, Gonzalo González, Jesús Pineda y Arsenio Aramendía. Acusados de estar cerca de Bimini en las Bahamas. El juez los condenó a $200.00 de multa a cada uno o tres meses de cárcel. Los expedicionarios estaban decididos a cumplir los tres meses a pesar de que fueron tratados como prisioneros comunes sin ninguna consideración por las autoridades. Sin embargo el exilio de Miami aportó lo necesario para que fueran puestos en libertad.

Este abuso de las autoridades de las Bahamas trajo por consecuencia que en Miami, en New York, en las Delegaciones del Norte, en Puerto Rico y en Los Angeles se llevaran a cabo manifestaciones de protesta frente a los Consulados Ingleses por abuso contra nuestros luchadores por la libertad y la protección que estaban brindando a la satrapía roja de Cuba. En Miami se produjo un molote y una batalla campal con la policía frente al consulado Inglés que resultó en 35 presos y fianzas señaladas que sumaban $56,000.00. El exilio entero de Miami se movilizó y al fín pudieron salir todos a la calle. Se había demostrado que estábamos dispuestos a todo y que no dejaríamos de cumplir con nuestro deber bajo ninguna presión.

Nuestra Delegación en Los Angeles no descansaba. Los

golpes recibidos no nos quitaban el ánimo para el trabajo. Siempre había algunos que tenían que abandonar el ajetreo diario por la necesidad de atender asuntos personales, pero constantemente se unían otros para tomar sus puestos. De la Delegación de New Orleans vinieron Alfonso y Nora Fábregas, fundadores del Alpha y trabajadores incansables. De Chicago nos llegó Nélson Gil con su esposa Eugenia, también fundadores y que traían un espíritu de trabajo tremendo. Otra incorporación notable fue la de William Henning, el americano, viejo luchador del Escambray que aportaba sus experiencias a la lucha y que nos deleitaba con sus historias de la cruzada en las montañas contra la dictadura de Batista.

De Miami vino Néstor Aranguren, obligado por la necesidad de buscar trabajo, ya que todo su tiempo lo había dedicado al ALPHA en la oficina de Miami. A Néstor, por su categoría y el trabajo que había realizado lo hicimos Asesor de la Delegación de Los Angeles y como tal él y yo estuvimos dirigiendo las tareas de engrandecer la organización, buscar recursos y orientar a los miembros sobre el ideario por el que estábamos luchando.

Pero se acaba un año y comenzaba el 1967 y teníamos que reconocer que no habíamos podido avanzar mucho en nuestras acciones frente a la tiranía, ya que el binomio de Americanos e Ingleses nos perseguía con un afán digno de mejor causa. Pero los intentos, aunque no habían sido victorias, habian demostrado al exilio que el II FRENTE y el ALPHA 66 estaban decididos a terminar la labor emprendida muchos años antes, de devolver las libertades a Cuba y se estaba creando un gran respeto por nuestra organización.

Pronto llegó la noticia de que el 24 de Febrero una lancha nuestra, perfectamente artillada, había sido vista por un avión de la tiranía, el cual avisó a las lanchas torpederas, que en número de tres y a solo cuatro millas de las costas de Cuba, frente a la Ciudad de Matanzas, pretendieron copar a nuestra lancha entablándose un combate y a fuego de metralla y con heroismo sin par nuestros expedicionarios averiaron seriamente a una de las lanchas comunistas y lograron romper el cerco y regresar a la base.

Otra noticia que produjo consternación a todos fué la muerte de Aurelio Nazario Sargén, Secretario General del II FRENTE-ALPHA 66, ocurrida el 25 de Abril de 1967. Aurelio era considerado como el padre espiritual del ALPHA. Político zagaz iniciado en la lucha contra la dictadura de Machado, militando en el ABC, crea el movimiento de los cosecheros de tabaco en la Provincia de Las Villas, siendo el primer presidente de la Asociación Nacional de Cosecheros de Tabaco, consiguiendo grandes beneficios para esa clase que venía siendo explotada por las compañias compradoras de tabaco. En 1950 es elegido Representante a la Cámara y en 1952 Presidente de la Asamblea Provincial de Las Villas y Primer Vice-Presidente de la Asamblea Nacional del Partido del Pueblo Cubano (Ortodoxo).

En 1958 toma el camino de las montañas para combatir con las armas a la dictadura de Batista, formando parte de la dirigencia del II Frente Nacional del Escambray. Observador profundo se percata del peligro en que se estaba cayendo al tomar para sí Fidel Castro la revolución y se retira de las actividades políticas y revolucionarias hasta que en 1961 organiza, con un grupo de compañeros dentro de la Isla, entre los cuales estaba el Dr. Diego Medina, el movimiento clandestino que después dió origen al ALPHA 66, llegando al destierro en Enero de 1963, ocupando el cargo de Secretario General que ostentaba al momento de su muerte.

Aurelio Nazario Sargén era uno de esos hombres, con los que Cuba ha contado siempre, que dan una luz distinta de asombrosa claridad en los momentos en que la patria necesita de esos destellos.

Andrés Nazario Sargén, su hermano, es nombrado en su lugar Secretario General y se traza un plan militar que se denominó "PLAN DE VERANO", a la vez que comienzan los preparativos para intensificar el trabajo en las Delegaciones y celebrar un Congreso en el mes de Julio de 1967.

En Agosto 7 el gobierno de Cuba informó que había capturado seis miembros contra-revolucionarios de la CIA (Agencia Central de Inteligencia). En seguida Armando Fléites y Andrés Nazario se apresuraron a informar que los detenidos por los cuerpos represivos de Castro no eran enviados ni miembros de la CIA, sino que eran miembros de nuestra Organización y que habían desembarcado días antes por Pinar del Rio, cerca de Bahia Honda, con el objeto de ejecutar planes militares dentro de la Isla. Sus nombres eran: Elpidio Ravelo, Francisco Avila Ascuy, Alberto Laucirica Díaz, José Roig Rodríguez, Pablo García Roquete y Plácido Hernández.

Nuevamente había un gran revuelo en el exilio. Nuestros hombres, cuatro de ellos, pues dos estaban heridos fueron presentados ante la reunión de la OLAS (Organización Latino Americana de Solidaridad) donde comunistas de toda América reunidos en este engendro creado por la Conferencia Tri-Continental de la Habana, discutían y estudiaban como llevar las guerrillas y el terror rojo a todo el continente americano, incluyendo los Estados Unidos.

Los detenidos José Roy Rodríguez, Alberto Laucirica Díaz, Francisco Avila Ascuy y Pablo García Roquete, dijeron ser miembros del II FRENTE-ALPHA 66 y que nada tenían que ver con la CIA.

Junto con ellos fueron presentados dos cubanos que habían sido capturados mucho tiempo antes y que declararon que ellos habían desembarcado en Cuba en misiones de la CIA. Pero la clara declaración de los expedicionarios nuestros dejó bien sentado el hecho de que nosotros nada teníamos que ver con la Agencia Central de Inteligencia y así también lo hicieron saber desde Miami Andrés Nazario y Armando Fléites a los periodistas del exilio, declarando:..."Fidel Castro no presentó a extranjeros en la OLAS, sino a cubanos que en su legítimo derecho regresaban a su suelo nativo, para con las armas en la mano liberarlo de sus cadenas"...."las organizaciones históricas y revolucionarias II FRENTE y ALPHA 66 son independientes y democráticas, que solo reciben órdenes del soberano pueblo de Cuba sin sumisiones a ninguna potencia extranjera".

Esta era la época en que estaba en su apogeo la guerra de Vietnam. El movimiento comunista había envuelto a la juventud americana en las Universidades y las protestas de los hippies hacían difícil la situación de los soldados americanos que patrióticamente se jugaban la vida en Vietnam para evitar el avance incontenible del comunismo, que terminaba en un lugar y seguía para otro país en su conquista de odio y terror. Nosotros los cubanos exiliados tomamos parte activa en defensa del pueblo de Vietnam que pretendía ser esclavizado por la ola roja y constantemente nos batíamos en la prensa y en la calle explicando el peligro comunista. Tanto en New York, Miami, Los Angeles y otras ciudades donde habían núcleos de Cubanos tuvimos encuentros con los que protestaban por la guerra de Vietnam.

En una ocasión en que vino el Presidente Johnson a Los Angeles y le salieron a protestarlo los comunistas y pacifistas, fueron los cubanos los que en una batalla de insultos nos enfrentamos a ellos. En otra ocasión los que estaban en contra de la guerra prepararon una manifestación por Wilshire Blvd. que tenía varias cuadras de largo y miles de manifestantes. Nosotros los cubanos exiliados, miembros de distintas organizaciones; masones, una organizacion que llamaban "La Juventud de Los Angeles", el RECE, y los miembros de ALPHA 66, en total éramos ochenta y siete, le caminamos hacia arriba al frente de la manifestación de los comunistas y pacifistas y nos enfrentamos a ellos en una verdadera batalla campal, a palos y trompadas.

Creo que los sorprendimos con nuestra beligerancia y los hicimos retroceder hasta que llegó la policía y con motocicletas se interpuso entre ellos y nosotros. Fué una experiencia tremenda donde los. cubanos desahogamos nuestros, por tanto tiempo reprimidos impulsos de demostrar nuestro rencor por el comunismo, que era en sí el mismo que nos había arrebatado nuestra Patria, y que todos ellos habían hecho de Castro un ídolo.

Al dia siguiente en primera plana del periódico "The Herald Examiner" aparecía una gran fotografía de un pacifista americano de mas de seis piés de estatura enfrascado en un cuerpo a cuerpo con nuestro delegado Jesús Placeres, quien era mucho mas pequeño que él. Sin embargo en "Los Angeles Times" aparecía en un gran cintillo "Nazis y Cubanos atacan a los Pacifistas". Un grupo de Nazistas habían atacado por detrás a la manifestación sin que nosotros tuviéramos contacto con ellos, ni supiéramos lo que ellos iban a hacer. Esa era la manera como siempre fuímos tratados los cubanos de Los Angeles por "Los Angeles Times", que tanta propaganda ha hecho a través de los años para justificar a Fidel Castro y que tan difícil ha sido siempre que publicara algo en contra del mismo.

Pero hubo un hecho verdaderamente extraordinario en esta época en que tuvimos que defender a los hombres que luchaban por evitar la esclavitud de Vietnam. En San Diego una mañana de Junio había una gran manifestación contra el gobierno. Su propósito era por el retorno de los soldados americanos de Vietnam y la entrega de ese país al comunismo. La policía hacía esfuerzos para mantener el orden de aquella muchedumbre de más de 300 personas, "hippies" sucios, provocadores, algunos influenciados por las drogas. El pueblo miraba con enojo desde las aceras, pero al final de la manifestación apareció un hombre mas bien delgado, de mediana estatura, con las características del latino llevando a sus espaldas una cartulina que le cubría casi todo el cuerpo y al frente llevaba otra de igual tamaño. En las mismas se leían consignas en inglés: "Victoria en Vietnam", "Abajo el Comunismo", "Abajo Castro", "Cuba será libre." En ambas cartulinas aparecía el nombre de ALPHA 66. En una mano llevaba una bandera americana y en la otra una bandera cubana.

La retaguardia de la manifestación al ver que desde las aceras saludaban y aplaudían a aquel hombre se quedaron perplejos, pero nada se atrevieron a hacerle y él los siguió a todo lo largo del camino. Ya saliendo del pueblo la policía no lo dejó seguir temiendo por su vida.

Este hombre era Sergio Mayea, el delegado de ALPHA 66 en San Diego. Hecho de madera de libertador, sin miedo a nada, haciendo una vez más lo que creía era su deber, se enfrentaba a las circunstancias. Mayea se había incorporado a nuestra organización un tiempo antes y desde entonces había creado una dinámica Delegación en todo el área de San Diego, que trabajaba sin descanso por la causa de Cuba.

Ya en los finales del año 1967, como colofón a tantos golpes recibidos, tres de las lanchas del ALPHA que estaban en poder de las autoridades americanas fueron voladas con dinamita, y una vez más perdíamos el esfuerzo y el dinero que habíamos puesto para adquirirlas.

En Diciembre 7, 1967 la organización II FRENTE-ALPHA 66 le dirigía una larga carta al Presidente Lyndon Johnson protestando por la persecución de que estábamos siendo víctimas por las autoridades donde se nos impedía el esfuerzo bélico. En uno de los párrafos decía la carta..."Nos desgarra el alma contemplar al pueblo cubano sumido en horrible pesadumbre por la imposición comunista, del mismo modo que nos duele ver como se derrama la sangre generosa de la juventuid americana en el lejano Vietnam. Sabemos cuan necesaria es esa jornada en Asia. Allí luchan americanos y también cubanos, por algo tan sagrado como es la libertad; y si Vietnam del Sur tiene el legítimo derecho de conservar su libertad y su independencia, así como sus instituciones democráticas, nosotros no le pedimos que la juventud americana caiga peleando por nosotros en los campos de Cuba. Aspiramos únicamente, a que se nos reconozca nuestro legítimo derecho también. A que se nos deje el camino expedíto para luchar por nuestra patria.

Fueron los finales del 1967 días duros para nuestra

organización, prácticamente nos habíamos quedado un pequeño grupo para hacer el trabajo aunque los demás se mantenían en contacto con nosotros. Decidimos hacer una cena pequeña en la época de Navidad y nos reunímos en el Restaurant "El Carmelo" cuatro matrimonios: Mercedes y Néstor Aranguren; Carmen y Guillermo Suñé, Nora y Alfonso Fábrega y Zoraida y yo. Esta cena, aparentemente sin importancia, fué el inicio de la costumbre de celebrar todos los años en Navidad la "Cena del Alpha" y que cada año fué siendo más grande, pues todos los alfistas y simpatizantes acuden a ella.

Estos tres años 1965, 66 y 67 fueron verdaderos años de prueba. Difíciles, de descalabros contínuos, hubieran terminado con cualquier otra organización que no hubiera sido la nuestra. Nuestra madurez y el concepto claro de porqué estábamos luchando nos endureció y nos hizo ver cuan difícil era la tarea que nos habíamos impuesto y que solo con la victoria final teníamos derecho al descanso.

Pero si es verdad que los resultados no habían sido en la mayor parte de las veces los planeados, no era menos cierto que nos habia ganado el respeto del exilio y que dentro de Cuba nos había creado una aureola de prestigio. Sabían ellos ahora que en el destierro había una organización que no los abandonaría nunca.

Aun nos quedaban otras sorpresas no muy agradables antes de que pudiéramos decir que estábamos completamente consolidados como el movimiento histórico de la liberación cubana.

CAPITULO 8

UNA DIFICIL DISYUNTIVA

Aunque los días y las noches son iguales, el mismo sol, la misma luna, unas veces frío otras calor y todo lo demás lo mismo, la separación que los humanos hemos hecho en el tiempo dividiéndolo en semanas, meses y años, siempre al terminar uno de estos últimos y al comenzar un año nuevo nos sentimos optimistas para esperar que en ese nuevo año se puedan realizar los sueños y tareas que venimos arrastrando del anterior. Así pensábamos el grupo de Alfistas al iniciarse el año 1968. Siempre con la mente puesta en la liberación de nuestra patria.

Para comenzar, a finales de Diciembre Jesús Placeres nos pidió que lo releváramos de su cargo de Delegado pues su salud no le permitía el trabajo continuo requerido por la Delegación y recayó en mí sustituirlo, cosa que hice provisionalmente a partir del primero de Enero de 1968, pero que ya tuvimos que hacer en propiedad en Junio 28, pues Jesús no volvió a asumir el cargo. Fuí ratificado como Delegado por la Dirección Nacional y conjuntamente con el resto del equipo nos dedicamos a trabajar sin descanso.

Pronto comenzaron a llegar noticias de nuevas acciones. En la Bahia de Matanzas fué incendiado un barco Ruso de doce mil toneladas y otros incendios coincidieron por esa área. Un destacamento de comandos nuestros había dejado los materiales utilizados en esos sabotajes, pero al regresar tuvieron que acercarse a un cayo de las Bahamas y nuevamente fueron cercados por fuerzas inglesas, apresados y conducidos a Nassau.

Estos comandos eran Rafael Mayola, Calixto Herrera, Angel Díaz, Sergio León y Félix Mir, y cumplían parte de lo que se llamó "PLAN MILITAR V". Treinta y ocho días estuvieron presos en las Bahamas estos compañeros. Injustamente pues nada habían hecho en contra de Inglaterra y su colonial archipiélago de las Antillas.

Esta reiterada insistencia de nuestras organizaciones de continuar los ataques e infiltraciones tenían nervioso al gobierno Americano quién envió a Miami al Señor Covey T. Oliver, Encargado de Asuntos Latinoamericanos del Departamento de Estado, para impresionar a los distintos grupos y evitar futuras acciones contra la tiranía.

A esta visita respondió ALPHA 66 con un manifiesto "A la Opinión Pública" firmado por nuestro Secretario de Prensa y Propaganda, el Dr. Diego Medina, declarando que:

"El II FRENTE Y ALPHA 66 reiteran enfáticamente que la acción armada continua siendo el único camino real y efectivo para derrotar al traidor Fidel Castro. La autodeterminación de los pueblos es un derecho que nadie puede impugnar. Sin embargo esta determinación libre de pelear contra un régimen opresor que no representa la voluntad del pueblo de Cuba, está limitada, por la incomprensible política del gobierno de los Estados Unidos al perseguir a los combatientes cubanos, que en su legítimo derecho y como representativos de los valores morales y de defensores de la libertad y la democracia para nuestra patria, se les aplica injustamente la Ley de Neutralidad beneficiando así al régimen opresor que representa al comunismo en Cuba."

"Reiteramos categóricamente nuestra disposición de llevar la guerra a los términos más violentos con métodos propios y con recursos cubanos. Nunca hemos solicitado ni ayuda extranjera, ni fuerzas armadas de otros países. La libertad de Cuba para que no se vea limitada en ninguna de sus formas, hay que conquistarla al precio del sacrificio y de la sangre cubana."

"Si en otras épocas gobernantes norteamericanos carentes de visión política le cerraron el camino de la independencia y la soberanía absoluta a las fuerzas mambisas en 1898, sin la participación de los cubanos en el Tratado de París, ahora no queremos vernos envueltos en peligros similares, aunque los gobernantes actuales piensen distinto. Entendemos que la mejor garantía a esa libertad se logra mediante la total independencia de la guerra emancipadora."

Este manifiesto de una actualidad permanente traza con mano maestra el objetivo número uno de nuestra lucha: la independencia ABSOLUTA que queremos para la Cuba del futuro.

Desde principios de año se estaba tratando de establecer un pequeño campamento fuera del territorio de este país, y ya en Julio se recibían noticias de dicho campamento y del entusiasmo y ardores patrióticos de los compañeros que ya estaban allí. Por otra parte la oficina había sido trasladada al 836 S.W 1st Street en Miami donde un gran grupo de hombres y mujeres laboraban sin descanso. Constantemente se recibían noticias desde Cuba dando cuenta de las acciones de las fuerzas internas que no cesaban en los sabotajes para reducir la fuerza económica de la tiranía.

En los primeros días de Septiembre recibí una llamada telefónica de Andrés. Quería poner en mi conocimiento para que así lo informara al resto de la Delegación que por común acuerdo de funcionamiento y estrategia habían considerado conveniente separar las organizaciones II FRENTE y ALPHA 66. Que él quedaba al frente de ALPHA 66 y el Dr. Armando Fléites tomaría bajo su dirección al II FRENTE.

Teníamos que hacer una decisión. ¿Qué haríamos nosotros como Delegación? Esto para los miembros de Los Angeles no era difícil, nuestro contacto directo siempre había sido a través de Andrés, teníamos absoluta confianza en su patriotismo y dedicación, conocíamos de primera mano su carácter y con él de dirigente nos sentíamos satisfechos.

Además el ALPHA 66 hacía mucho tiempo que era el nombre que se utilizaba para hablar de la lucha de la Alianza ignorándose prácticamente al II FRENTE. Con Fléites no teníamos mucho contacto aunque sí habíamos seguido paso a paso toda su actuación antes en tiempos en que Menoyo era el jefe militar y después cuando él asumió la jefatura de ese Departamento.

Comuniqué a Andrés que la Delegación seguiría trabajando como parte integral de ALPHA 66. Así también lo hicieron las demás delegaciones de New York, New Jersey, Chicago, Tampa, Washington, etc y el ejecutivo de Miami, cási en su totalidad continuó con el ALPHA.

Muchas preguntas nos hacíamos sobre el porqué de esta ruptura, que aunque amigable no tenía explicación. ¿Se habría cansado el Dr. Fléites de tanta injusta interferencia en los planes militares por los americanos e ingleses? ¿Desearía dedicarse a su trabajo en la medicina, carrera que tenía abandonada por tantos años de heróico comportamiento en la lucha por llevar a la patria un sistema de libertad total, primero contra Batista y después contra el castro-comunismo?

¿Porqué escogió el II FRENTE, cuando el ALPHA 66 era el nombre que todo el mundo reconocía al referirse a nuestra lucha? ¿Desearía llevarse a su aparente retiro la bandera del II FRENTE DEL ESCAMBRAY que tanta gloria había ganado en su lucha contra el régimen de Batista?

El caso fué que este viejo luchador había dado una buena parte de su vida en nuestras organizaciones y con el respeto de todos y en gesto que enaltecía tanto a él como a Andrés, se separaban ahora.

Andrés por otro lado había escogido el continuar la guerra irregular, pues eso era el concepto de lucha de ALPHA 66. A partir de ese momento era el indiscutible director, el responsable único, en su carácter de Secretario General, de la dirección que hasta ese momento había siempre compartido con otros (Menoyo, su hermano Aurélio, Veciana y Fléites).

Desde luego que contaba con un equipo de trabajo en el Ejecutivo Nacional compuesto por verdaderos luchadores, entre los cuales estaban el Dr. Diego Medina, Hugo Gascón, Osiel González, el Dr. Emilio Caballero, Ernesto Díaz, Maria Teresa Gutierrez Menoyo, Jesús la Rosa Sabina, Félix Mir, Romelio Vázquez, Reinaldo Abreu, Florencio Pernas y muchos más que harían esta lista interminable.

Había también un hombre sencillo, un guerrillero experimentado el Capitán Vicente Méndez que pertenecía al Departamento Militar y que no había participado aun en acciones dentro del ALPHA.

La separación de los dos grupos y de los dos dirigentes fué analizada una y otra vez en la Delegación de Los Angeles, claro que veíamos que en el fondo algo andaba mal, pues cuando las cosas andan bien en la mayor parte de las veces no hay separación, sino por el contrario, todo es unión.

Pero lo esencial era buscar la respuesta a la pregunta: ¿Qué haría el ALPHA para salir del marasmo en que los últimos golpes a la tiranía, complicados por detenciones de ingleses y americanos nos habían creado? ¿Cómo se podría romper la apatía que estaba permeando todas las esferas del destierro?

Le dábamos vueltas constantemente a todas estas preguntas que nos hacíamos y no veíamos la solución. Pero siempre en las circunstancias mas negras el ALPHA ha tenido la oportunidad de recobrarse y seguir adelante. Y en esta ocasión tampoco iba a faltar el ingrediente-sorpresa estimulante.

Todos los días al llegar de mi trabajo de Controler de la fábrica de muebles donde me ganaba el sustento para mantener a mi larga familia, seis hijos, Zoraida y yo, me tiraba en la cama a descansar un rato, hasta que llegara la hora de comer y leía la correspondencia que el cartero había dejado y repasaba el periódico para ver que estaba pasando en el mundo.

Pocas veces tenía razón para sentirme contento, pues la mayor parte de las noticias de Cuba eran basadas en los abusos y sufrimientos que estaba soportando el pueblo cubano bajo la bota de la tiranía y en cuanto a ALPHA, la última separación nos había dejado bastante perturbados y aunque siempre manteníamos la fé, no dejábamos de preocuparnos. Constantemente nos manteníamos en contacto los miembros de la organización, muy especialmente Aranguren y yo, que le dábamos vuelta a todos los problemas una y otra vez.

Pero ese día recibí una circular de Miami, firmada por Andrés Nazario, como Secretario General, que cuando la leí me hizo dar un brinco y levantarme entusiasmado. Fuí a la cocina tomé un poco de agua y regresé a la cama a leerla de nuevo. Era sin duda el ingrediente que necesitabamos para recobrar nuestro vigor y mantenernos a la vanguardia en la lucha contra la tiranía, lugar que habíamos conservado siempre.

Estaba fechada la circular en Octubre 11 de 1968 y en síntesis informaba que el Consejo Nacional de Veteranos de la Independencia de Cuba (en el exilio) constituido por un pequeño número de supervivientes de la gesta emancipadora de 1895, en un magno acto que llevara a cabo en el Gran Stadium de Miami el día antes, 10 de Octubre, con motivo de la commemoración del primer centenario del Grito de Yara, fecha en que comenzó la guerra de los 10 años para liberar a Cuba de España, había hecho una proclama "al honor y la dignidad de los cubanos convocándolos a la guerra -justa y necesaria- como dijera nuestro Apostol José Martí, para liberar a la

Patria de la tiranía y del oprobioso régimen esclavizante que estaba padeciendo."

Como respuesta a la llamada de los Veteranos, viejos mambises que todo lo habían sacrificado por ver a Cuba libre, el Capitán Vicente Méndez, combatiente durante once meses en la Sierra del Escambray frente al castro-comunismo, miembro de la dirección del Departamento Militar de ALPHA 66, había dirigido en la propia fecha de la gloriosa efémeride una alocución pública al Consejo Nacional de Veteranos de la Independencia de Cuba y a todos los cubanos, del exilio y de la Isla, anunciando su decisión inquebrantable de lanzarse al combate redentor en suelo cubano y compartir los riesgos y vicisitudes con los valientes que mantenían la chispa de la rebeldía dentro de nuestra tierra amada.

Añadía en la circular Andrés Nazario: "Demás está decirles que la acción de guerra del compañero Vicente Méndez forma parte de los planes bélicos trazados por el nuevo Departamento Militar y que será respaldado con toda intensidad por nuestra organización.

No hacía falta que la circular además instara a las Delegaciones para que se reunieran e hicieran pública su decisión de respaldar sin ambages al Capitán Vicente Méndez y demás combatientes de ALPHA 66 que se dispusieran para acompañarlo. Ese fué nuestro paso inmediato.

Conjuntamente con la circular venía una copia de la carta enviada por el Capitán Vicente Méndez al Dr. Luis Varona, Secretario del Consejo Nacional de Veteranos de la Independencia, en que le informaba que "a plena responsabilidad y juro por mi honor, que estoy dispuesto a encarar la acción de la guerra cubana dentro de su suelo." continuaba: "Yo soy un hombre de armas y como tal, no concibo el engaño ni la demagogia, como tampoco aspiro a impresionar a nadie con mi determinación. Siempre he mantenido invariablemente la tésis de la insurrección interna y del alzamiento en las montañas de Cuba, como fórmula adecuada para encender la hoguera de la guerra cubana, sin interferencia de ninguna clase."

Y continuaba más adelante la carta de Vicente: "Mi posición es clara y definida. Soy un luchador revolucionario plenamente convencido y en dos ocasiones me alcé en armas contra las dictaduras imperantes (la de Batista y la de Fidel)"... "Alcancé el grado de Capitán y fuí jefe de cinco guerrillas. Sin embargo no aspiro a jefatura alguna ni me interesan los cargos u honores"..."Si alguien toma el camino delante me sumo como soldado y si a mi llegada a la isla, encuentro el movimiento andando, soy un combatiente más que cumple órdenes. Ahora bien, de lo que nadie me puede ni podrá convencer jamás es de que no emplee todas mis energías a fin de desembarcar en tiempo prudencial en la islita amada, rebelde y heroica."..."Mi identificación y militancia revolucionaria están en la revolucionaria y luchadora organización ALPHA 66. Sin embargo todos los cubanos conscientes y patriotas seran mis hermanos y compañeros en la empresa redentora."

Y terminaba Vicente su carta al Consejo Nacional de Veteranos: "A Cuba, en este primer centenario del Grito de Yara, tenemos que responder presente. En presencia de los insignes y gallardos veteranos de la Independencia, asumo esa responsabilidad y juro ante Dios, y ante la memoria de los grandes fundadores de la patria y de los mártires y presos políticos de esta epopeya que cumpliré con mi deber o pereceré en el camino de la guerra santa y necesaria. Soy descendiente de mambí. Mi consigna es la misma de los libertadores: LIBERTAD O MUERTE. Por Cuba libre e independiente." Firmado Capitán Vicente Méndez.

Esta contundente declaración de Vicente y el respaldo que ALPHA 66 le dió fué estremecedor para el exilio. Tal parece que todos llevaban ya varios años esperando un hecho que verdaderamente representara algo mas positivo que los ataques comando y el entusiasmo enardeció a todos, volviendo a los tiempos en que el PLAN OMEGA estaba en su apogeo.

En el ALPHA ni se diga. El decaimiento que se había producido paulatinamente por varios años desapareció y nuevos cubanos se incorporaron a la campaña. Yo me había mudado de Alhambra para Torrance, ciudad al sur de Los Angeles, en Julio de ese año y había recibido de Cuba a Oscar mi hermano con su familia y también a un viejo compañero de trabajo en el Central Washington, Rolando Ortíz. Todos se incorporaron al trabajo dentro del ALPHA y nuestra casa en Torrance era un constante hervidero. Por todos lados se nos unían verdaderos revolucionarios que venían de Cuba al amparo de las salidas por Camarioca. Así engrosamos nuestras filas con grandes luchadores.

Yoel Borges fué uno de ellos. Hermano de Mary Figueras que había años antes fundado con nosotros el Comando de Alhambra,

Yoel fué desde el principio una fuerza dentro de la Delegación, por su experiencia en la lucha contra Batista como estudiante en el Instituto de Marianao. El fué factor en la incorporación de otros del área de Pasadena y Alhambra como Jorge Castro, Ramón Pérez Silva, Orlando Carmenate, etc.

También en esa época se nos unieron un gran grupo de mujeres cubanas recién llegadas, como Carmen de Castro, Mary Calderón, Josefina de Céspedes, la Dra. Carmen Zapata, Esther Herrera y muchas más que harían esta lista interminable, pero que es propio recordarlas porque dieron cuanto pudieron para el engrandecimiento de nuestra organización. Ellas habian oido desde Cuba de lo que representaba ALPHA y cuando arribaban al exilio inmediatamente se incorporaban a la lucha.

En Miami distintos ex-combatientes comunicaron a Vicente que estaban dispuestos a ir a Cuba a pelear conjuntamente con él. Entre ellos el primero que se brindó fué José Rodríguez Pacheco, que ya había peleado en el Escambray bajo las órdenes de Vicente y Victor Manuel Paneque, conocido como el "Comandante Diego" en la campaña contra la dictadura de Batista. El campamento que se abrió en las proximidades de Miami se llenó de jóvenes deseosos de acompañar a Vicente en la arriesgada empresa. Entre ellos brillaba por su juventud y valentía Luis Aurelio Nazario, hijo del que fuera Secretario General del ALPHA Aurelio Nazario Sargén. Luis Aurelio expresaba que "era un privilegio para la juventud de su generación el poder luchar nuevamente por la liberación de Cuba como lo habían hecho los mambises de nuestras guerras contra España."

Mientras toda el ALPHA trabajaba incesantemente por la campaña de Vicente, manos criminales, los enemigos producto de la envidia que siempre han seguido nuestros pasos, daban candela a nuestras oficinas de 836 S.W. 1ra Calle, en Miami, quemándose todo el mobiliario, archivos, máquinas de escribir, mimeógrafos, copiadoras, estantes y cuanto componía el instrumento de trabajo de la Dirección Nacional.

En lo material fueron miles de pesos las pérdidas, pero más importante eran los valores espirituales, fotografías, documentos, etc. Una vez mas nuestros amigos de Miami se identificaron con nuestro esfuerzo y pronto por donaciones teníamos de nuevo montada una nueva oficina con todo lo necesario. El nuevo local estaba situado en el 524 S.W. 12 Avenida.

Pero no podíamos terminar el año 1968 sin tener otro descalabro. Era algo que nos perseguía y que en este caso era producto del desespero y la impaciencia por combatir a la tiranía. El 2 de Diciembre habían sido capturados al desembarcar por la zona de El Morrillo, en la provincia de Pinar del Río, Ernesto Díaz Rodríguez, Emilio Nazario Pérez, de solo 19 años éste, hijo también de Aurelio Nazario Sargén; Felipe Sánchez Olivera, Antonio Manuel Rodríguez Lorenzo y Hermenegildo Rodríguez Pérez. Estos cinco expedicionarios trataban de internarse en la zona después de haber tenido un encuentro inicial con una lancha patrullera del régimen comunista.

Por supuesto, como era usual, el régimen los acusaba de ser miembros de la Agencia Central de Inteligencia (CIA), a lo que ripostó el Dr. Diego Medina, Jefe de Prensa y Propaganda del ALPHA, rechazando las acusaciones de que ALPHA 66 era una organización protegida por la CIA. "Nos sostenemos con la generosa aportación de numerosos exiliados cubanos desde todos los puntos de la emigración," declaró el Dr. Medina. Y añadía: "Los patriotas cubanos apresados en Cuba son valiosos miembros de nuestra organización, que llenos de devoción patria quisieron regresar a nuestro país."

¡Qué pena que el ansia de participar activamente en la lucha frontal contra la tiranía hizo a estos jóvenes adelantarse al plan grande que ALPHA estaba preparando bajo la dirección militar de Vicente Méndez! No era posible aun vislumbrar que estábamos ante los hechos más heroicos que el exilio había contemplado en muchos años. Pero la audacia y el coraje de Vicente Méndez y sus hombres estaban destinados a escribir para la historia de Cuba bellas páginas de gloria.

CAPITULO 9

VICENTE MENDEZ EN LOS ANGELES

En Octubre de 1968 cuando ALPHA comienza a preparar los planes para que Vicente Méndez pudiera llevar a cabo su promesa de desembarcar en Cuba se movían en el exilio otras organizaciones. Una de ellas era el R.E.C.E. que había celebrado años antes una especie de elección y de ahí le venía el nombre "Representación Cubana del Exilio." Esta organización ayudada económicamente según la voz popular por la firma Bacardí había hecho algunas infiltraciones en Cuba y su último hecho lo constituía el desembarco de Amancio Mosqueda, conocido por "Yarey" con varios hombres más que habían sido capturados y fusilados por la tiranía.

Otra organización era el "Comité Pro-Comicios Cubanos Libres" que se formó en una convención celebrada en el Ateneo Cubano de Chicago los dias 11, 12, y 13 de Octubre de 1968. Pretendía hacer un censo de todo el exilio y celebrar unas elecciones en las cuales se pudieran elegir mandatarios que representaran al propio exilio y fueran respetados por todos. Los miembros de este Comité, especialmente sus dirigentes encargados de llevar a cabo la tarea de las elecciones eran personas de reconocido prestigio dentro de los exiliados.

Tambien surgió por esta época el "Plan de Trabajo para la Liberación de Cuba" del Sr. José Elías de la Torriente y que popularmente se denominó "El Plan Torriente". La característica singular de este Plan era que el Sr. Torriente no daba explicación alguna sobre el mismo, sino solo se concretaba a decir que él tenía personas dentro de las esferas americanas, que podían influir con el Presidente Nixon, y que le habían prometido todo lo necesario para llevar la guerra a Cuba: Armas, basukas, inclusive misiles y ejército y dió plazos fijos para llevar a cabo esta "guerra de liberación". Todo esto muy seductor y que iba derecho al sentido de dependencia que desgraciadamente ha predominado siempre en una gran parte de los cubanos en el destierro.

Esto hacía la labor nuestra mucho mas difícil y a pesar del prestigio que tenía Vicente Méndez como guerrillero de una experiencia y valor insuperable nos costaba trabajo conseguir los fondos y apoyo para la campaña. Así que nuestra Delegación en distintas reuniones contempló el invitar a Vicente y a Andrés a venir a Los Angeles para ver si podíamos hacer un trabajo de promoción que proyectara con fuerza la tarea emprendida.

Se hizo la invitación para que vinieran en Enero o Febrero de 1969, pero compromisos previos hicieron imposible el viaje y éste se programó para el mes de Abril. En realidad fué una gran suerte porque en los meses de Enero y Febrero de ese año en el área de Los Angeles estuvo lloviendo como hacía muchos años no ocurría.

Ya cada miembro del ALPHA se había recuperado del amodorramiento de los años anteriores y con la prédica de Andrés a través de sus circulares, donde nos hacía conocer nuestra responsabilidad ante el gesto generoso de nuestros valientes que se disponían al sacrificio de desembarcar en Cuba, con el gran peligro de dar sus vidas en el esfuerzo si fuera necesario, estábamos dispuestos a efectuar un trabajo fuerte para destacar la figura de Vicente Méndez y sus acompañantes y la promesa que habían hecho de comenzar la guerra en Cuba.

Andrés Nazario, Vicente Méndez, José Rodríguez Pacheco y Victor Manuel Paneque (Diego) salieron en un auto de Miami hacia Tampa donde se reunieron con los Alfistas y demás cubanos de allí, continuaron rumbo a New Orleans, Houston y Dallas donde también nuestras Delegaciones en esos pueblos los recibieron con grandes muestras de cariño y finalmente llegaron a Los Angeles el 9 de Abril.

Al hacer los preparativos para el recibimiento habíamos señalado un audaz plan de actos, como nunca se había efectuado en esta área, ni por nuestra organización, ni por ninguna otra. En una semana íbamos a llevar a cabo cuatro reuniones de gran envergadura. La primera sería una comida en Huntington Park; la segunda al dia siguiente, un almuerzo en Pasadena. El sábado siguiente otra comida en Redondo Beach con un acto final el domingo en el Embassy Auditorium de Los Angeles.

Ya antes de venir aquí los combatientes, en escritos salidos en los periódicos americanos "Daily Breeze" de Torrance e "Independent" y "Press Telegram" de Long beach habían salido informes y fotos sobre su visita, los planes, etc. en grandes artículos en la primera plana. También los periódicos en español "La Prensa", "La Opinión" y "América Libre" se habían hecho eco de la visita y la revista "La Villa" órgano oficial de los Güineros había publicado un formidable artículo sobre Vicente Méndez firmado por Esteban

Fernández.

Con un fotógrafo del periódico "Post Advocate" de Alhambra que cubre todo el Valle de San Gabriel recibimos a los visitantes en el parqueo del "shopping center" que se encuentra en Valley Blvd. y New Avenue en Alhambra y que domina por su tamaño el "Crawford Market".

Nos situamos en unas mesitas de un pequeño restaurant, en el portal, a conversar allí pero como íbamos a comer a Pasadena a casa de Mariano Sedó, no ordenamos nada y nos pidieron que por favor nos marcháramos. ¡Huy! Así que nos fuimos para Pasadena.

Era la primera vez que el grupo nuestro veía a Vicente, a Pacheco y a Paneque y por lo tanto los miramos con curiosidad, al igual que lo hicieron ellos con nosotros. Al cabo de unos minutos ya la típica camaradería de los cubanos hacía que nos sintiéramos identificados plenamente.

Estuvimos conversando hasta altas horas de la noche en casa de Mariano y después nos trasladamos a nuestra casa en Torrance. Al amanecer del día siguiente fueron entrevistados por el Director del Noticiero de la KWKW estación de radio en español. Por la noche participé en un panel en el Canal 28 de Televisión donde se debatió la situación de Cuba al comentar la película de propaganda sobre la Cuba comunista que se había exhibido unos momentos antes.

Al día siguiente Vicente y Diego fueron presentados por el Canal 34 en español y en el tiempo que duró la entrevista hicieron un magnífico enfoque de los puntos de vista de nuestra organización. También el periódico "Post Advocate" los entrevistó, así como el periódico "La Prensa".

El sábado día 12 de Abril por la noche se efectuó el primer acto programado, una comida en el restaurant "El Guajiro" en Huntington Park, organizada por los responsables de Cudahy, Manuel Luaces; de Bell, Nélson Gil y de Huntington Park, Rolando Ortíz. Los salones del restaurant estaban repletos habiendo más de doscientos comensales. Fué en este acto donde vibró por primera vez el entusiasmo general y asistimos con asombro al avivamiento del público quien acogió con verdadero calor patriótico a los visitantes. Aquí nos dimos cuenta de que la campaña iba a ser un éxito total.

Al siguiente día, domingo, fué el almuerzo en Pasadena en casa de los esposos Darita y Mariano Sedó, miembros del Ejecutivo local y que fué organizado conjuntamente con ellos por los responsables de San Gabriel, Guillermo Suñé y de Alhambra, Yoel Borges. Aquí también el entusiasmo fué extraordinario y otra vez más de doscientas personas asistieron al acto. Se pasó ante la concurrencia una bandera cubana donada por un Doctor americano y en ella los presentes depositaron una gran cantidad de dólares.

Ese día también se aprovechó para conversar con distintos grupos de cubanos que ya venían a interesarse en nuestros planes y a ofrecernos ayuda de múltiples maneras. También se llevó a cabo para el periódico "La Opinión" una entrevista con el Dr. Octavio R. Costa y tuvo efecto la única reunión que pudo el ejecutivo local celebrar con los visitantes de Miami, pues debido al intenso programa no hubo tiempo para ninguna otra reunión de trabajo con el equipo dirigente.

El lúnes dia 14 en Radio KALI, estación en español, y con el locutor cubano Roberto Vázquez fueron entrevistados Vicente y Andrés exponiendo brillantemente al auditorio del área los planes que los habían traído a Los Angeles. A las tres de la tarde y en la residencia de los Dres. Olga y Rafael Díaz Duque, en Long Beach, fueron entrevistados para los periódicos "Independent" y "Press-Telegram". Por la noche se les ofreció un café por un grupo de cubanos en Torrance en la casa de la compatriota Luisa Croucier.

Al dia siguiente nos reunimos con la "Juventud de Los Angeles", un grupo de jovenes cubanos que tenían una historia de lucha en las calles de Los Angeles con los comunistas locales y que eran dirigidos por Esteban Fernández, los cuales prometieron ayudarnos en nuestra tarea. Después nos fuímos a Arleta en el Valle de San Fernando en casa de Orlando Plasencia donde celebramos otra reunión.

El miércoles visitamos al Ejecutivo del RECE, organización con la cual manteníamos muy buenas relaciones. Así también nos reunimos con la representación de la Brigada 2506 presidida por Waldo Castroverde, quien nos ofreció ayuda para nuestros planes. El jueves 17 en el Canal 9 de televisión en su programa "Tempo" fué entrevistado Vicente Méndez, sirviéndole yo de intérprete.

Por la noche fuimos al Círculo Güinero y nos reunimos allí con los representantes de la Gran Lógia de Cuba en el Exilio. El Gran Maestro Joaquín Ortega y los demás dignatarios de la Masonería nos manifestaron que coincidían con nuestras ideas y nuestros planes y que nos ayudarían para que nuestra guerra irregular, realizada con el propio esfuerzo, pudiera tener éxito. Era tradicional que la Masonería cubana estuviera siempre presta a participar en las luchas por la libertad de Cuba.

El viernes 18 el Departamento en español de la lra. Iglesia Bautista de Alhambra ofreció un servicio religioso en honor de los combatientes y al final del mismo regaló a cada uno de ellos un Nuevo Testamento para que les sirviera de guía durante los días de prueba que tenían por delante.

El sábado día 19 almorzaron los visitantes en casa del matrimonio Pérez, cuya esposa Ada era familia del Comandante Diego y por la tarde se llevó a cabo el tercer acto que se había programado, una comida en la iglesia St. James Church en Redondo Beach donde asistieron más de trescientos comensales y donde una vez más vibró, como en los actos anteriores, el patriotismo y entusiasmo de los cubanos de esa área. Esta comida fué organizada por el Delegado en Redondo Beach Eligio Vichot y los miembros del ejecutivo local Antonio Morejón, Eugenio Rodríguez y Eusebio Vázquez.

El acto final al día siguiente, ante una concurrencia que se mantuvo firme por espacio de más de tres horas, tuvo lugar en el Embassy Auditorium en Los Angeles donde se escucharon discursos de Esteban Fernández, Waldo Castroverde, Migda Ramírez, miembro esta última de la Sección Femenina del ALPHA, también se escuchó la voz de los visitantes y el resumen final fué un precioso discurso de nuestro Secretario General Andrés Nazario Sargén.

Pero donde había por todos una gran curiosidad era en oir a Vicente Méndez. Este joven guerrillero que valientemente se había enfrentado ya a la tiranía y que estaba dispuesto a volver. ¿Sería su decisión tomada a un impulso del momento o tenía conciencia de la responsabilidad que estaba adquiriendo al ofrecerse para iniciar un nuevo esfuerzo en favor de la libertad de Cuba? Nadie quedó defraudado. Vicente puso bien claro su pensamiento revolucionario, su patriotismo y fustigó a los que nada hacían por el regreso a una patria libre.

En una parte de su discurso dijo: "Nosotros aspiramos -- porque si les dijera que no aspiramos les estaríamos mintiendo--, nosotros aspiramos a sí podemos desembarcar con 500 hombres, desembarcamos. Pero no es un plan trazado a 500 hombres, ni a trescientos, ni a doscientos, ni a cincuenta, ni a veinte. Ahora sí, es un plan trazado a Vicente Méndez, Pacheco y Diego Paneque. Si no responde el exilio, le llevaríamos el mensaje a los hermanos de la isla. Nos gustaría desembarcar por veinticinco lugares con cincuenta hombres...¿A quién no le gustaría eso? Le gustaría a cualquiera"

Y continuaba: "Pero si el exilio no responde y no nos dá los medios, los necesarios, no para llevar a cien, síno para llevar a cincuenta, que le vamos a hacer... Lo único que sí les digo una cosa: Que hablaré claro a los siete millones de habitantes diciéndoles que tuve que desembarcar en una batea con un millón de cubanos, que es el exilio mas rico que se conoce en el mundo".

"No importa, con más o menos desembarcaremos en Cuba. Si recogemos desembarcamos, si no recogemos, desembarcamos también, porque este fué un plan trazado para llevarlo a efecto de cualquier manera. Cuando nos tiramos a la calle se tenía hecho el propósito de que Vicente levantara el espíritu y la emoción de nuestra patria....Uds. se preocupan por lo que yo he dicho, por lo que ha dicho ALPHA 66. Nosotros no tenemos preocupación porque dentro del año 1969, dentro de siete meses les demostraremos que estamos en suelo cubano."

El compromiso de Vicente Méndez era real y así lo comprendieron todos los presentes, más de 600, en el Embassy Auditorium. El lúnes día 21 de Abril en casa de nuestro compatriota Manuel Luaces, miembro de nuestro ejecutivo, se le dió una fiesta de despedida a Vicente, Andrés, Pacheco y Diego y les hicimos la promesa de continuar luchando. Su sencillez, su sinceridad y su patriotismo habían sabido sembrar entre nosotros el estímulo para seguir adelante.

Así se cumplía el programa. Nuestros visitantes continuaban rumbo a San Francisco, como vía a Chicago, Detroit, New York, New Jersey, etc. antes de su regreso a Miami.

Estos doce días fueron históricos para el área de Los Angeles, dejaron una estela de patriotismo que influyó tremendamente en todos los miembros del ALPHA, en todos los que se adhirieron a nuestra organización y en general en todos los que pudieron escuchar en actos o a través de la radio o televisión los mensajes que nos dejaron.

Algunas declaraciones que se publicaron merecen ser recordadas, por ejemplo Andrés Nazario en el periódico "La Prensa" de Abril 15 decía: "Es necesario que donde quiera que existan núcleos de cubanos, se lleve a cabo esta mobilización y se recabe el apoyo de todos para los planes de los Jefes Militares que me acompañan. Tenemos que demostrar al pueblo cubano que el exilio está en posición combativa y que puede contar con él para la lucha libertadora".

Vicente Méndez en el periódico "La Prensa":..."Quiero decir a los cubanos de California que el plan actual del ALPHA 66 es perfectamente factible y para decir esto nos apoyamos en nuestra experiencia guerrillera en Cuba. Nosotros pensamos que hay miles de cubanos en el exilio y en Cuba dispuestos a incorporarse a la lucha."

Rodríguez Pacheco en el propio periódico declaraba:.."Afirmo que si cuando Castro aun era popular yo pude estar veinte meses alzado en el Escambray, hoy, que tiene en contra a un pueblo, la tarea será más fácil. La guerra de guerrillas es posible de mantener hoy en día y yo pongo mi experiencia de testigo para esto."

Waldo Castroverde, en representación de un grupo de miembros de la Brigada 2506, decía en su discurso del Embassy Auditorium: "Los miembros de la Brigada no podemos permanecer indiferentes ante un grupo de cubanos que anuncian su disposición al sacrificio, porque si lo hiciéramos estaríamos faltando al compromiso sagrado que tenemos con nuestros muertos, con los hermanos que en la patria esclava permanecen presos y con ese pueblo que nos gritaba, cuando regresábamos a tierra de libertad "vuelvan pronto". Lo menos que podemos hacer es apoyarlos y cooperar en este noble empeño.

Esteban Fernández hablando en nombre de la "Juventud Cubana de Los Angeles" en el Embassy Auditorium:..."Conocemos a Vicente Méndez, sabemos de su probado patriotismo, de sus virtudes y de su valentía, podríamos estar aquí contando anécdotas sobre la vida de sacrificio de Vicente Méndez hasta por la noche, pues tuvimos la suerte de estar con él en muchas difíciles ocasiones. La Juvedntud de Los Angeles brindará todo su apoyo a la tarea de liberación que Vicente se ha propuesto encabezar."

El periodista e historiador Dr. Octavio R.Costa escribía en su columna "Instantánea" en el periódico "LA OPINION":..."Por una larga hora he estado con Méndez, con Rodríguez Pacheco, con Paneque, conocido con el sobrenombre de "Comandante Diego". Son hombres sencillos, humildes, de campo, sin mucha escuela, pero sí con mucho patriotismo....están dispuestos, al precio de la vida, a hacer todo lo que sea necesario para hacerle saber al pueblo cubano que está en la Isla, que fuera de la misma hay algo más que palabras y esperas, que ilusiones o resignaciones, que hay un grupo de hombres que entrarán en territorio cubano para organizar una auténtica guerra mambisa."

Por doquiera recogimos impresiones del efecto que habían dejado nuestros visitantes, era una catarata de adhesión que superaba cualquier idea que hubiéramos tenido con el efecto que esperábamos de la visita.

En la Sección CANDELERO del periódico "La Prensa" se leía:..."Ha pasado por Los Angeles un viento huracanado que presagia dificultades para el odioso régimen comunista de Castro. Los Capitanes Vicente Méndez y Pacheco y el Comandante Victor Paneque (Diego) y el Secretario General del ALPHA 66 en el exilio compatriota Andrés Nazario Sargén han dejado un mensaje de guerra y rebeldía, que ha levantado el espíritu combativo del exilio cubano en Los Angeles. El respaldo que han recibido estos compatriotas dedicados a llevar al mismo suelo cubano la primera clarinada de la guerra redentora ha sido total y completo. Prueba más que convincente que la gran mayoria del destierro tiene fijadas sus esperanzas de regreso en la propia acción de los cubanos."

Y en el propio periódico también escribía un artículo el Dr. Juan Albuerne, titulado "Cambio de Luz"-"El Alfa 66 pasó por Los Angeles" donde hacía un análisis en la siguiente forma: "Oí con verdadera atención las palabras del Capitán Méndez, guajiro de tierra adentro en la provincia villareña; sencillo y firme, nos lució decidido y seguro. No hay en él pose de bravuconería, "no soy guapo" repite. No busca honores, no ambiciona cargos; solo quiere luchar por la libertad de Cuba o morir peleando. Impresiona la manera que tiene de decir las cosas proyectadas para el momento de prueba.No es un iluso, es un hombre de acción. Siente interiormente su amor a Cuba, realmente se trata de una personalidad excepcional, lleno de voluntad y se ha situado frente a la puerta grande de la historia y quiere penetrar por ella. ¿Hasta dónde llegará? Este campesino tiene que preocupar al fanfarrón de Fidel. Es el reverso de su figura. Sencillez y amor - vs - arrogancia y maldad."

Habíamos dado en el clavo, siempre fué nuestra idea que la campaña del viaje de Vicente sería importante en nuestra área, pero realmente nunca pudimos pensar que habría de ser un acontecimiento tan inspirador. Unos dias después recibimos del Comité Ejecutivo

74

desde Miami, firmado por el Dr. Diego Medina, Secretario de Prensa y Propaganda; Florencio Pernas, Secretario de Organización y Vicente Baña Puerto, Secretario de Actas y Correspondencia una larga carta donde nos felicitaban por el éxito obtenido y entre otras cosas nos decían: ..."Aunque esperábamos que los compañeros de Los Angeles responderían presente en este nuevo esfuerzo por encender la chispa de la contienda redentora, dada la calidad de los hombres y mujeres que integran la Delegación y que han permanecido fieles en la lucha pese a todos los reveses e inconvenientes con que hemos tropezado en este largo batallar por el rescate de la patria esclavizada, realmente nos ha llenado de júbilo la gran acogida tributada a nuestro máximo dirigente y a los combatientes de ALPHA 66, así como la extraordinaria labor que vienen desplegando los valiosos representativos de nuestra organización, tan dignamente encabezada por usted."

Y continuaba:.."Naturalmente que han sido penetrados (los combatientes) por la confianza que les inspira la retaguardia de nuestra militancia combativa"..."Realmente, amigo Talleda, es indescriptible el entusiasmo que el ejemplo de actividad de ustedes ha insuflado en los compatriotas de Miami. Y estamos seguros que influyó notablemente también en el éxito logrado por Nazario y demás compañeros en el resto del recorrido realizado."

¿Después de estos días de ardua tarea, teníamos derecho a descansar? Nada de eso, nuestro ejecutivo se reunió inmediatamente y comenzamos a trazar nuevos planes, pues había que asimilar al máximo el entusiasmo creado por la presencia de Andrés Nazario y los combatientes.

Y en Miami comenzaba una etapa nueva para Vicente Méndez y los que lo acompañarían. Terminaba el recorrido, ahora se internarían en los campamentos para prepararse convenientemente y estar listos para la gran tarea de desembarcar en Cuba con las armas en la mano.

CAPITULO 10

EL CUMPLIMIENTO DE UNA PROMESA

Equipar a un grupo de hombres para que estén prestos a pelear contra un enemigo que cuenta con todas las facilidades de un moderno ejército y que además tiene toda clase de respaldo internacional, es una labor gigantesca, máxime cuando a la vez se tiene que competir con otras supuestas alternativas. Esa era la situación de ALPHA 66 en 1969 y la Dirección Nacional se dió a esta tarea con verdadero ahinco. Día y noche trabajaba para buscar todo lo necesario. Los equipos tenían que ser de primera. Tanto los barcos como el material de guerra costaban una enormidad.

Carecíamos de "padrinos" ricos. El dinero había que conseguirlo mayormente entre los hombres y mujeres de escasos haberes que hacían un verdadero sacrificio poniendo a un lado parte de lo que ganaban en las factorías y de viejos retirados cubanos que eran generosos en extremo con los pocos recursos que percibían.

Los pedidos que recibía Andrés Nazario de los campamentos donde se entrenaban los futuros expedicionarios eran de una necesidad urgente, por lo que la organización se veía obligada constantemente a efectuar actos recaudatorios, rifas, ventas de bonos, comidas, picnics, etc. Las Delegaciones teníamos que cumplir nuestra parte y estábamos siempre inventando la forma de recaudar dinero.

Nosotros en California nos manteníamos en constante movimiento. En una ocasión alguien nos dijo que los Alfistas de aquí nos parecíamos a las hormigas; que se encontraban en todas partes y siempre trabajando.

Fundamos nuevas Delegaciones en Culver City, Fullerton y Anaheim y el 25 de Mayo de 1969 celebramos un Congreso de Activistas para estimular la lucha en el área. De este Congreso celebrado en los altos del Restaurant EL GUAJIRO en Huntington Park salió la creación de una poderosa Delegación en Orange County que nos ayudó mucho.

Tuvimos varias ocurrencias originales que después sirvieron para ejemplo recaudatorio en otras áreas. Una de ellas fué las once comidas simultáneas que llevamos a efecto el dia 26 de Octubre de 1969 y que hicieron posible el poder llegar a cientos de personas que en otra forma, por las distancias, no hubieran podido tener acceso a nuestra prédica que era constantemente el explicar los planes de desembarco en que ALPHA estaba trabajando; conseguir ayuda económica para dichos planes y sobre todo explicar nuestra línea ideológica y lo que queríamos para una Cuba libre.

La situación en los otros movimientos variaba constantemente. El R.E.C.E. abandonaba, después del desembarco del Comandante Amancio Mosqueda, su línea de enviar hombres a Cuba y el "Comité Pro-Comicios Cubanos Libres" se fué apagando poco a poco al cometer errores que los dividían. Crearon un sistema de votación para elegir a la Junta de Mandatarios que se llamó "opción completa" y que contenía una cláusula con un voto negativo. Los partidarios del Dr. Prio Socarrás y Fulgencio Batista, que en su mayoría luchaban y formaban parte de los Comicios interpretaron que el voto negativo iba contra sus jefes y ahí comenzó la debacle que acabó con el proyecto.

En una ocasión Néstor Aranguren y yo fuímos entrevistados por la Revista REALIDADES para que diéramos nuestra opinión sobre los Comicios, ya que el nombre de Andrés Nazario Sargén figuraba como uno de los que ellos habían escogido como candidato a la Junta de Mandatarios. Nuestra respuesta fué: "El haber elegido a Andrés Nazario para someterlo a la elección del exilio es un síntoma de las simpatías que nuestra organización tiene en la gran masa de exiliados. Sin embargo no podemos buscar votos, buscamos balas, pues nosotros entendemos que una Junta de Mandatarios, más que una acción armada inmediata, buscaría apoyo en las cancillerías y respaldo oficial en la Casa Blanca y estamos conscientes de que no debemos esperar nada de los americanos."

Mientras el R.E.C.E. y los Comicios iban decayendo, el "Plan Torriente" iba cogiendo fuerza. La oferta de una guerra a plazo fijo con todos los equipos que fueran necesarios suministrados por amigos americanos, daba la sensación de que era el propio gobierno de Nixon quien estaba detrás de esos planes. Esta opinión, así como el propio Plan Torriente, nosotros en el ALPHA la considerábamos sin valor alguno.

En cambio Fidel Castro comenzaba a preocuparse con nuestros planes y en el mes de Marzo nos dedicaba 20 minutos de insultos por cadena nacional de televisión, lo que indicaba que estábamos en el camino correcto.

Las circulares de Andrés nos llegaban una detrás de otra,

siempre informando el estado general de la campaña, como habíamos logrado despertar entusiasmo en sectores importantes del destierro y la masa comprendía que ALPHA 66 trabajaba seriamente en la contienda libertadora, que no estábamos tratando de subsistir como movimiento vegetativo, uno más en el destierro.

Varios organizaciones de alguna militancia como Trinchera Revolucionaria Cubana; el M.R.R.C., el Partido Ortodoxo hacían declaraciones en favor de nuestros planes. El Movimiento Demócrata Martiano hacía un llamamiento a la opionión pública mediante un manifiesto para que se apoyara al ALPHA pero aunque todas estas adhesiones nos complacían, lo esencial de la cuestión era obtener los recursos económicos y esa labor estaba en los hombros de la militancia.

Los meses pasaban, se acercaba el final del año. Todos estábamos consciente de la promesa hecha pero no teniamos la menor duda de que podrían cumplirse los plazos. En circular de Agosto 12 Andrés nos decía reflexionando profundamente sobre el panorama que contemplaba al estar en contacto diario y directo con los que se entrenaban con Vicente Méndez: "En estos momentos que les escribo mis pupilas están emocionadas, impregnadas por las escenas de alto contenido patriótico que hemos contemplado en los modestos y valiosos combatientes. ¡Cuánto patriotismo, valor, dignidad y espíritu de sacrificio! ¡Ninguno de ellos flaquea ante las duras prácticas de preparación para el combate! ¡Nadie demuestra cansancio aunque esté agotado! Me pregunto: ¿Por qué y para qué luchan? Para Cuba, por la Patria, por la libertad de los hermanos esclavizados, por la felicidad de todos los cubanos. Por ningún interés personal o egoista."

Y continuaba Andrés: "Son todos personas modestas, campesinos, hombres de verdadera entraña popular cubana. Ninguno tiene otra tierra en aquel hermoso país nuestro que la tierra del camposanto. Ninguna propiedad que rescatar, ni siquiera son compatriotas que perdieran trabajos bien remunerados que pudieran inducirlos a ir en pos de algo. Son estos cubanos, como otros muchos que en distintas ocasiones preparamos para la lucha, los representativos de las mejores tradiciones patrióticas y revolucionarias de Cuba."

"Y algo más aun, son los que en tiempos en que casi nadie

tiene fé, en momentos de mayor resquebrajamiento del espíritu del destierro, en instantes de mayor abundancia económica entre la enorme masa de exiliados, en minutos críticos en que abandonan a Cuba los paises hermanos del hemisferio, estos sencillos y humildes cubanos levantan la bandera de la rebeldía y tienen fé y confían en la alta calidad del pueblo nuestro, en la hombría de los compatriotas que están presos en las oprobiosas cárceles comunistas, en el destino histórico de nuestra nación."

Un escollo grande lo constituía el conseguir un barco de suficiente tamaño capaz de llevar los hombres, las armas y las pequeñas lanchas de desembarco. Andrés se puso en contacto con Teófilo Babúm, miembro de una familia de Oriente que ya había dado pruebas de su disposición al sacrificio en la causa por liberar a Cuba y a través de él se compró un barco camaronero de 72 piés cuyo nombre era "Maiteter".

En la mayoría de las grandes tareas, es al final donde se pasan los mayores trabajos para conseguir los fondos pues es ya cuando todo parece resuelto que aparecen los gastos y cosas que resolver con los cuales no se habían contado. Pero aunque la economía de la organización se debilitaba, siempre aparecían las voluntades de buenos cubanos para resolvernos las necesidades. Hubieron dos comerciantes que nos brindaron todo lo necesario para el campamento. Uno de ellos, Luis Sabines, dió orden a sus empleados que todo lo que fuéramos a buscar se nos entregara y cuando un empleado le llamó la atención, su contestación fué: "Denle al ALPHA todo lo que necesite, aunque tengamos que cerrar la bodega." Por supuesto que todo lo que adquirimos lo pagamos después.

Al principio de Diciembre llegó a nuestros oídos por conducto de un amigo que el Departamento de Estado había dado órdenes de que se impidiera la salida de Vicente y sus hombres, así que hubo que hacer un plan secreto para que no fuéramos interferidos. Se sacó el barco a aguas internacionales y se fueron llevando poco a poco los hombres al mismo. Diego Medina, Olga Nazario, Olguita, Elías y Eudal Acosta ayudaron a trasladar las armas y Andrés con su sobrino Yeyito salieron en una lancha tapados con una lona. Así el 29 de Diciembre 1969 comenzaban su viaje rumbo a la tierra que habían prometido liberar del funesto sistema comunista.

Previamente se había celebrado en el Campamento una ceremonia donde se le dió el grado a Vicente Méndez de Coronel y a José Rodríguez Pacheco, con su grado de Capitán se le nombró segundo de la expedición. Víctor Manuel Paneque, el "Comandante Diego" había sido separado de los planes al negarse a someterse al rudo entrenamiento que la vida del campamento requería.

¿Porqué el grado de Coronel a Vicente? Porque había que hacer saber al pueblo de Cuba y a la tiranía que Vicente tenía la categoría superior a Comandante que era el más alto grado militar en la Isla. Y depués de todo ¿quién tenía la historia de luchas que él podía mostrar? Primero contra Batista en el Escambray y después contra la tiranía roja en las propias montañas y que además se proponía realizar la tarea de libertador contra obstáculos inmensamente superiores. No había dudas, merecía un reconocimiento especial.

El desembarco iba a ser por los alrededores de Trinidad, en la provincia de Las Villas, con vista a internarse en las lomas del Escambray, terreno que Vicente y otros del grupo expedicionario conocían, así que tomaron rumbo al este por toda la costa sur de Cuba, pero al llegar a la zona que habían escogido para desembarcar las condiciones del tiempo no eran propicias. El oleaje del mar los hubiera estrellado contra los arrecifes, se mantuvieron dos días en el área tratando de ver si el tiempo mejoraba pero al ver que no se notaba cambio alguno tuvieron que seguir por toda la costa sur, aunque alejándose un poco para evadir ser localizados lo que los llevó a las Islas Caimán, posesiones de Inglaterra.

Allí se avituallaron pero temiendo que podían ser detenidos por las autoridades, pues las historias que les contaron daban la impresión que ya habían pasado caso similares con otros barcos que habían ido a parar a esas Islas, los hizo emprender la marcha nuevamente volviéndose a acercar a las costas de Camagüey hasta que llegaron a Cabo Cruz, en la provincia de Oriente y entonces bordearon la costa frente a la Sierra Maestra. En los planes siempre se habían contemplado lugares distintos donde desembarcar y este que escogieron cerca de Guantánamo era un sitio montañoso, solitario que ofrecía particularidades ventajosas.

Era al anochecer cuando llegaron al lugar que les pareció propio, cerca de San Antonio de Río Seco, el mar estaba en calma, lo que se llama un mar "de plato" y nada indicaba que no fuera el momento mas apropiado para llevar a cabo el hecho de regresar a la tierra en la cual todos ellos habían nacido.

En días anteriores, durante el viaje, Vicente le había manifestado a Andrés que de ninguna manera él podía desembarcar, pues eso anularía el trabajo que era necesario hacer para coordinar el esfuerzo de ellos dentro de Cuba con lo que desde el exilio el ALPIIA tenía que realizar para continuar el apoyo a lo que se fuera desarrollando dentro de la Isla. En esa tarea la presencia de Andrés al frente de la organización en Miami era absolutamente necesaria.

Pero no solo eso, Vicente había llegado a la conclusión de que las dos lanchas del desembarco no podrían llevarlos a todos y que tratara de convencer a tres de los expedicionarios que ellos tendrían que regresar con Andrés. Esta tarea era dura, en la mente de todos existía una euforia por lo que estaban a punto de realizar y convencerlos de que tendrían que regresar no era fácil. Pero Andrés se dió a la tarea y conversó largamente con los tres que Vicente y él habían escogido para no desembarcar. Primero convenció a Antonio Fernández "Cabilla" un viejo luchador que había participado en los ataques comandos, después habló con Milbio Pedralles y finalmente con el tercer hombre que era necesario eliminar. Así que todo estuvo resuelto para el desembarco.

Se repetía una vez más algo que fué siempre característico de la lucha por la libertad de Cuba: Un grupo de cubanos dispuestos a dar la vida si era necesario por tal de ver a Cuba libre.

Con un abrazo general se despidieron los dos grupos cerca de la media noche, noche por cierto muy obscura del 7 de Enero de 1970, montaron los equipos y los hombres en las dos barcazas, siete en una al mando de José Rodríguez Pacheco y ocho en la otra al mando de Vicente Méndez lo más cerca de la costa que el capitán del barco consideró prudente pues temía arriesgarse y que el barco encallara, en un área que no le era familiar, y así unos siguieron lentamente hacia Cuba mientras en el barco-madre regresaban Andrés y los otros a Miami.

Tan pronto llegó a Miami Andrés me llamó por teléfono, al igual que lo hizo con el resto de los Delegados en las distintas ciudades y nos informó que Vicente Méndez y sus hombres ya estaban en Cuba. Me puse en contacto enseguida con Néstor Aranguren, Guillermo Suñé, Alfonso Fábregas, Yoel Borges y Nelson Gil y citamos al resto de los miembros de la organización para una reunión en mi casa para el siguiente sábado. Teníamos que coordinar como íbamos a dar la noticia al resto de los cubanos y a la prensa. Por supuesto que todos estábamos eufóricos. Era la noticia para la cual habíamos trabajado tan duro durante tantos meses.

Andrés también se preparaba para estudiar los pasos a dar cuando pudiera hacerse el anuncio de que comenzaba en Cuba la guerra irregular que ALPHA había prometido, pero cual no sería su sorpresa cuando Olga, su esposa, lo llamó desde su casa y le dijo: "Andrés acabo de recibir una llamada de Vicente. Está en Opa Locka y quiere hablar contigo."

"¡No es posible! Vicente está en Cuba." le respondió Andrés.

"No pudieron desembarcar, tuvieron un tropiezo, los recogió un barco americano que los llevó a la Base de Guantánamo y los han traído para Opa Locka" contestó Olga.

La noticia era devastadora. Como un castillo de naipes se caía al suelo todo el esfuerzo, toda la dura labor realizada durante tantos meses para llevar a cabo los planes de liberar a nuestro pueblo, pero Andrés salió inmediatamente para la base de Opa Locka y allí se encontró a Vicente y sus hombres.

Vicente estaba destruido. Consideraba que había quedado mal en su empeño y que nadie lo ayudaría o creería en él en el futuro. Pero reaccionando le dijo a Andrés: "Pero te digo que si consigo lo necesario vuelvo a intentar desembarcar de nuevo."

Andrés lo calmó y le prometió que el ALPHA lo respaldaría siempre y que si había que comenzar de nuevo, de nuevo comenzarían.

¿Y qué había pasado? Cuando se acercaban lentamente hacia la costa pues las barcazas iban con bastante peso se empezó a formar una de esas tormentas tropicales, que aparecen de pronto. El mar se puso violento con olas de 15 pies aproximadamente, ellos trataron de continuar pero una enorme ola volcó la embarcación donde iba Vicente y sus siete compañeros. Inmediatamente unos a otros trataron de ayudarse, así como los de la otra barcaza que prestaron ayuda a los náufragos, pero lamentablemente uno de los expedicionarios, el joven de 27 años Julio César Ramírez, conocido por el sobrenombre de "El Bayamés" se hundió con la barcaza y a pesar de todos los esfuerzos de sus compañeros no pudo ser localizado.

Cuando comprendieron que era inútil continuar buscando al Bayamés continuaron con el propósito de llegar a la costa porque todavía pensaban que podrían desembarcar si el mar amainaba, pero la misma marejada impidió que lograran su objetivo, hasta que al fin se les acabó la gasolina y la barcaza con todos quedó al garete. Así estuvieron hasta las ocho de la mañana siguiente, cerca todavía de las costas cubanas, con la buena suerte de que un barco americano los avistó, los recogió y los trasladó a la Base Naval de Guantánamo donde permanecieron cinco días sometidos a interrogatorios.

De los 14 combatientes que regresaron, 13 fueron puestos en libertad incluyendo a Vicente Méndez. Solo uno quedó preso: Jesús Domínguez Benítez que se encontraba en libertad bajo fianza luego de haber sido condenado a prisión en Diciembre del año anterior al ser involucrado en acciones del "Poder Cubano".

El ALPHA considerando que este compatriota en gesto valiente se había unido al grupo para combatir por la libertad de Cuba incorporándose a nuestro campamento desde su inicio, hizo una campaña para obtener los fondos necesarios para una nueva fianza y que pudiera gozar de libertad como los demás expedicionarios.

Y nosotros, que habíamos citado a la membresía para darles la buena nueva de que el Coronel Vicente Méndez se encontraba ya en las lomas de Cuba, tuvimos que darles la mala noticia en todos sus detalles. Claro que cayó como una bomba. Recuerdo que Eligio Vichot nuestro Delegado en Redondo Beach, uno de los hombres más leales y sacrificados de la Organización tuvo una reacción ante la noticia que parecía que iba a perder el conocimiento. Pero él y todos nos repusimos y demostrando la fé de los Alfistas, característica muy nuestra, firmamos todos una mensaje que enviamos a la Dirección Nacional comunicándoles que seguíamos adelante.

Este descalabro, enorme como era, no nos apartaría del objetivo final de ver a Cuba libre.

CAPITULO 11

LA SEGUNDA VUELTA

El exilio soñoliento poco a poco despertaba a una realidad que, aunque se había repetido una y otra vez por los dirigentes del ALPHA, no concebía que pudiera llevarse a cabo: Desembarcar un grupo de cubanos para enfrentarse al usurpador de Cuba. Periódicos y comentaristas que siempre habían puesto en duda nuestras intenciones se atrevieron a decir que no había habido tal intento de desembarco por Vicente Méndez y sus hombres. Pero otros por otra parte se percataban de que en la lucha por la liberación de nuestra patria nuestra organización estaba creando un estilo con el cual era necesario contar. Lleno de peligros y sacrificios sí, pero lleno también de posibilidades.

Por otra parte aunque en el exilio hubiera quien dudara sobre nuestros planes, dentro de Cuba el dictador que comenzaba a respetarnos se preparaba por si acaso y ordenaba extrema vigilancia en las costas.

Andrés Nazario declaraba al DIARIO LAS AMERICAS el 25 de Enero de 1970: "A veces el destierro se conforma con que un grupo de cubanos combatientes hagan algo. Algo es más que nada. Pero nosotros -aclaró- no estamos en el plan de "hacer algo", no; nosotros estamos en un plan que hemos elaborado con el firmísimo propósito y convencimiento de que este plan va a derrocar a la tiranía castrocomunista; porque estamos convencidos de que el pueblo de Cuba desea que se le dé una demostración de firmeza en la lucha por el rescate de la patria."

Sin demora alguna, como comunmente se dice, "sin quitarse el polvo del camino" los fallidos guerrilleros se internaron de nuevo en el campamento a comenzar la preparación para repetir la hazaña. Vicente los reunió a todos y les explicó que ya ellos habían cumplido con su deber y que estaban en libertad de no seguir la preparación para volver con él a intentar un nuevo desembarco. Vano empeño. La mayor parte insistieron en que querían volver y resistieron presiones de amigos y familiares. Su destino estaba fijado, habían jurado ir a Cuba para liberarla y nada ni nadie podía separarlos de ese propósito.

Mientras tanto las 63 Delegaciones del ALPHA en todos los

confines del hemisferio promovían planes para abastecer de nuevo a los que ya habían demostrado que nada los atemorizaba. Todo tenía que ser nuevo. Las autoridades americanas en la Base de Guantánamo les habían quitado todas las armas. El esfuerzo realizado se había perdido, pero el espíritu que movía nuestros pasos seguía firme.

Fábregas, Nelson Gil, Vidaña, Morejón y el resto de los responsables del Departamento Militar en California se movían en todas direcciones, buscando balas, rifles, botas, uniformes y todo lo necesario. Algunas cosas era más fácil adquirirlas en Miami que transportarlas desde tan lejos, pero los pedidos de la Dirección Nacional siempre eran atendidos con la premura con que se solicitaban.

El plan era volver a salir rumbo a Cuba lo antes posible, de manera que en menos de tres meses ya estaba listo el grupo insurgente para volver. Aunque tenían armas y equipos nuevos aun carecían de pistolas y relojes, muy necesarios estos últimos para coordinar el tiempo en operaciones. Vicente que se sentía abrumado por todo lo que se le estaba proporcionando le dijo a Andrés que no era necesario llevar pistolas nuevas que con las pocas que habían conseguido de uso podrían ir. Andrés se negó rotundamente. Tomó el teléfono y comenzó a llamar a las Delegaciones. A mí me dijo: "Necesito que me mandes mil dólares, pero que me los envíes por Western Union de modo que estén aquí en dos días." No me explicó para que. Solo me dijo que los necesitaban urgentemente.

No había tiempo que perder en reunir a los miembros de la organización. Me comuniqué con Alfonso Fábregas y con Guillermo Suñé, les expliqué la situación y cada uno me dió $250.00 prestados hasta que decidiéramos como se habrían de reintegrar. Para los otros $500.00 Aranguren se fué a ver al comerciante Sotero Machín, quien nos ayudaba siempre con donaciones y en esta ocasión nos lo prestó con la promesa que le hicimos de que se los devolveríamos.

Así trabajaba el ALPHA. Unos días después dimos un almuerzo y pudimos recoger el dinero y devolver los préstamos, pero mientras tanto ya habíamos ayudado a resolver los problemas de pistolas y relojes sin demoras innecesarias.

Estábamos ya en Abril, en el campamento se volvió a repetir la ceremonia de despedida y de otorgar nuevos grados. José Rodríguez Pacheco había decidido que de momento no podía ir por razones familiares y el Departamento Militar y la Dirección Nacional acordaron dar el grado de Comandante y segundo de la expedición a Luis Aurelio Nazario "Yeyito". Este joven hijo de Aurelio Nazario, padre espiritual del ALPHA, y sobrino del Secretario General, Andrés Nazario, había demostrado valentía y entereza en el primer viaje y al regresar a Miami fué el primero que se internó en el campamento para prepararse para la nueva expedición, sin salir de allí durante todo el tiempo que duró la espera. Vicente consideraba que era "Yeyito" el más preparado para sustituirlo en caso de que él fuera herido o pereciera en el empeño.

Los miembros del Ejecutivo y las Delegaciones se habían quedado muy preocupados por la participación de Andrés en el primer viaje de Vicente y rotundamente se opusieron a que fuera en el segundo viaje. Las Delegaciones tomaron acuerdos en ese sentido y así lo comunicaron a la Dirección Nacional. Además Vicente le volvió a repetir a Andrés que si él no se quedaba, él, Vicente, no estaba dispuesto a ir. La lógica indicaba que la presencia de Andrés era necesaria en la dirección de la organización resolviendo los múltiples y difíciles problemas que el movimiento requería.

El 12 de Abril las Delegaciones de Orange County, Los Angeles y San Diego íbamos a celebrar un "picnic" en esta última ciudad para recaudar fondos y con este motivo recibimos una larga carta de encomio dirigida al Delegado de San Diego Sergio Mayea firmada por Vicente y por Andrés, que resultó ser su último mensaje antes de partir para Cuba. En su párrafo final decía: "A la guerra convocamos sin odio y sin persecusiones, a Cuba vamos a unir la familia cubana, a Cuba vamos a sembrar la hermandad y la concordia. A ese pueblo lo convocamos para pelear por sus derechos y por sus reivindicaciones, por su progreso, su dignidad y honor."

"A Cuba vamos seguros de que la victoria no será de nadie en particular, sino de la gran Patria que forjaron nuestros antepasados. A Cuba vamos conscientes del sacrificio; pero convencidos que otros y otros tomarán las antorchas de manos del compañero caído y esa antorcha se mantendrá hasta que los rayos de la libertad iluminen a toda la isla resplandeciente de felicidad."

Llegaba así el tiempo para partir, cargaron todas las armas y vituallas en el barco "Myletter", el mismo que los había llevado en el primer viaje y aprovechando la oscuridad de la noche (linda noche con un mar sereno) tomaban el camino de la Patria. No hubo despedidas. Nadie fué a abrazarlos. Solo los responsables de la organización sabían de la partida y solo ellos estuvieron presentes. El barco arrastraba tras sí la lancha de desembarco. En él iba también un fotógrafo, famoso entre los cubanos, Eduardo Hernández "Guayo", quien no solo habría de tomar fotografías, sino una película que diera fé de las peripecias del viaje.

Durante la travesía y mientras preparaban el armamento vieron un avión que volaba cerca y tuvieron que esconderse unos y apresuradamente cubrir las armas y demás preparativos con una lona. El avión sin embargo pasó de largo y cada cual volvió a continuar la labor interrumpida. Principalmente el asegurarse de que las armas estaban en perfectas condiciones, listas para disparar.

Cuando llegó la hora en que la distancia aconsejaba trasladarse del barco grande a la embarcación que los llevaría a tierra, Vicente los reunió a todos, situados en un semicírculo en la popa del barco y les dijo:

"Bueno muchachos aquí ya estamos al concluir nuestra misión. Llevamos tiempo preparándonos y en estos momentos ya estamos en punto de partida, así es que ya Uds. saben, le vamos a demostrar al mundo que nosotros somos capaces, un puñado de hombres, sin el apoyo de muchas personas que pudieran darnos las facilidades, para no ser nosotros solos, sino ser cientos y cientos. Le vamos a demostrar a todo ese pueblo y a toda la gente que nosotros somos capaces de eso. Porque ya lo hemos demostrado otras veces. ¿Porqué no lo vamos a seguir demostrando? Yo creo que todos Uds. están capacitados para llevar adelante el plan este que ha trazado el ALPHA 66, así que como nos hemos ido entrenando, mientras quede uno del grupo, el plan va a ir adelante y nosotros única y exclusivamente vamos a caer con la muerte."

Estas palabras valientes, de un impacto tremendo, fueron escuchadas días después al presentarse la película tomada por "Guayo" por el Canal 34 en Los Angeles, al igual que lo hicieron en otras áreas del destierro.

En este segundo viaje Vicente había decidido no intentar desembarcar por Las Villas para internarse en las montañas del Escambray, sino que escogió la zona de Baracoa, donde la rudeza del terreno, le ayudaría a mantenerse y a defender sus posiciones, a la vez que haría más difícil la labor de persecución que tendría que soportar.

Se había llegado a la conclusión que las lanchas usadas en el viaje anterior, por ser de fondo de aluminio, tuvieron en parte culpa del desastre sufrido, por lo que en esta ocasión el desembarco se efectuaría desde una lancha de 32 piés mas sólida que permitiera tocar la costa si fuese necesario, pues Vicente no quería de ninguna manera que le volviera a pasar lo que la vez anterior.

Al filo de las doce de la noche del dia 17 de Abril el grupo expedicionario compuesto por 13 hombres desembarcaba en las cercanías del Rio "Yumurí" a 22 kilometros al este de Baracoa en la Provincia de Oriente. Los que quedaron en el barco madre pudieron determinar que el desembarco se había realizado sin problemas y que los expedicionarios se habían internado en la zona montañosa del área.

Por esas cosas del destino la llegada a Cuba de la expedición del ALPHA se efectuaba un 17 de Abril, fecha que ya marcaba el esfuerzo del grupo de cubanos, que con el nombre de "Brigada 2506" habían desembarcado en Playa Girón, provincia de Las Villas en igual fecha del año 1961.

La coincidencia en la fecha, sin embargo, tenía una gran diferencia. La Brigada 2506 compuesta de jóvenes cubanos, mas de dos mil, de todas las vertientes del destierro que se batieron con extraordinario valor, sufriendo bajas y haciéndoselas sufrir a la tiranía, habían sido entrenados y guiados por el Gobierno Americano (la C.I.A.) y dejados a su suerte a mediados del camino.

Mientras que los expedicionarios del ALPHA, una fuerza pequeña por la falta de recursos, habían solo dependido de los cubanos que depositaban su fé en el esfuerzo propio. Algo que indudablemente haría pensar a los historiadores en el futuro.

Aunque ya Vicente Méndez y sus hombres se encontraban en Cuba desde el día 17 la noticia no había sido dada por el ALPHA a los medios de comunicación, así que el 19 de Abril el exilio se estremeció cuando el propio Fidel Castro informaba que un grupo de contrarevolucionarios habían desembarcado por la Provincia de

Oriente y que ya estaban siendo perseguidos por sus fuerzas. Nunca mencionó que eran miembros del ALPHA, por el contrario, para su propaganda eran mercenarios de la C.I.A. y el culpable era el Presidente Nixon, aunque él muy bien sabía que estaba mintiendo y que esta fuerza era parte de nuestra organización.

La noticia no pudo ser dada en momento mas favorable para que el mundo entero se enterara. En esos instantes los radios, los televisores y la prensa se encontraban en estado expectante siguiendo con preocupación los partes que venían de la N.A.S.A. sobre el regreso de los tres astronáutas del Apolo 13, cuyo proyectado viaje a la luna tuvo que ser cancelado por dificultades técnicas que hacían temer un desastre sin precedente, en cuyo drama faltaba por ver el último capítulo, el de la llegada de los mismos a la tierra que todos esperaban fuera sanos y salvos.

Por lo tanto el informe dado por Castro corrió como reguero de pólvora por todas las agencias cablegráficas. Aunque el parte no mencionaba al ALPHA nuestros teléfonos en Miami, en New York, Chicago y aquí en Los Angeles a partir de ese momento no dejaron de funcionar y sobre la oficina en Miami cayó un enjambre de periodistas de prensa y televisión. Todos querían saber los detalles desde nuestro punto de vista.

Ironías, si hubiera sido el ALPHA el primero en dar la noticia hubiera costado trabajo que nos creyeran, pero ¡Ah! había sido Castro el que había anunciado el desembarco y entonces sí; ¡Algo grande tenía que estar pasando!

Las noticias por televisión en todo el mundo eran constantes y la prensa, especialmente la americana, que apenas prestaba atención a los esfuerzos del exilio por liberar a Cuba, dedicaba en esta ocasión páginas enteras al ALPHA, de momento tal parecía que habíamos sido descubiertos. Que nunca antes habíamos existido.

La revista "Newsweek" en un reportaje especial, en su edición de Mayo 4, daba una gran cantidad de detalles sobre el desembarco, sobre Vicente Méndez y sobre el ALPHA. Unos tenían veracidad y otros se apartaban bastante de los hechos.

Revistas de todas partes de Europa y la America Latina, entrevistaban a Andrés, Diego y demás ejecutivos de la organización. El dia 20 la Dirección Nacional del ALPHA 66 distribuía un manifiesto donde a la par que daba un informe del desembarco del Coronel Vicente Méndez y sus hombres, informaba al exilio que.."este no consistía en una pequeña acción aislada, ni una baldía escaramuza de menor cuantía, sino que era el resultante de un plan perfectamente estructurado, que ya estaba en marcha."

Así mismo pedía al pueblo en general que siempre había estado en disposición de apoyar la formación de un frente interno, el respaldo moral, político y económico y demandaba de las agrupaciones, instituciones y personalidades del exilio el apoyo necesario para que esta guerra de liberación terminase con la victoria definitiva.

A los hombres libres del mundo los exhortaba a extendernos la mano generosa y cálida en defensa de la libertad, la soberanía, el progreso y el culto al respeto a la persona humana.

Al dirigirse a los cubanos dentro de Cuba el ALPHA en su manifiesto lo hacía mencionando al clandestinaje, milicias, ejército, estudiantes, obreros, campesinos, intelectuales, funcionarios del gobierno y al pueblo de Cuba en general explicando que las guerrillas del ALPHA representaban los ideales de la revolución cubana traicionada por Fidel Castro.

"Nuestros hombres no son del CIA, ni del Gobierno Norteamericano, no somos ni reaccionarios, ni mercenarios....luchamos por ver a Cuba soberana, sin intervención de ninguna potencia mundial" decía el manifiesto del ALPHA, y continuaba: "La solidaridad con ALPHA 66 es la solidaridad con el más puro destino revolucionario cubano."

El 21 de Abril Fidel despide el duelo a cinco miembros de las milicias y ejército, entre ellos un teniente, que habían perecido luchando frente a los hombres del ALPHA, cuyos nombres no se dieron a la publicidad anunciando que ya habían sido muertos o capturados la mayor parte de los que habian desembarcado y que se estaban persiguiendo a los cuatro que aun quedaban por ser capturados.

No presentó pruebas ni foto alguna de los expedicionarios, que según él habían caído en combate o habían sido hechos prisioneros, entre ellos el Jefe de la guerrilla Vicente Méndez.

Posteriormente el dia 26 del propio mes la radio comunista de Cuba emitía un parte dando la versión del desembarco y anunciando que ya había sido liquidado.

Sin embargo informes que llegaban de la Isla indicaban que las fuerzas militares, que especialmente estaban dedicadas a perseguir a los guerrilleros, bajo las órdenes del Comandante Tomassevich, y que sumaban más de 50,000 hombres, recorrían toda la provincia de Oriente donde estaban brotando focos de rebeldía, a tal extremo que la famosa zafra de los 10 millones se había paralizado en toda la provincia, ya que el servicio de transporte en los ingenios había sido puesto al servicio de las fuerzas armadas, y la agitación general hacía en extremo peligrosa las labores normales de la zafra.

El 29 de Abril el Secretario de Prensa Dr. Diego Medina enviaba a las Delegaciones un boletín informativo donde negaba los informes de la radio de Cuba y del periódico "Gramma". "Nosotros no aceptamos ninguna versión dada por la tiranía, mientras no sean presentadas pruebas de la misma. La lucha en Cuba continua" informaba el ALPHA en la voz del Dr. Medina.

A la vez informaba el Dr. Medina que "Miles de cubanos se han inscripto en las distintas oficinas de la organización ofreciéndose para la lucha. El entrenamiento continua."

Efectivamente el exilio en pleno cooperaba con el ALPHA lo mismo en forma económica como en su disposición de participar en futuros desembarcos. La Delegación de Los Angeles de un día para otro, sin preparación alguna, citamos al pueblo a un acto en el "Embassy Auditorium" el mismo lugar donde habíamos despedido un año antes a Vicente Méndez y a plena capacidad del local, con más de 2,500 expectadores celebramos el desembarco comenzando con unas palabras mías y con elocuentes discursos de, entre otros, Néstor Aranguren, Lorenzo Alfonso, Hilda Amable, Waldo Castroverde, de la Brigada 2506 y el Dr. Luis R. Simón, miembro del Ejecutivo del RECE que hizo el resumen. Junto con el apoyo moral recaudamos en esos días varios miles de dólares que remitimos a Miami.

Estábamos en plena efervescencia. Era difícil atender a todos los que en algo querian ayudarnos. A los pocos días nuestro Departamento Militar celebraba una reunión especial en la casa de Gilberto Manso, en la ciudad de Maywood, para despedir a tres compatriotas que habían pedido su traslado para Miami a fin de poder someterse al entrenamiento necesario y estar listos en próximos desembarcos.

Esto estaba ocurriendo en todas las ciudades donde ALPHA tenía delegación y en Miami era algo difícil de describir, pues prácticamente en nuestras oficinas había tal agitación que apenas se podía trabajar.

En New York y New Jersey se recaudaban grandes cantidades de dinero y en Puerto Rico, nos informaba Diego Medina, se habían integrado los revolucionarios de las distintas vertientes para una campaña a favor del ALPHA y se habían trazado un plan para la inmediata recaudación de $100,000.

En definitiva que estábamos ante el fenómeno que lo que se pretendió conseguir para que Vicente hubiera podido desembarcar con una fuerza superior en Cuba, y no fue posible, se había logrado con su presencia en las montañas de Oriente.

CAPITULO 12

LA CAPTURA DE LOS PESCADORES

Pero si el desembarco del Coronel Vicente Méndez y sus hombres había estremecido al régimen de Cuba, a la vez que levantaba el espíritu de lucha dentro de la isla y en el destierro, ALPHA 66 le tenía una nueva sorpresa a la dictadura. Una sorpresa con la cual no contaba y para la cual no tenía plan ni remedio preparado.

El dia 10 de Mayo de 1970, comandos dirigidos por Ramón Orozco Crespo y Rafael Paz interceptaron en aguas cubanas dos barcos de la flota pesquera, Cooperativa de Caibarién, (Plataforma 1 y Plataforma 4) de 65 pies de eslora y 35 toneladas cada uno, a los que hundieron haciendo prisioneros a sus 11 tripulantes, los que fueron trasladados a una base secreta del ALPHA en el Mar Caribe.

Estos barcos tenían, además de la pesca, la misión de transportar guerrilleros y armas que se empleaban en la subversión en la America Latina, tarea a la que el régimen daba prioridad, siguiendo los lineamientos acordados años antes en la conferencia Tri-Continental de la Habana. Y también se dedicaban a vigilar y delatar los movimientos de los patriotas que en uso de su legítimo derecho iban a combatir en territorio cubano.

¡Esto si que estaba duro! Para esto si que no tenía la tiranía planes de contingencia. ¿Qué hacer? Esta captura de los once pescadores se convertía de un día para otro en un escándalo de proporciones mundiales. El ALPHA se había dirigido a la Cruz Roja y había planteado que estaba dispuesta a canjear los prisioneros por los hombres, que según el régimen, había capturado de los que formaban parte de las fuerzas de Vicente Méndez, pero Fidel Castro no podía hacer eso. Sería reconocer al ALPHA 66 como una fuerza combatiente del exilio y para su ego eso no se podía aceptar.

La reacción del dictador no fué instantanea, obviamente se encontraba perplejo ante los acontecimientos. Conociendo su carácter se puede asegurar que debe haber estado furioso rumiando su incapacidad para resolver el problema. La inquietud de sus partidarios comunistas le hizo ver que algo tenía que hacer y por fin al cabo de cuatro días del secuestro de los pescadores en un comunicado dado a la publicidad amenazaba que "si el imperialismo intentaba nuevas aventuras contra Cuba se encontraría con el puño de hierro del pueblo determinado a ganar o morir en defensa de la revolución."

Esta declaración fué como una consigna y se comenzó a instigar al pueblo para que se situara frente a la Embajada de los Estados Unidos,(la cueva de fieras Yankee como le llamaban) situada en Calzada y M cerca del Monumento al Maine y ocupada por el gobierno Suizo, a cuyo cargo estaban los intereses americanos que aun quedaban en la Isla desde el rompimiento de relaciones en Enero 3 de 1961.

A la vez comenzó a circular en la prensa internacional una foto que ALPHA había suministrado de los once pescadores, y esto enfureció aun mas a los organismos del régimen que en número cada vez mayor se reunían alrededor del edificio de la Embajada.

Pronto habían miles de personas gritando consignas y con pancartas (el periódico Gramma las hacía ascender a más de 200,000) todas acusando a la C.I.A. y al gobierno americano del secuestro de los pescadores. Los insultos al Presidente Nixon no tenían paralelo. Le llamaban "Nixon el Hitler de nuestra era", bandolero, asesino del pueblo de Indochina, en fin su ira e impotencia ya que no se atrevían a reconocer la independencia del ALPHA 66 la descargaban sobre los americanos.

En la Embajada se habían quedado dos empleados suizos y llevaban tres días sin atreverse a salir, pues eran amenazados por las turbas comunistas. El 17 de Mayo el embajador Suizo, Mr. Alfred Fischli, se dirigió por escrito al canciller cubano Raul Roa, amenazando que iría a la Embajada a las 6 de la tarde del propio día a sacar sus empleados y que responsabilizaba al gobierno cubano por la vida y seguridad de ellos.

En la propia fecha Raul Roa le contestaba que tenía que hacer una solicitud por escrito y que aunque las pasiones y la indignación estaban llegando a un grado peligroso, el gobierno cubano no aceptaba la responsabilidad por lo que pasara.

También el mismo dia 17 de Mayo,(todo se estaba haciendo en un plano de urgencia) el Embajador requería oficialmente protección para sacar sus empleados de la Embajada, y se lograba asi conjurar este lío internacional que ya estaba tomando un caríz peligroso.

Pero el gobierno de Cuba lograba que el de Suiza ejerciera presión sobre el gobierno de Washington para resolver la crisis, lo cual era el objetivo por lo que habían convocado la turba frente a la Embajada.

¿Y qué pasó? Pues vino un representante del Departamento de Estado americano a Miami, Mr. Mathew Smith, y citó a Andrés, para una entrevista en la cual tajantemente le dijo que ALPHA tenía que soltar a los pescadores o de lo contrario iban a terminar con la organización y poner en prisión a sus dirigentes acusándolos de secuestradores.

Andrés oyó la perorata y no le contestó ni sí, ni no. Consultó con la Dirección Nacional y se tomó el acuerdo de soltar a los prisioneros.

¿Era posible otra solución? Evidentemente no. Ya se había logrado mucho más de lo que se pretendía. El régimen de Cuba había sufrido un descalabro en su moral al no poder liberar ellos a los pescadores. El mundo entero se había mantenido pendiente de la escaramuza. El ALPHA estaba por doquier en todas las bocas y habíamos ganado credibilidad y prestigio dentro de Cuba entre los elementos contrarios al gobierno y en el destierro había locura con el ALPHA por los distintos aspectos de la operación, y por la audacia de nuestros comandos.

Por otra parte, nosotros no teníamos cárceles y no podíamos fusilarlos como muchos extremistas pedían. No entra en los planes e ideales del ALPHA convertirse en una nueva fuerza al estilo de la tiranía. Nuestros principios no nos pueden de ninguna manera llevar al derramamiento de sangre que en este caso precisamente los prisioneros no habían cometido delito alguno que se pudieran probar ante la justicia.

Pero como en Cuba no se conocía aun lo que se estaba decidiendo en Miami, los sicarios de Castro continuaban rodeando día y noche el edificio de la Embajada, ahora totalmente vacío. El régimen había designado a personas de todas las actividades y organismos del estado para que le hablaran a la multitud desde los micrófonos y la tribuna que habían improvisado.

Treinta y dos oradores iracundos se desgañitaron profiriendo cuanto improperio pudieron encontrar en sus vocabularios contra los americanos, por allí pasaron artistas como Manolo Ortega, el Indio Naborit, Consuelito Vidal, Alicia Alonso, Ramón Veloz y Coralia Fernández. Habló el padre del Che Guevara y otros comunistas extranjeros que estaban de visita en la Habana, entre ellos la madre del cura comunista Colombiano Camilo Torres, que ya había pagado con su vida su traición a la fé cristiana.

Era una catarata de oratoria barata interminable, en la cual siguiendo la consigna dada por el gobierno, nadie mencionó al ALPHA 66 único autor del secuestro a los pescadores.

Al propio tiempo en Cienfuegos donde en Mayo 14 había llegado una flotilla soviética, el Almirante Yaroslav Maximovich Kudelkin, mientras cortaba caña con sus marineros, para "ayudar en la zafra de los diez millones" mentecatos que eran estos rusos comunistas, --¿Qué sabían ellos lo que es cortar caña? --al ser entrevistado acusó al gobierno americano de un acto de piratería sin precedente en la arena internacional.

Cuatro días con sus noches duró este "show" frente a la Embajada hasta que se anunció a la muchedumbre que los pescadores habían sido puestos en libertad. Que fueron entregados a la Cruz Roja y que pronto estarían de regreso. La alegría cundió entre los manifestantes y decidieron que no se irían del lugar hasta que los pescadores no fueran llevados allí.

Esto no se pudo cumplir. Al ser capturados los pescadores por los comandos del ALPHA sus ropas estaban raídas y como comunmente se dice "hecha tierra", sus zapatos en forma deplorable amarrados con ariques, con huecos en las suelas. En fin su "estalaje" daba pena. Antes de soltarlos los comandos les dieron ropa limpia y zapatos nuevos y al llegar al aeropuerto de la Habana, procedentes de Nassau las autoridades cubanas comprendieron que no podían presentarlos así a la multitud y les quitaron las ropas y zapatos que traían y les buscaron otras ropas viejas. Esto por supuesto no gustó a los infelices pescadores, y la demora hizo que tuviera que disgregarse todo el aparato de protesta que se había confeccionado.

Una cadena de acontecimientos siguieron a la captura de los pescadores. El 25 de Mayo el F.B.I. bajo mandamiento judicial realizó una inspección de la oficina del ALPHA y se llevaron varios cartones llenos de equipos militares, de los que se compran en las tiendas de "Army and Navy" sin importancia alguna, y también se llevaron los archivos de la Organización pues pretendían conocer los donantes a la misma.

Alegaba el mandamiento judicial (l) que ALPHA lanzaba los ataques desde territorio Americano.(2) que estaba buscando fondos ilegalmente para acciones guerreras. y (3) que todo esto se estaba haciendo para atacar a una nación que estaba en paz con los Estados Unidos.

El exilio estaba perplejo y disgustado, pero lo que lo enfureció aun mas fué que los empleados del Departamento de Estado de Washington en Miami citaron a los distintos jefes de grupos de acción y organizaciones y les advirtieron en forma bien clara que si había suficientes pruebas de operaciones basadas en los E.U. aunque salieran de un tercer país se les aplicaría todo el rigor de la ley.

Cuando la noticia de la política del Ministerio de Estado llegó a la calle los cubanos explotaron de indignación. Los estudiantes de la Universidad de Miami y Dade Junior College, donde más de 8,000 eran cubanos, marcharon en protesta hasta el Edificio Federal. Seiscientos abogados cubanos desafiaron la validez de la posición del Ministerio de Estado.

Doctores, dentistas, educadores, grupos profesionales hasta el número de 57 publicaron un largo artículo en el Diario las Américas protestando por la persecución a ALPHA 66.

Los cubanos se daban cuenta que se pretendía terminar con los esfuerzos para la liberación de Cuba y la destrucción del ALPHA era el punto principal y para ello el Departamento de Estado estaba dispuesto a usar toda clase de subterfugios. Días después de la requisa en la oficina del ALPHA en Miami, un jurado investigador en Hartford (Connecticut), instruía de cargos por tráfico ilícito de armas a ocho personas, entre ellas nuestro Delegado en New Jersey Silverio Rodríguez y al Secretario General Andrés Nazario.

Los cargos consistían en haber intentado comprar armas que se alegaba habían sido robadas de la fábrica Colt que producía los fusiles AR15 para el Gobierno Americano, en Connecticut. Varias de estas armas supuestamente las confiscaron a Vicente Méndez en su primer viaje, cuando tuvo que ser recogido después del naufragio y llevado a la base naval de Guantánamo.

Primero le fijaron una fianza a Andrés de $100,000, pero inexplicablemente la redujeron a $2,500. y se le puso en libertad con la condición de que no podía salir del territorio americano. Los otros encartados fueron absueltos.

Pero a la vez que ALPHA se sentía presionada recibía enorme apoyo por diversas autoridades y personas sensatas en los E.U. que estaban viendo el peligro comunista, esta era la época en que la guerra de Vietnam estaba en su apogeo y las Universidades americanas habían sido penetradas por la propaganda de los que querían la retirada a cualquier costo de dicha guerra y para ellos Castro resultaba ser un gran revolucionario, y una inspiración.

Tanto en el Senado como en la Cámara del Congreso Americano se levantaron voces para defender nuestro derecho a luchar por la libertad de nuestra patria. El Senador por Carolina del Sur Strom Thurmond y el Representante por la Florida William C. Cramer dieron la batalla en ambos cuerpos legislativos para hacer ver nuestro derecho como Cubanos a luchar.

Aprovechando el 20 de Mayo, fecha de nuestra independencia Mr. Cramer pronunció un hermoso discurso, que forma parte del Registro del Congreso (E-4542) donde hizo historia del esfuerzo de los cubanos por liberarse de España en el siglo pasado y como esto les costó en heridos y muertos un cuarto de millón de personas.

Explicaba Mr. Cramer: "Que era penoso que el Departamento de Estado en la voz de Robert McClosky, un burócrata de gobiernos anteriores, se amenazara a los cubanos luchadores por la libertad que desean volver y ayudar a sus hermanos a quitarse el yugo de la tiranía"...."La cantidad de sabotajes cometidos por los Cubanos dentro de Cuba es en línea con la tradición de su pueblo"..."De todas partes de Cuba se admite oficialmente que el pueblo está haciendo una resistencia masiva al régimen comunista de Fidel Castro"

Continuaba Mr. Cramer en su largo discurso ante la Cámara de Representantes, repitiendo textualmente unas declaraciones de Robert Kennedy, de Abril 20, 1961, cuando era Ministro de Justicia, en las que se refería a que la intención de la Ley de Neutralidad nunca fué la de prevenir a individuos dejar los Estados Unidos para pelear por la causa en que ellos creen. No hay nada en la Ley de Neutralidad que prohiba a los refugiados de Cuba el retornar a su patria para luchar por su libertad.

Por otra parte el Senador Strom Thurmond escribía varios artículos para el Washington News-Intelligence Syndicate planteando el problema nuestro. En el de fecha Mayo 17 decía: "La Doctrina Nixon es de que los que luchen contra la agresión Comunista pueden recibir ayuda económica y militar si ellos hacen su propia batalla dejando a los Americanos fuera."

"Ahora el Presidente tiene una oportunidad de oro para probar la Doctrina Nixon en el Hemisferio Occidental. La Vietnamización está dando resultado en el Sureste de Asia. Los hombres luchan por su propia libertad cuando se les dá la oportunidad. Los Cubanos han creado su propio movimiento que es operacional y formado por hombres dedicados."

"¿Van a aprovechar los E.U. este movimiento voluntario, y ayudarlos en su esfuerzo por salir del gobierno Comunista en el Hemisferio Occidental? Si estamos comenzando a aplicar la Doctrina Nixon a medio mundo de distancia, ciertamente podría triunfar a 90 millas de nuestras costas."

En la edición de Mayo 24 el Senador Thurmond volvía a insistir sobre el tema y se preguntaba cual debía ser la política de los Estados Unidos con respecto a Cuba y él mismo se respondía:

"La política está ya descrita en los estatutos de los E.U.. Es la ley 87-733 efectiva desde Octubre 3, 1962 que expresa que los E.U. están determinados:

1.-Impedir que Cuba por cualquier medio, incluyendo el uso de las armas, extienda sus actividades agresivas o subversivas a cualquier parte de este Hemisferio.

2.-Impedir la creación en Cuba de una capacidad militar, respaldada por el exterior, que pueda poner en peligro la seguridad de los E.U. y

3.-Trabajar conjuntamente con la O.E.A. y con Cubanos amantes de la libertad para ayudar al pueblo cubano en su aspiración de poder determinar su propio destino."

Esta legislación era una resolución conjunta pasada por ambas cámaras del Congreso y firmada por el Presidente Kennedy días antes de la Crisis de los Cohetes. "Está aun en los libros hoy y por lo tanto representa oficialmente la política de los E.U." decía el Senador Thurmond.

Y continuaba: "Nuestra ley nos alienta a trabajar con los cubanos amantes de la libertad.... Nuestra ley nos permite hacer esto "en cualquier forma".....Ciertamente estamos contemplando como sube la marea de las actividades subversivas exportadas por Castro, tanto en los E.U. como en el resto del hemisferio."

"No hay excusa alguna para que el Departamento de Estado tome esta postura contra la libertad, todo lo que se necesita es quizás algunos arreglos indirectos mediante los cuales los Cubanos puedan conseguir armas y equipos. Ellos solo piden que no se intervenga a favor de Castro."

El epílogo de la experiencia en la captura de los pescadores fué sin duda un triunfo para las fuerzas de la libertad representadas por ALPHA 66. Por un lado Fidel en histérico discurso proclamaba la más estrepitosa derrota de su tiranía en el frente interno, precisamente frente a la Embajada de los Estados Unidos, anunciando el fracaso de la zafra azucarera de 10 millones de toneladas (Editorial del Periódico ALERTA de Miami del 22 de Mayo, 1970).

Mientras, Andrés Nazario eufórico regresando del multitudinario acto celebrado en el Stadium "Sixto Escobar" de San Juan, Puerto Rico donde una multitud entusiasmada demandaba de ALPHA 66 la continuación del plan de lucha armada contra Castro, informaba: "El delirante discurso del Dictador es la ratificación de nuestra victoria política y militar. La victoria de nuestra causa se logrará si mantenemos ininterrumpidamente muchas acciones de distinta naturaleza que permitan el desequilibrio del régimen."

Habíamos estremecido la opinión pública mundial; dentro de Cuba la mística del ALPHA alcanzaba proporciones nacionales y el destierro comenzaba a comprender las palabras del Senador por Carolina del Sur:

"Los Cubanos han creado su propio movimiento que es operacional y formado por hombres dedicados."

CAPITULO 13

JOSE RODRIGUEZ PEREZ INDOMABLE COMBATIENTE

A fines de Mayo el exilio se debatía en rumores de todas clases. Mientras la tiranía aseguraba que el grupo de Vicente Méndez había sido exterminado, sin haber aportado prueba alguna, las noticias que venían por distintos medios nos informaban de combates entre alzados y las tropas serranas en la provincia de Oriente, se daban nombres inclusive de bajas en las fuerzas del gobierno. En la provincia de Las Villas el Ex-teniente del Ejército Rebelde Luís Piedra, ahora con el grado de Comandante, se alzaba con 25 hombres en las lomas del Escambray, teniendo varios encuentros con las fuerzas castristas. Se informaba que en uno de esos combates Piedra habia muerto aunque sus hombres continuaban la lucha en las montañas villareñas.

Evidentemente el desembarco de Vicente y sus hombres había creado una actividad entre los cubanos dispuestos a luchar contra el comunismo que tenía fuera de equilibrio al sistema, ya que las fuerzas del régimen se movían por todas partes para evitar nuevos brotes, especialmente en las zonas montañosas.

La Dirección Nacional del ALPHA había escogido para dirigir las próximas acciones a un hombre de una entereza y capacidad extraordinaria José Rodríguez Pérez. Ya había tenido experiencias en acciones contra la dictadura y no pudo participar en el desembarco de Vicente Méndez porque se encontraba en Puerto Rico en actividades también por la libertad de Cuba.

Así lo describe Andrés Nazario en artículo publicado en el DIARIO LAS AMERICAS en Septiembre 28 de 1973: "De esa estirpe romántica y guerrera, emergió nuestro combatiente José Rodríguez Pérez, alzado permanente contra el tirano, tenaz luchador que hizo de su vida en el destierro una trinchera de actividades y de acciones enormemente valiosas. José Rodríguez Pérez, constituye una de las personalidades mas sencillas, dinámicas y de indudable valor y tenacidad, en esta contienda."

Pero el ALPHA se enfrentaba a una feroz persecución por parte de las autoridades americanas que se esforzaban por estorbar todo movimiento hacia Cuba. La captura de los pescadores había puesto a las relaciones entre Washington y la Habana a punto de romperse totalmente y el Gobierno Americano no quería que esta conección a través de los Suizos desapareciera pues la necesitaba entre otras cosas para tramitar el problema de los aviones que se estaban llevando para Cuba elementos extremistas, especialmente miembros de las Panteras Negras, que se habían tragado el anzuelo de la propaganda comunista en el sentido de que Cuba era un paraíso donde los negros y los blancos vivían felices y contentos bajo el cuidado paternal de Fidel Castro.

Caro pagarían su error, pues todos iban a parar a la cárcel y sufrían la peor discriminación que habían conocido. Esto contado por ellos mismos al cabo de los años a su regreso del "paraíso comunista" cuando exclamaban que..."era mejor estar preso en los E.U. que suelto en Cuba."

Así el dia 7 de Julio de 1970, en aguas internacionales, fuera de los límites de los E.U., el Guarda Costas "U.S.S.Barnes" interceptaba dos barcos nuestros de 23 pies de eslora cargados de armas que se dirigían a una de nuestras bases en el Caribe. Los cinco ocupantes dirigidos por Ramón Orozco y Rafael Antonio Paz fueron puestos a la disposición de un Gran Jurado Federal. Perdíamos en esta redada de las autoridades, según informaba el "Miami Herald" de Julio 17, 1970: Once rifles de alto poder, tres ametralladoras, once pistolas, dinamita, detonadores, fusibles, granadas de mano, latas del explosivo C-4, dos botes de desembarco de goma y dos motores de fuera de borda.

Esa era la situación pero nuestros hombres estaban decididos. Era la hora de seguir asestando golpes a la tiranía. Rodríguez Pérez y los que con él se entrenaban en los terrenos pantanosos de la Florida, como paso previo a pasar a los ocultos campamentos del Caribe sufrían la persecución constante de las autoridades y tenían que esconderse en las maniguas muchas veces con el agua a la cintura, pero nada les arredraba, estaban dispuestos a cumplir los propósitos que como fiebre era para ellos una obsesión día y noche. Su patriotismo y amor a Cuba y el verse frente a la oportunidad de poder enfrentarse al despreciable déspota constituía una fuerza invencible. En otras tres ocasiones fueron detenidos en alta mar. Le quitaban las armas y la embarcación y los soltaban, pero su decisión era cada vez más firme.

En California sabíamos que se producirían más desembarcos.

Nuestras Delegaciones se movían en un frenesí de actividad, esto estaba también ocurriendo en las otras áreas, Chicago, New York, New Jersey, etc. Del Departamento Militar de Miami venían muchos requerimientos de urgencia algunos constituían grandes riesgos pues en cierto modo estaban fuera de la ley y siempre temíamos que si en algo fallábamos tendríamos que hacer gastos innecesarios para pagar fianzas y multas. Dinero que era más útil en otros menesteres y que costaba trabajo conseguir.

En una ocasión Nelson Gil tarde ya, de madrugada, corría por el Harbor Freeway con el carro llevando un pesado cargamento de balas, y fué detenido por un guardia de carretera por tener problema en las luces de atrás. Estuvo a punto de tener que abrir el maletero del carro. Este mismo cargamento fué transportado a casa de Guillermo Suñé que lo iba a llevar a Miami. Era tan pesado que apenas podían entre los dos trasladarlo de un carro a otro. En el camino el peso rindió los muelles del carro y Suñé pasó mil trabajos para poder cumplir su misión.

Teníamos también muchas solicitudes de cubanos que querían participar en las acciones. No todos podían ser aceptados. Se estudiaba su experiencia, su conducta y carácter, sus compromisos familiares y se sometían a Miami todos los datos para su definitiva aprobación. En esa forma fueron aceptadas las aplicaciones de José Amparo Barreto Viñas y Raimundo Sánchez Bejerano para participar en el training final en los campamentos.

Otros jóvenes dispuestos a participar en los desembarcos no podían ser aceptados porque por su juventud y el ambiente donde se desenvolvían no estaban preparados para una tarea tan difícil y peligrosa. Por ejemplo un dia recibí una llamada de un estudiante de la Universidad de Long Beach nombrado Angel Lavandera, que quería hablar conmigo. Lo cité a mi casa y me explicó que estaba en este pais desde muy pequeño, pero que sentía que su deber era volver a rescatar las libertades que Castro había conculcado y que quería ir a nuestro campamento para participar en las futuras expediciones.

Le pregunté si sabía lo que era el ALPHA y lo que pretendía en Cuba en caso de triunfar contra el comunismo. Como me contestó que no estaba muy al día en nuestros principios le dije: "Mira, ven a participar en nuestras reuniones para que oigas y conozcas nuestras ideas, así podrás determinar si vale la pena o no enrolarte en una tarea que muy bien puede costarte la vida." Asi lo hizo y por un tiempo estuvo asistiendo y cooperando con nosotros hasta que sus estudios lo envolvieron totalmente.

Pero volvamos a la tarea en preparación para el desembarco que iba a dirigir Rodríguez Pérez. En el campamento se hizo una ceremonia en la cual se le nombró Coronel, al igual que se había hecho con Vicente Méndez. El objeto de otorgar este grado militar era dejar bien claro que cuando llegaran a Cuba con sus uniformes y disciplina se demostraba que no eran infiltrados, sino que se trataba de una operación militar con un Jefe cuyo grado era superior a los de Comandantes que eran los más altos que usaba la tiranía en ese entonces.

El ALPHA ante lo difícil que se había puesto burlar la vigilancia de los Guarda Costas contrató por 5,000 dólares un barco que se dedicaba a pescar y poco a poco, para no llamar la atención, se estaban trasladando los futuros expedicionarios a la base fuera del territorio americano desde la cual partirían para Cuba. En esta tarea estaban envueltos Reinol Rodríguez, Raul Cabrera y otros.

Andrés llamó a Hugo Gascón y le dijo: "Te necesitamos en este momento, Rodríguez Pérez nos ha pedido que seas tú el que te encargues de llevarlo a la base y controlar la operación hasta que salgan para Cuba."

Hugo, un militante con una experiencia extraordinaria en las cuestiones difíciles de estas peligrosas operaciones marítimas, que ocupaba uno de los cargos principales en la Dirección de la organización, contestó sin titubear: "No hay problema. ¿Cuándo nos vamos?"

"Mañana mismo" contestó Andrés. Y efectivamente al día siguiente partían en un barco hacia la base en las Bahamas. El viaje estuvo lleno de contratiempos. Fué bastante incómodo. En el camino los sorprendió una tormenta, también divisaron una avioneta que los puso en guardia, pues no querían ser denunciados ni a Cuba ni a las autoridades americanas. Al fin llegaron a la base donde se reunieron con los demás miembros de la expedición y donde estaban las armas que iban a utilizar. El tiempo continuaba malo y apareció de nuevo otra avioneta. Esta era nuestra y traía un mensaje de la Direccion Nacional que dejó caer en una botella y donde se ordenaba cambiar el lugar de desembarco. Tenía que haber habido una razón poderosa para enviar una avioneta ya prácticamente en el último momento para hacer un cambio de tal naturaleza.

"Yo, como delegado responsable" relata Hugo, "cambié impresiones con Rodríguez Pérez primero y después los reuní a todos en una esquina del barco madre, les informé del cambio del lugar donde debían desembarcar."

"Como era una sorpresa para ellos, pues ya habían estudiado pormenores sobre el desembarco, -continua diciendo Hugo- les dije que los iba a dejar solos para que determinaran si estaban dispuestos a continuar el viaje con el cambio en la ruta y el que no quisiera, podía regresar, pero que no quería que nadie fuera disgustado"

"Me retiré al otro extremo del barco madre que era bastante grande --Hugo continua en su relato -- y después de algunos minutos de deliberación regresó Rodríguez Pérez y me dijo: -No hay problema-Hemos determinado continuar el viaje, Ochoa conoce la zona señalada y después de tantos trabajos de ninguna manera vamos a desistir ahora."

A la siguiente mañana, cuando tenían que dejar el barco pesquero todas las armas fueron trasladadas a la lancha, la cual amarraron al barco madre, el que la iba arrastrando hasta que llegó la hora de la separación. El barco pesquero regresaba a sus tareas habituales de pescar en las aguas de las Bahamas y para los expedicionarios y los que les acompañaban era terminar una tarea tremenda en la cual nueve hombres poseídos por su amor a la tierra donde habían nacido, se jugarían la vida contra un enemigo incomparablemente superior en cantidad.

Pero dejemos a estos modernos argonautas a punto de situarse en el pórtico de la permanencia histórica. En el lugar con que muchos miles de cubanos han soñado, pero muy pocos han podido realizar su sueño, y vayamos a otros acontecimientos también de una importancia excepcional que estaban ocurriendo dentro de Cuba.

Observando como el desembarco de Vicente Méndez y la captura de los pescadores habian creado una atmosfera de rebelión dentro de Cuba, de lo que estábamos recibiendo diariamente informes clandestinos o por los "Vuelos de la Libertad" el ALPHA determinó que era tiempo de darle forma a los que en la clandestinidad trabajaban, por lo que envió un mensaje a Eloy Gutierrez Menoyo donde le confería la jefatura del movimiento interno, no obstante su permanencia en la cárcel. Al ser aceptado el nombramiento se anunció a la opinión pública mediante un manifiesto, en Julio 31, 1970 que: "Consecuentemente tenemos que dar a conocer que en estos momentos la guerra irregular propugnada y puesta en práctica por ALPHA 66, ha sido afianzada por los mismos acontecimientos. Imprimiendo más audacia y organización al movimiento revolucionario dentro de nuestra valiente clandestinidad, se constituyó la DIRECCION NACIONAL CLANDESTINA EN CUBA DE ALPHA 66, cuyas células están esparcidas por todo el país."

Y continuaba el manifiesto: "El compatriota que dirige este nuevo organismo adoptó el nombre de guerra de Lázaro Escambra Alfaro. Este organismo de la clandestinidad acordó los siguientes puntos que remiten para su divulgación:

1. Reconocer la Jefatura Militar del Coronel Vicente Méndez, que continua combatiendo en las montañas de Oriente. 2. Constituir una JUNTA NACIONAL en la que participen representativos de los presos políticos, de los combatientes, de los miembros de las Fuerzas Armadas, así como dirigentes de la Isla y del exilio. 3.-Otorgar el grado inmediato superior a todos los miembros en activo de las Fuerzas Armadas que se incorporen a la lucha contra la tiranía."

4. Ofrecer una salida política a los responsables de la situación actual a fin de que abandonen el país y lograr así un cambio con el menor desgarramiento humano. 5. Respaldar cualquier solución que defina su aspecto genuinamente democrático, garantizando la libertad, la justicia social y los derechos humanos. 6.Incrementar la lucha sin descanso ni claudicaciones hasta lograr la solución definitiva."

Firmaba este manifiesto, que solo copiamos en parte, EJECUTIVO NACIONAL DE ALPHA 66.

Había sido una idea genial de la Dirección Nacional conferir a Eloy la responsabilidad del movimiento interno, pues en las distintas cárceles, donde ya existían muchos presos que eran del ALPHA se le unieron César Páez, Ernesto Díaz Rodríguez y otros más y de la cárcel a través de las visitas las células se proyectaron hacía afuera, donde una parte de la población estaba ávida de participar en el movimiento clandestino y como consecuencia los sabotajes se multiplicaron por todas partes.

El destierro que realmente estaba interesado en la libertad de Cuba, con verdadera independencia, como había sido el pensamiento de los próceres cubanos de nuestra gesta libertadora se estaba situando junto al ALPHA. Mientras, nuestra militancia tenía conciencia de que estábamos realizando algo que pasaría a la historia como un verdadero fenómeno de intransigencia patriótica.

Sin embargo parte de la prensa y radio que guardaba viejos rencores y una gran parte de la cual soñaba con la liberación de mano de los americanos nos atacaba con saña. Otros que estuvieron militantes a principio de la dictadura de Castro, pero que el cansancio los había rendido, tampoco comprendían como ALPHA ganaba terreno y reforzaba su puesto en la vanguardia de la lucha contra el castro-comunismo.

Pero, como bien decía Néstor Aranguren, en escrito en representación del Comité Ejecutivo de Los Angeles de Agosto de 1970: "Dura y difícil ha resultado la tarea. En las playas, los campos o las cárceles cubanas han quedado muy valiosos combatientes; pero como fruto maravilloso de esos sacrificios podemos anunciar con satisfacción que, si alguna unidad existe hoy entre los desterrados, es la de haber llegado a la conclusión de que la GUERRA hecha por CUBANOS, con dinero CUBANO, con pensamiento e ideal CUBANO, es el único camino dignamente posible. Y ese ha sido, es y será el camino de ALPHA 66."

CAPITULO 14

DE BANES A BAIRE - UNA HISTORIA UNICA

El mes de Septiembre es uno de los más difíciles para la navegación en el Mar Caribe, no es extraño que de pronto aparezca una tormenta, unas veces de poca intensidad y otras mucho más fuerte. Es la clásica temporada de los ciclones. En Septiembre 3 la expedición del Coronel José Rodríguez Pérez, después de haber abandonado el barco pesquero pero todavía en el barco que los estaba trasladando a Cuba encontró un aire muy fuerte y fué necesario regresar a una islita cerca de Cayo Verde, o sea, retrocedieron unas setenta millas y allí estuvieron por varios días hasta que el 8 de Septiembre volvieron a tratar de salir pero la llegada iba a ser en pleno día, así que determinaron regresar a la islita.

Por fin el dia 13 hicieron el intento de nuevo y como todo lucía ya posible, a menos de 3 millas de la costa vino la despedida de los tres que regresaban a Miami (Hugo Gascón, Reinol Rodríguez y Rafael Paz) y los nueve que se disponían a desembarcar en Cuba. Se dice fácil pero la separación fué algo emotivo, dramático, hermanos de lucha que habían pasado tantos contratiempos juntos y que el destino los situaba en la difícil posición de pensar que quizás esta fuera la última vez que se iban a ver.

Se trasladaron hombres y equipos para las dos lanchas de goma y navegando silenciosamente hacía la costa cubana desembarcaban el 14 de Septiembre de 1970 a las 4:05 de la madrugada. Tomaron tierra en un lugar llamado Rio Seco, cerca del pueblo de Samá, Municipio de Banes en la Provincia de Oriente.

Estaba completamente despoblado, había unos arrecifes y en la arena enterraron las balsas de goma y con ropa militar verde olivo igual que la usada por el ejercito de Castro, cada uno con un pesado fardo donde llevaban provisiones y equipos caminaron por largas horas pasando por cañaverales subiendo hasta una loma con espesa vegetación y que tenía en la parte más alta un espacio limpio de unos 20 metros de diámetro. Era monte firme así que decidieron pasar todo el dia 14 descansando.

Pero dejemos que Sixto Nicot, uno de los nueve invasores del ALPHA 66 explique las increibles experiencias de esta odisea:

"Como Humberto Ochoa conocía la zona, Rodríguez Pérez lo

mandó al poblado mas cercano, llamado Mula, para ver si podía conseguir un camión, pues el objetivo final era internarse en la Sierra Maestra. Con Ochoa fué José Amparo Barreto. Efectivamente dos horas más tarde se aparecieron con un camión V-8 de cama baja. Al chofer, amigo de Ochoa, se le dijo quienes éramos, y a lo que veníamos, así que estuvo dispuesto a correr el riesgo de ayudarnos. Montamos todos los equipos en el camión, escondimos los rifles y las pistolas las llevábamos dentro de las camisas y salimos por la carretera que pasaba por "Playa La Vaca" rumbo a Banes.

El camión desgraciadamente no tenía luces, así que al llegar la noche hubo que abandonarlo. Pero con tan buena suerte que vimos venir otro camión al que le hicimos señas para que se detuviera. Venía manejado por otro conocido de Ochoa que como el anterior no tenía simpatías por el gobierno. Pensé --Dios está con nosotros-- pues este chofer al que también le explicamos los motivos nuestros accedió a llevarnos. El traslado de las armas de un vehículo a otro se hizo a la vista de una unidad militar que no pudo sospechar que nosotros no pertenecíamos a las fuerzas armadas de la tiranía.

Tomamos la carretera de Banes rumbo a Holguín pero este camión tenía un fallo de motor que arrancaba y se paraba y teníamos que parar y tratar de resolver el problema, de manera que decidimos que lo mejor era tratar de conseguir otro transporte. La cosa no era fácil Manuel Artola Ortíz, que conocía todas las regulaciones que existían en el ejército por haber estado en el servicio militar antes de venir al exilio sugirió que cruzáramos dos rifles en medio de la carretera, que eso era una señal que obligaba a cualquier vehiculo civil a detenerse, y al acercarse se rastrillaba un rifle, si no paraba había órdenes de disparar.

Así lo hicimos y nos dió resultado. Al poco tiempo vimos venir una luz potente y se paró. Le explicamos al chofer que éramos una Unidad que estábamos de recorrido y que el transporte se nos había roto y que necesitábamos que nos ayudara. El chofer nos dijo --para la revolución todo--aunque nos advirtió que no tenía mucho combustible, pero le dijimos que eso nosotros lo resolveríamos.

Arrancó con nosotros y llegamos a un central azucarero, creo que era el que antiguamente se llamaba Jaronú, que ese día estaban de fiesta. Hasta ese momento todo el trayecto había sido por caminos vecinales o carreteras de poco tráfico. Preguntamos a unos jovencitos donde podríamos obtener combustible y nos indicaron donde vivía el responsable del Partido y el responsable de la Unidad de Combustible.

Hacia este último lugar nos dirigimos y nos tiramos del camión Israel Sosa Ramirez, Manuel Artola Ortíz y yo. Le tocamos a la puerta y cuando se levantó (era ya más de las once de la noche) y nos vió vestidos de militares nos dijo: ¿Qué quieren compañeros? Nosotros somos de la Unidad (no recuerdo el nombre) le dijo Artola y necesitamos petróleo. Muy atento el hombre nos llenó el tanque y cuando se le preguntó si había que llenar algún papel, dijo que sí y trajo una nota blanca y amarilla la cual firmó con su nombre y dos apellidos Manuel Artola Ortíz.

Seguimos en el carro, pero este era muy lento y optamos por buscar un cuarto carro y decidimos tomar la carretera Holguín-Mayarí. En la obscuridad de la noche cuando nos dirigíamos a Holguín vimos un camión que venía en sentido contrario, rumbo a Mayarí, a este también le preparamos la señal de los rifles cruzados. Paró y le hicimos la misma historia y le dijimos que íbamos como él, rumbo a Mayarí. Dimos tiempo para que el camión que habíamos usado anteriormente se fuera, le dimos las gracias, y cuando ya habíamos caminado unos dos kilometros le dijimos al nuevo chofer que diera media vuelta, pues nuestro destino era Holguín. -- ¡Regresar!--pero si ustedes me dijeron que iban para Mayarí, nos contestó bastante mal humorado.

Como no entraba en razones y ya sospechaba que no éramos lo que pretendíamos, lo amenazamos con una pistola y le advertimos que si seguía nuestras instrucciones no tendría problemas.

Recorremos un largo trecho y cuando estamos ya llegando a Bayamo vemos una unidad militar con un Jeep que están tomando café a la orilla de la carretera. Hacemos una izquierda antes de pasarles por delante y un poco más abajo hacemos una derecha por un corto trecho. Doblamos de nuevo a la derecha y volvemos a entrar en la misma vía, dejándolos a ellos detrás.

Como dos días antes han asaltado una unidad militar en Manzanillo en la cual han matado un teniente y dos soldados hiriendo a varios más. Se han llevado las armas, están vestidos de militar y andan en un carro civil, o sea, las mismas condiciones que llevamos nosotros. Hay una orden regional que dice que toda unidad que esté transportandose en carro civil debe ser registrada. Nosotros no conocemos eso en ese momento, pero esa es la causa por lo que los soldados en el Jeep, que notaron nuestra maniobra de salirnos de la carretera y volver a entrar nos salen detrás.

Ellos nos hacen la señal a la salida de la ciudad y nosotros le decimos al chofer: "No pares, ellos nos van a volver a hacer la señal". Efectivamente salieron corriendo y nos esperaron más abajo en una curbita y nos pararon.

Ya Pepe (José Rodríguez Pérez) le había dicho a Artola, el segundo del grupo: "Tú que eres el que más conoces de esta zona y el problema militar si nos paran bájate y explícales, trata de convencerlos para que no nos registren el carro. No vayas con el rifle, solo con la pistola, (el rifle es americano y ellos usan armas rusas). Si no hay arreglo y ellos insisten tira tú primero y tírate en el contén del otro lado, pero nunca dejes que ellos te tiren primero a tí. Esto lo dijo Pepe delante de mi.

Paramos el carro, pero el motor sigue andando listo para salir. Rodríguez Pérez me dice: Nicot, rastrilla la ametralladora tuya y lo mismo le dice a José Amparo Barreto. No tiren a menos que suene el primer tiro. Así que estamos listos con el seguro quitado y todo.

Entonces empieza la discusión entre los que venían a requisarnos y el compañero nuestro que se ha tirado del carro. Estaban a unos metros de distancia y nosotros podíamos oir lo que hablaban. "Es que hay una orden que tenemos que revisar a todo militar que viaje en carro civil", le dicen a Artola. Este trata de convencerlos de quienes éramos y a donde nos dirigíamos y tan convincente fué Artola que uno de ellos cede y le dice al otro soldado que no es necesario registrarlos. Los otros dos se habían quedado detrás con el Jeep.

El otro dice:--"No, no será necesario, pero es una orden y nosotros lo que tenemos es que cumplirla; así que si tú no la vas a cumplir, yo sí. Voy a revisar el carro."-- Sale rumbo al camión y entonces Artola saca su pistola y le tira y a la vez se tira contra el suelo para que no lo matemos nosotros, porque inmediatamente estábamos haciendo funcionar las ametralladoras con un volumen tremendo de fuego. Matamos a los dos que discutieron con Artola y los otros dos se tiraron en el suelo detrás del Jeep. Subió Artola al camión y rápidamente arrancamos, pues el lugar no era propio para continuar tiroteándonos. Además lo que nosotros pretendíamos no era enredarnos en una batalla en plena carretera central, donde había bastante tráfico, sino pasar desapercibidos hasta internarnos en la

Sierra Maestra.

El Jeep nos sigue a distancia, a pesar de que le habíamos destrozado los cristales del frente y tenía otras perforaciones y para llamar la atención nos tiraba de lejos. Lo que nosotros no sabíamos era que una de las balas nos había perforado el tanque de la gasolina y a la entrada de Baire se nos para el carro. Es al amanecer, el pueblo está aun durmiendo, estamos ya cerca de las estribaciones de la Sierra Maestra, así que dejamos el camión y nos lanzamos a pié. En el camino nos encontramos de guardia a una mujer y un hombre. La mujer tiene un rifle y al vernos se queda que no sabe que hacer. El hombre le dice: "Dame acá". Y cuando dice dame acá, hace ademán para tirarnos, pero José Amparo Barreto le tira y lo mata. La mujer corre y se esconde detrás de un murito. Mientras tanto yo estoy tirándole al Jeep que viene y nos tenemos que apertrechar allí. Esta es una parte en las afueras de Baire, con calles, aceras, manzanas de casas, asi que lo atravesamos tiroteándonos con el Jeep y con unos seis milicianos y dos soldados que se han unido en nuestra persecución.

Rápidamente cogemos las lomas, ya con el sol afuera, y a las dos horas ya teníamos 5,000 hombres, entre soldados y milicianos, tratándo de localizarnos y ahí es donde comienzan a hacer cercos y donde fuímos cayendo uno tras otro. El primero en caer herido en la cabeza fué el Jefe, José Rodríguez Pérez, después cayó preso Raimundo Sánchez Bejerano. El tercero fué Abelardo Quindelán Ferrer, después al tercer día caí yo herido, con tres balas en una pierna. Junto conmigo estaba Ochoa.

Yo le dije a Ochoa: "Vete tú y déjame a mí, déjame solo, el que está herido soy yo". El se niega. El y yo teniamos una gran amistad.

"Ya estamos cercados y tú estás herido, tú no te vas a morir solo aquí" me contesta. Le digo: "Mira Ochoa, esa es la suerte de cada uno, tú puedes volar el pequeño cerco ese. No es tan grande."

"No yo me quedo contigo, lo que te pase a tí, pasará también conmigo" me dice.

Aunque comprendo que todo es inútil le digo: "Bueno lo que va a pasar conmigo es que yo voy a coger el arma y a todo el que se arrime le voy a estar tirando hasta el último tiro y yo no quisiera que tu estuvieras aquí porque yo se que me van a cortar la cabeza, de una manera o de otra y no quisiera que te pasara a tí lo mismo por

112

quedarte aquí conmigo."

Me dice Ochoa: "Mira, si tu entregas las armas y yo entrego las armas, puede ser que uno de nosotros cualquiera quede vivo. El objetivo de nosotros no era fajarnos con ellos, en estas circunstancias, nos hemos fajado porque nos sorprendieron, pero no hacemos nada con matar un miliciano de estos que en fin de cuentas a lo mejor piensa igual que nosotros, pero que viene en la fila porque lo traen y tiene que venir. No hacemos nada con matar 10 ó 12 de ellos. Si fuéramos a ganar con eso yo te decía a tí que aunque nosotros muriéramos al final, lo hacíamos."

Yo me opuse a que se quedara, pero él no aceptó irse y me quitó el fusil, dejándome la pistola. Puse la pistola en el suelo, nada podía hacer con ella contra rifles y ametralladoras y le dije: "Acuérdate que te va a pesar, porque de todas maneras nos van a arrancar la cabeza y dos menos, son dos menos."

Su expresión final fué: "Alguien tiene que salir vivo de aquí, para que cuente todo esto"

Así nos quedamos esperando, pues sabíamos que pronto darían con nosotros. De pronto apareció un negrito, no pertenecía a ningún cuerpo armado, solo era uno de esos jovencitos ansiosos de participar en algo. Como arma tenía un revolvito de esos que se "descocotan." "Levanten las manos que estan detenidos" nos dice nervioso. Entonces Ochoa tira los dos rifles y su pistola a cierta distancia y cuando tira su pistola yo me quedo indeciso. Ochoa coge la pistola mía y la tira también. El muchacho se mete su revolvito bajo el cinto y coge mi pistola y me apunta, al tiempo que grita: "Están aquí, están aquí." Hace ademán de disparar la pistola, como no está rastrillada y no la conoce, se la pone en la cintura y vuelve a coger el revolvito.

Llegan los milicianos y asombrados celebran la acción del muchacho y nos sacan de allí. Tuvieron que cortar la cerca pues mi pierna iba colgando, el hueso estaba partido totalmente. Me montaron en un camión y a Ochoa se lo llevaron por otro lado.

Me llevan al hospital de Palma Soriano. Cuando llego a Palma por el tiempo que llevo herido y la sangre que he perdido sin haber podido siquiera hacerme un torniquete, pierdo el conocimiento y lo recobro dentro del hospital. Cuando despierto hay como 20 oficiales de alto grado al lado mío. Como yo tengo un hermano que estuvo en las fuerzas dentro de ellos, y después se arrepintió, oigo que dicen: "Ese no es Nicot." Considerando que yo soy mi hermano.

"¿Cómo te llamas? ¿Qué tú eres de Nicot el que era capitán de la Sierra?" me preguntan. "Yo soy hermano" le contesto. ¡Ah! vaya no agarramos a Víctor pero cogimos a Sixto.

En ese momento viene una muchacha que al ver las heridas se asombra, yo estaba realmente en estado deplorable, sucio, llevaba varios días sin bañarme, ella que había estado curando a otros heridos caídos en la refriega contra nosotros (diez y ocho heridos y siete muertos era el precio que habían pagado por nuestra captura) cree que yo soy uno de ellos, me hacen una cura, me ponen un suero y me llevan para el Hospital Provincial Militar en Santiago de Cuba.

Me enyesaron la pierna de arriba a abajo y a los ocho días me trasladaron para el Castillito, también en Santiago, donde estaba el Departamento Militar de Seguridad del Estado. Ahí me empiezan a interrogar. ¿Quién te dió las armas? ¿Cómo conocistes a la gente del ALPHA? ¿Porqué lo hicistes?, etc.

Yo había pensado en las preguntas que me podrían hacer, así que estaba preparado para contestarlas. Siempre reconocí que era del ALPHA, que había tirado en muchos lugares, que existía la posibilidad de que alguno de los muertos lo hubiera matado yo, pero que estaba defendiéndome en plena batalla. Me preguntaron que si conocía a Andrés Nazario y si él me había dado las armas. Que si yo creía que Andrés se preparaba para ir a pelear a Cuba.

Tuve cuidado de no dar los nombres del resto de los compañeros, algunos tenían familiares en Cuba, y como yo sabía que Rodríguez Pérez por la herida que había recibido en la frente no podía estar vivo, aunque así y todo duró dos semanas inconsciente, les dije que él me había dado las armas (lo cual era cierto) y nos habíamos entrenado con él en las Bahamas, nunca acepté que hubiera sido Miami el lugar del entrenamiento, como ellos me precisaban para que yo reconociera.

Al Castillito fueron trasladados todos los presos de nuestro grupo hasta que llegó el día del juicio, si es que a eso se le puede llamar juicio. No se hizo en Santiago de Cuba como ellos dijeron, sino a unos 40 kilómetros de la ciudad, en el campo. Eramos siete en total. (Israel Sosa Ramírez; Humberto Ochoa Angulo, Raimundo Sánchez Bejerano, José Amparo Barreto Viñas, Alberto Kindelán Ferrer, Manuel Artola Ortíz, y yo, Sixto Nicot Susavilla). Los otros dos de la expedición José Rodríguez Pérez y Luis Pérez habían muerto. Rodríguez Pérez cayó gravemente herido en combate y Luís Pérez también cayó herido, pero como era un franco tirador formidable que les había causado muchas bajas se ensañaron con él y lo remataron.

En el supuesto juicio todos eran militares, no había nadie en traje de civil, ni de la población. Dentro de un campo se presenta un Juez con sus cuatro vocales, un fiscal con una secretaria, el abogado defensor y el ejército cuidándonos. Traen consigo cinco ataudes lo que nos indica que ya habían decidido los resultados del juicio y que dos, por lo menos momentáneamente, salvaríamos la vida.

Nos hacen los cargos a cada uno en forma independiente, nos dan un papel que comenzamos a leer, nos lo quitan antes de que podamos terminar de leerlo. Al primero que llaman es a Manuel Artola. Le dicen que se siente y después que se vuelva a poner de pié. Comienzan a leer los cargos. Usted reconoce que vino de los E.U. a destruir la revolución del pueblo, etc. etc. Artola le contesta: "Todo lo que Ud. ha dicho es verdad, porque aquí ningún hombre puede decir la verdad, la verdad la dicen Uds. que tienen las armas."

Para él piden la pena de muerte por fusilamiento. Nuestro supuesto abogado defensor dice: "Pedir la ejecución de este hombre es justo. Yo soy un hombre de color de procedencia humilde que me hice abogado gracias a la revolución que estos hombres vienen a destruir" Continuaba así la norma de los abogados "defensores" de la tiranía; estar de acuerdo con las acusaciones del fiscal.

Uno tras otro se fué repitiendo la misma escena. Todos contestamos con entereza. El último fué Alberto Kindelán. El fiscal lo increpó en forma insultante diciéndole: "¡Si Lumumba te viera! (se refería al líder comunista africano que había sido asesinado varios años antes) Tú que eres negro vienes a destruir nuestra revolución."

Kindelán le contestó desafiante: "No me interesa Lumumba los blancos o los negros, yo vine a Cuba a luchar contra el sistema comunista."

Nuestro abogado "defensor" al terminar solamente dijo que no había duda de que éramos culpables. Sin mucha convicción dijo que quizás se debía conmutar la pena de muerte a Raimundo Sánchez, otro de los nuestros que también era de color.

Al final cinco fueron condenados a fusilamiento. A Kindelán y a mí a 30 años de prisión. Los condenados a muerte tenían derecho a apelar su sentencia, lo cual representaba una burla cruel. Cuando nos llevaban de regreso a la cárcel a nosotros dos a distancia oímos las descargas que terminaban con la vida de nuestros cinco valientes compañeros.

Pensé entonces en las palabras de Ochoa: "Alguien tiene que salir vivo de aquí, para que cuente todo esto."

Y me quemaba el corazón pensar en la encomienda que me dejó Manuel Artola en los momentos finales donde nos abrazamos para despedirnos. "Si alguna vez ves a mi hijo, dile que su padre no flaqueó en las últimas horas y que Cuba será libre porque siempre habrá muchos hombres como yo dispuestos a dar la vida por ella" me dijo Artola"

Hasta aquí el relato de Sixto Nicot Susavilla de los acontecimientos ocurridos por la expedición que dirigió José Rodríguez Pérez, que desembarcó cerca de Banes y llegó hasta Baire, atravesando una gran parte de la provincia oriental de Cuba, y que sin embargo no pudo alcanzar su objetivo de internarse en la Sierra Maestra para desde allí levantar un frente de lucha contra el castro-comunismo.

Gran parte de lo expresado aquí corresponde a nuestras conversaciones con Sixto Nicot y a una entrevista con el Dr. Octavio R. Costa en Los Angeles. El Dr. Costa con su intuición para percibir lo extraordinario, calificó este interesante relato como "una historia única".

El heroico Coronel Vicente Méndez nos enseñó que la lucha es cubana, sin pedir permiso ni esperar por nadie. El sacrificio de su vida y la de sus hombres no puede haber sido en vano.

Vicente Méndez

El valeroso Coronel José Rodríguez Pérez con sus hombres, al desembarcar en Cuba y atravesar la provincia de Oriente dió un ejemplo de audacia y patriotismo sin igual.

José Rodríguez Pérez

Luis Aurelio Nazario, Eugenio Fiol, Angel Iribar y Rafael A. Peña, momentos antes de desembarcar en Cuba.

Néstor Aranguren visita el campamento de Vicente Méndez días antes del desembarco del 17 de abril de 1970.

Rafael A. Peña

Humberto Ochoa Angulo

Leonardo Hernández

Julio César Ramírez

Israel Sosa Ramírez

Francisco Estévez Fiol

Mario González Zayas

Mario Rivera Pico

Estar preparados,
ese es nuestro deber.

(Véase las fotos siguientes de nuestros campamentos)

Alejandra Montenegro Piniellas, estudiante de Medicina en F.I.U., graduada de nuestro campamento, "Rumbo Sur"

Rumbo Sur

Punto Final

Enrique García

Miguel Pérez

ESTAR LISTO PARA CONQUISTAR LA INDEPENDENCIA DE NUESTRA
TIERRA ES LA MAYOR SATISFACCION INTERNA QUE PUEDE SENTIR
UN CUBANO.

CAPITULO 15

EL FERMENTO INNEGABLE

1970 fué el año de la consagración definitiva de ALPHA 66 como organización de lucha frontal contra el comunismo y el castrismo en Cuba. El desembarco del Coronel Vicente Méndez en las playas de Baracoa el 17 de abril, abrió un nuevo horizonte que ha de marcar la historia en sus páginas de oro.

El mensaje que recibió el pueblo de Cuba del ALPHA ese año fué muy claro: Si nosotros nos atrevemos a dar un paso al frente hundiendo barcos a los comunistas; tomando prisioneros, haciendo sabotajes, desembarcando nuestros hombres e internándonos en las montañas para pelear, Uds. también pueden hacerlo.

Y la respuesta no se hizo esperar. A pesar de la brutal represión del régimen en los ocho meses después del desembarco de Vicente Méndez hubieron más sabotajes que en los cuatro años anteriores. ALPHA había penetrado en todas las esferas de la población cubana y las células clandestinas se incrementaban por todas partes.

El impacto en la opinión mundial también había sido sensacional. ¡Una organización de cubanos, sin vínculos con la CIA (Agencia Central de Inteligencia) ni ninguna otra ayuda foránea era capaz de realizar todo lo que la prensa había publicado! Parecía imposible.

Fué el recrudecimiento de la curiosidad de la prensa mundial, radial, escrita y de televisión que invadían nuestras oficinas. Invasión que aun se mantiene hoy en día, buscando siempre la última noticia sobre lo que ha hecho, o piensa hacer el ALPHA.

Era indiscutible que la audacia demostrada por ALPHA en sus varias operaciones había creado una confusión y dudas en las fuerzas armadas de la tiranía. Desde el desembarco del mes de Abril habían cambiado el mando de las tropas en Oriente tres veces. Primeramente fué reemplazado el Comandante Armando Acosta por el también Comandante Guillermo García Frías y por último a fines de 1970 llevaron a la Jefatura Militar de Oriente al Comandante Juan Almeida.

Este último nombramiento de Almeida, que obviamente era menos capacitado militarmente que los anteriores, denotaba que lo que hacía falta en Oriente era una figura mas leal a Fidel Castro y al Partido Comunista para evitar que las pequeñas deserciones que estaban ocurriendo en las fuerzas armadas fueran a convertirse en algo en extremo peligroso. Su nombramiento de Jefe de las Fuerzas Armadas en Oriente además especificaba que también era "Delegado Personal del Partido Comunista".

La lucha del ALPHA demostraba que en todos los estratos de la organización existía el peligro. El sábado 9 de enero de 1971 como a las once de la noche nuestras oficinas situadas en el 542 S.W. de la 12 ave. fueron atacadas con armas de fuego con silenciadores. Teodoro González, miembro del ALPHA recibió dos balasos a sedal en ambas piernas teniendo que ser trasladado al Jackson Hospital para su tratamiento.

¿Pero íbamos a detenernos? ¿A tratar de buscar a los culpables? No. Una característica muy nuestra fué siempre seguir adelante. En varias ocasiones Andrés nos recordaba la vieja frase del Quijote cuando le decía a su escudero: "Déjalos, si ladran es porque estamos cabalgando" Nuestra tarea era acabar con la tiranía, estar siempre en movimiento. Varias operaciones en las costas de Cuba con propaganda e infiltraciones se efectuaron en los finales del 1970 y principios de 1971.

En Julio de 1971 cuatro expedicionarios que regresaban de una misión a Cuba fueron detenidos por las autoridades del Condado de Monroe los hermanos Héctor y Raul Cabrera, Manuel G. López y Francisco R. Villabriga. Los valientes luchadores por la libertad informaron a la prensa que su base estaba fuera del territorio americano "que la misión que fueron a realizar en Cuba pudieron terminarla con todo éxito" solo una rotura en la embarcación los hizo regresar a los E.U. Sin embargo las autoridades se incautaron de las armas, una pérdida de unos cuantos miles de dólares.

Por informes recibidos en forma clandestina y por cubanos que llegaban en los "vuelos de la libertad" que se llevaban a efecto diariamente, ALPHA tenía conocimiento con más o menos detalles de la suerte que había corrido el desembarco de José Rodríguez Pérez y su hombres, quienes habían tenido que enfrentarse a las fuerzas de la tiranía en los alrededores de Baire, sin poder internarse en la Sierra Maestra, como se relata en el capítulo anterior.

No así sobre la suerte del Coronel Vicente Méndez que a pesar de asegurar la tiranía que los expedicionarios que habían desembarcado con él habían sido liquidadas, (sin presentar prueba alguna) los informes que se recibían constantemente de toda el área nos confirmaban los combates y escaramuzas que estaban teniendo lugar en toda la provincia de Oriente. Era cierto que innumerables hechos estaban ocurriendo.

Una prueba era el relato de Sixto Nicot cuando explicaba que el encuentro que sostuvieron con una patrulla del ejército y que fué la circunstancia que los obligó a pelear antes de tiempo, era porque habían en esos días atacado un cuartel en la zona de Manzanillo y el gobierno estaba tomando precausiones en las carreteras.

Eventualmente el ALPHA tuvo que aceptar que Vicente había caído peleando y que parte de sus hombres después de mantenerse luchando un tiempo habían perecido o habían sido hechos prisioneros.

Esa había sido una preocupación constante entre la dirigencia del ALPHA, e inclusive entre los que estaban listos para seguir los pasos de Vicente trasladándose a Cuba. En varias ocasiones Andrés había analizado con Rodríguez Pérez en el campamento, cuando se preparaba para su viaje a Cuba la posibilidad de que Vicente no estuviera vivo.

Fué determinante esa duda en la razón por la cual Rodríguez Pérez a pesar de haber desembarcado muy cerca de la Sierra Cristal y tener una gran oportunidad para internarse en la misma, decidió dirigirse a la Sierra Maestra, mucho más lejana, donde había que atravesar gran parte de la provincia de Oriente, corriendo un riesgo tremendo. Tan grande que en definitiva le costó la vida e hizo fracasar todo el proyecto.

¡Tanta hombría! ¡Tanta heroicidad! Ese era el precio que tenían que pagar los cubanos para rescatar su patria del tirano. Era el precio que habían pagado siempre. El mismo que pagaron los hombres del 68 y los héroes del 95. Era el precio que habían pagado los mártires que cayeron enfrentándose a las dictaduras de Machado y de Batista. Constituían la siembra desgraciadamente necesaria que la historia del mundo nos enseña han pagado todos los pueblos para poder disfrutar del derecho inalienable de vivir en libertad.

¡Que había que continuar la lucha! ¡Que nadie nos podía detener! Todos esperábamos el próximo esfuerzo del ALPHA para incrementar la lucha en Cuba. ¡Que tuviéramos otra interferencia de las autoridades americanas! También estaba la militancia en la retaguardia preparada para suplir la pérdida y buscar nuevos fondos para cuanto fuera necesario. El movimiento estaba consolidado y firme, intransigente e incansable al que nada ni nadie podía desanimar.

Por eso cuando a principios de septiembre de 1971 las autoridades americanas capturaron una expedición con varios miembros de la organización, armas y municiones, nadie se sorprendió aunque si nos enfurecía el celo con que nuestros amigos cuidaban la tiranía. El Dr. Diego Medina, Jefe de Prensa y Propaganda del ALPHA, lo explicaba así en el Diario Las Américas del 9 de Septiembre: "Nuevamente hombres del ALPHA 66 fueron detenidos por las autoridades navales norteamericanas. En esta oportunidad nada menos que en aguas internacionales. Estos hombres nuestros se dirigían a Cuba a una acción de infiltración dentro de la Isla."

Y continuaba el Dr. Medina: "Nuestros hombres son los siguientes: Jesús Larosa y Antonio Fernández, jefes militares, Emilio Hierrezuelo, Pastor Guzmán y Constantino Fernández, además iba con ellos el reportero norteamericano Deane Bostick, de la revista TRUE. La misión del reportero Bostick era la de entrevistar a algunos miembros de las guerrillas y del clandestinaje, con el fin de poder demostrar después al mundo entero que es cierta la lucha de los cubanos dentro de Cuba."

Jesús Larosa, conocido por el sobrenombre de "Chua", activo militante de la organización que había participado en un gran número de operaciones militares, sobre cuyas actividades Deane Bostick posteriormente escribió un libro titulado DOS COMPADRES relacionando algunas de sus azarosas experiencias en la lucha contra el castro-comunismo. Antonio Fernández "Cabilla" era también un activo miembro de los teams creados por nuestro Departamento Militar.

Como se ve ALPHA no descansaba en la creación del "fermento innegable" necesario dentro de Cuba. Andrés Nazario lo había expuesto así en carta que escribiera al periodista Sergio Carbó, publicada en Enero 11, 1969 en REGRESO, Organo Oficial de la Federación de Comerciantes Industriales y Propietarios, en uno de cuyos párrafos decía:

"La historia del proceso independentista cubano del siglo pasado y los hechos bélicos realizados desde que la hiena roja del Caribe se adueñó del poder, nos dicen que si no mantenemos vigentes los pequeños esfuerzos, los ataques esporádicos y los planes de enfrentamiento directo con el régimen castrista, levantando la moral de lucha de nuestro pueblo y la confianza y fe en los combatientes del exilio, no habrán en el momento preciso las condiciones favorables para lograr la victoria por la carencia del fermento innegable que necesita una contienda libertadora."

El otro ingrediente lo constituía el sistema célular que se estaba creando dentro de Cuba que como ya explicamos anteriormente se proyectaba de las prisiones al pueblo en general. Una forma de comunicación consistía en un ingenioso método por el cual escogiendo palabras de un libro, haciendo mención del número de la página, los renglones hacia abajo y el numero de palabras hacia la derecha, determinaba la palabra clave que se deseaba. Esta se descifraba con un libro similar en nuestras oficinas, o fuera del presidio dentro del país.

Así se crearon en las cárceles más de 400 células, cada una de 5 a 8 miembros. y algunas mucho más numerosas. Los familiares de los presos se encargaban de trabajar en la calle el movimiento que llegó a ser tremendo en su estructura. La información llegaba a Miami por todos los medios, especialmente por los vuelos de la libertad.

Muchos mensajes eran simples cartas en las cuales se insertaban los grupos de palabras que aparentemente nada significaban, pero que eran el contenido cifrado de lo que se quería informar.

Claro que esta conspiración no podía pasar desapercibida por mucho tiempo por los organismos represivos del régimen, que estaban sintiendo los efectos de un plan de sabotajes por toda la Isla que respondía a las células que se estaban creando y que representaban un retraso en todo lo que el gobierno emprendía.

Asi en Noviembre de 1973 requisaron todas las galeras en el Castillo del Principe y otras cárceles, registraron una gran cantidad de presos que ellos consideraban estaban ligados al ALPHA; (Menoyo, César Páez, Ernesto Díaz, Emilito Nazario, el Dr. Jose M. Aguiar, Felipe Sánchez, etc.) y encontraron libros y otros documentos comprometedores, algunos que llevaban en cápsulas pegadas en distintas partes del cuerpo.

Ernesto Díaz Rodríguez, que en realidad había sido el verdadero cerebro de todo este trabajo conspirativo, y Eloy Gutierrez Menoyo se declararon culpables y el régimen les añadió una condena adicional de 25 años a cada uno.

Años mas tarde Emilito Nazario Pérez (sobrino de Andrés) cuando salió de presidio después de cumplir una larga condena de 10 años fué entrevistado en Miami. El periodista le dijo que esa conspiración, (en la cual Emilito había participado activamente) se ponía en duda en Miami y que muchos sectores sospechaban que había sido un "paquete". A lo cual él contestó categóricamente: "No, no fué un "paquete" aunque pareciera raro, fué realmente una conspiración. Al respecto solo diré esto; en Cuba existen muchas células clandestinas que han sido creadas espontáneamente dentro del pueblo, producto de la mística del ALPHA a través de sus hechos."

Que el ALPHA 66 era ya sinónimo del ejemplo a seguir por las organizaciones en el mundo entero que luchaban contra el comunismo no había duda alguna. En la Argentina el Diario Las Américas informaba en su edición de Diciembre 6, 1970, que la organización "Alfa 66" había atacado a conocidos comunistas, como reacción a la agitación para apoderarse del poder en dicho país, provocada por los Montoneros cuyos cuadros habían recibido entrenamiento en campamentos en Cuba a tenor de los acuerdos de la Tricontinental de la Habana.

Además las voces mas claras del pensamiento martiano que estudiaban como el Apóstol había analizado lo que era la verdadera independencia de Cuba, se oían por todos los confines del mundo, con elogios para el ALPHA.

En Montevideo, Uruguay el 20 de Septiembre de 1970 en EL PAIS DE LOS DOMINGOS, Primitivo Rodríguez, inteligente y prestigioso político cubano de la era republicana, mantenía la tésis que era fundamental a los principios nuestros, declarando: "Puedo decir que los miembros del ALPHA 66 son los únicos que se están moviendo para hacer algo. Son los únicos que no entablan conversaciones inútiles y los únicos que no se hacen tener de la mano por Washington."

Una experiencia que demuestra la influencia del ALPHA 66 en la lucha internacional contra el comunismo pudimos apreciarla cuando se nos apareció en nuestras oficinas el joven húngaro Geza

Matrai quien solicitaba incorporarse a nuestra organización.

Este joven, de 28 años, que había salido huyendo de Hungría exilándose en el Canadá cuando tenía 13 años, y que sentía en su corazón el dolor de vivir en tierra extraña, en ocasión de la visita oficial a dicho país de Alexis Kosyguin, quien era el hombre más importante en la USSR después de Breznef, en la ciudad de Toronto cuando conjuntamente con las altas autoridades del Canada transitaba por una avenida, el 18 de Octubre de 1971 se lanzó al cuello de Kosyguin, al tiempo que gritaba "Libertad para Hungría".

La policía tuvo que intervenir rápidamente para evitar que el premier comunista fuera ajusticiado por las manos vengadoras del patriota húngaro.

Cumplió por esta acción tres meses de cárcel en Toronto. Su nombre fue internacionalmente reconocido como héroe de la lucha contra el comunismo y ahora venía a buscar ser parte de nuestra Organización. Desgraciadamente a los pocos meses se ordenó su deportación de los E.U. cuando se anunció que Breznef vendría de visita a este país.

ALPHA 66 convocó una conferencia de prensa en el aeropuerto para que Gesa Matrai pudiera explicar el proceso a que había sido sometido desde su llegada a los Estados Unidos hasta el momento de su expulsión, pero las autoridades lo prohibieron. Aducían que éste estaba en calidad de detenido, no obstante la protesta de un gran grupo de miembros del ALPHA y cubanos en general por su expulsión lo acompañó hasta la escalerilla del avión. Posteriormente Andrés y Medina hicieron declaraciones a los periodistas presentes reiterando "que lo que estaban cometiendo con él era una injusticia, porque él no había cometido ningún delito en este país y su solicitud de asilo político había sido negada arbitrariamente."

CAPITULO 16

EL EXTRAÑO CASO DEL PLAN TORRIENTE

Consideramos necesario en esta historia del ALPHA 66 dedicar un capítulo al estudio del "Plan Torriente" que aunque no fuimos participantes de dicho Plan en ninguna forma, sí nos causó mucho daño al restarnos ayuda que de no haber existido el mismo seguramente en parte se hubiera canalizado para el mejor éxito de nuestros planes.

Como dijimos anteriormente coincidieron en la misma época los planes del ALPHA de desembarcar en Cuba una expedición con Vicente Méndez a la cabeza; la campaña por crear unos Comicios en el exilio y el Plan Torriente. Los Comicios, como también explicamos, (Capítulo 10) no pudieron llevarse a cabo y así fueron quedando el ALPHA con su esfuerzo y el Sr. Jose Elías de la Torriente y Ajuria con su "Plan".

El dia 7 de Septiembre de 1969 en el Programa PANAMERICANA del Canal 10 de Televisión fué entrevistado el Sr. Torriente por un panel de periodistas (El Comité la Verdad sobre Cuba publicó una transcripción literal de dicha entrevista), explicando el Sr. Torriente que se había entrevistado con el Dr. Carlos Prío Socarrás, último Presidente constitucional de Cuba; con el también ex-presidente, el General Fulgencio Batista y Zaldívar; con Andrés Rivero Aguero, que había sido electo presidente en las elecciones que se efectuaron meses antes de la revolución y que nunca pudo tomar posesión y con Juanita Castro. A su entender estas personas representaban las tres vertientes que existían en el exilio y que las mismas apoyaban su plan.

No mencionó el Sr. Torriente la existencia de otra poderosa "vertiente" que rechazó participar en su Plan. Cuando en silencio se estaban dando los pasos para obtener el respaldo total del exilio al Plan Torriente, recibió el ALPHA en sus oficinas la visita de los doctores Carlos Prío Socarrás, Eduardo Suárez Rivas, Enrique Huertas y alguien más que no recordamos su nombre pidiéndole a Andrés Nazario que se adhiriera al "Plan", que eso no nos impediría que siguiéramos nuestros planes, pero que significaba la unidad total del exilio. Andrés les informó que nosotros no creíamos en absoluto en dicho plan, que iba contra la linea de la organización y contra los planes serios que estábamos proyectando.

También visitó con el mismo fin nuestras oficinas Juanita Castro insistiendo con Andrés en lo necesario que era que el ALPHA participara "porque la firma tuya Andrés es muy importante. Eso le da una amplitud y fuerza al documento del Plan Torriente." La negativa de Andrés disgustó bastante a Juanita.

Asi que Torriente tuvo que seguir con su plan y sus "tres vertientes" mejor dicho el Plan de sus amigos, cubanos y americanos, que le habían prometido que en muy poco tiempo llevarían a cabo la liberación de Cuba, para lo cual contaban con el dinero y todo lo demás necesario. Amigos Republicanos que estaban en las altas esferas y que influían en el gobierno del Presidente Nixon. Eran los mismos amigos que ya habían hecho al Sr. Torriente un llamamiento similar antes del desastre de Bahía de Cochinos.

Este planteamiento llevado por Torriente a los que él consideraba eran la representacion más importante del exilio y que habian aceptado participar en él, hizo que además de estas personas se fueran uniendo al "Plan" una impresionante cantidad de personalidades del exilio, entre ellos el Reverendo Padre Ismael Testé, Eusebio Mujal Barniol, Angel Cofiño y diferentes dirigentes de la C.T.C., los periodistas Martínez Márquez, Sergio Carbó, los dirigentes de la Brigada 2506, el Partido Revolucionario Cubano (Autentico) etc. Todo lo cual hacía del Plan Torriente un formidable aparato que ahogaba nuestros esfuerzos por levantar los fondos que necesitábamos para nuestros planes de guerra.

En una conferencia de prensa el 28 de Enero de 1970, aniversario del natalicio del Apostol José Martí, el Dr. Enrique Huertas y los componentes de la Comisión Custodio del Banco José Martí, los Dres. Gustavo Cuervo Rubio, Agustín Castellanos y José S. Lastra, entregaban al Sr. Torriente los fondos de dicho Banco que ascendían a $45,532.59 y que habían sido recogidos por el Colegio Médico Cubano en el Exilio para donarlos "a la dirigencia del exilio que coordinase plenamente los esfuerzos para la liberación cubana".

La comisión de relaciones públicas del Plan Torriente no se daba descanso. Para el sábado 21 de Febrero de 1970 convocaron un acto en el Stadium de Miami para darle el respaldo al Sr. Torriente de "toda la colonia cubana de Miami y de todo el exilio". El Stadium se llenó a capacidad, tal era el entusiasmo que sus partidarios con la ayuda de la prensa y un esfuerzo digno de mejor causa, habían puesto en convencer a los cubanos que el "Plan" traería la liberación de Cuba.

¿Y cómo estábamos nosotros pasando el vendaval del Plan Torriente en California?

Torriente había venido a Los Angeles para pedir a las distintas organizaciones que existían en el área su integración al Plan, para lo cual citaron a una reunión en el local del semanario "La Prensa" que dirigía Renán Romero. El ALPHA envió a Néstor Aranguren, Asesor de nuestro Ejecutivo, como observador y Néstor nos rindió un informe completamente negativo, al extremo de que según él dicho Plan era un engaño que se le estaba haciendo al destierro.

El Boletín Cubano PANFLETOS con fecha 15 de Febrero de 1970, publicó una pequeña entrevista con Néstor Aranguren en la cual Salvador Rodríguez Santana, su Director, relata que Néstor, con la precisión de un cronómetro, la agilidad de un galgo, la sinceridad de un infante y la agudeza de un latigazo, le dijo sobre el Plan Torriente:

"Del Plan Torriente puedo decirle que yo personalmente hablé con el Sr. José Elías de la Torriente cuando él estuvo aquí en L.A. y no me dijo en que consistía su plan. Habla de unir, pero no dice como. Nosotros no podemos con los ojos cerrados seguir a nadie. Hay rumores muy malos acerca del Plan Torriente, aunque estos no sean ciertos. No sabemos a donde va, pues no quiere decir nada; o no sabe nada. ¡No se puede seguir a nadie que no enseñe las cartas sobre la mesa!"

Torriente nombró Delegado del Plan en California al Dr. Héctor Carrió, prestigioso abogado camagüeyano, y a él se le unieron una gran cantidad de personas de esta área que se conocían por su preocupación por resolver la situación de Cuba y además las organizaciones como la "Juventud de Los Angeles", los representantes de los Auténticos, de la Brigada, algunos Clubs sociales, logias, etc.

Muchas de estas personas se habían comprometido en ayudarnos en los preparativos de la campaña de Vicente Méndez y al pasarse al Plan Torriente ya no podíamos contar con su ayuda. En California, aparte del grupo de los Comicios Libres que dirigía Abel Pérez, solo quedaba el ALPHA 66 como independiente del Plan. Esto nos hacía aparecer mal ante una gran parte de la opinión pública que daba por seguro que el Plan Torriente iba a derrocar a Castro en unos pocos meses.

Fué la prueba de fuego que necesita una organización para saber si su militancia está firme y dispuesta a seguir la línea que su dirigencia le ha trazado. Todos permanecieron en sus puestos defendiendo nuestro compromiso con Vicente Méndez. Y no solo en California, también en las demás Delegaciones del destierro, así como en Miami, la respuesta de los Alfistas fué terminante en negarnos a participar en absoluto en un "Plan" en que no creíamos.

Sentimos tanto la presión, pues en la calle algunos nos miraban en forma tal, como si fuéramos enemigos de la liberación de Cuba, que solicitamos permiso del Ejecutivo Nacional para hacer un manifiesto exponiendo nuestra posición ante el Plan Torriente. Este documento fué publicado por el periódico LA PRENSA de Los Angeles en su edición de Abril 1, 1970.

Comenzamos haciendo historia de lo que era ALPHA 66 y explicando la fé que teníamos en los planes en que estábamos envueltos, o sea, ayudar a Vicente Méndez a cumplir su promesa de desembarcar en Cuba para tratar de abrir una brecha que diera al pueblo de la Isla la oportunidad de levantarse en armas contra la tiranía. En cuanto al Plan Torriente decíamos en nuestro Manifiesto: "Este plan tiene la particularidad de que únicamente señala el propósito de unificar al exilio y de liberar a Cuba. Su estructura civil, su formación, sus tácticas (no militares sino de organización) en fin, su programa o postulados no han sido revelados por el Señor de la Torriente"......

Y más abajo: "No estamos ni a favor ni en contra del "Plan Torriente" pues si no sabemos en que consiste ese plan así como otras cuestiones básicas en relación con él, imposible aceptarlo o rechazarlo. Nuestra madurez en este proceso de largos años, unida a la convicción de nuestra propia tésis, nos impide variar nuestra línea en forma irresponsable y atolondrada."

Y continuábamos más adelante: "Tenemos verdadero interés en señalar que cualquier ayuda que la causa cubana reciba de personas o gobiernos no puede estar supeditada a condiciones, compromisos o entendimientos que menoscaben la dignidad ciudadana y el orgullo nacional tanto en el presente como en el futuro y nadie tiene en el exilio facultades para hacer concesiones de ningún tipo y no aceptamos, lo expresamos con claridad y firmeza, otra ayuda que no sea la que se nos brinde como amigos o aliados, respetando nuestro mandato soberano."

Este Manifiesto, escrito por Néstor Aranguren y estudiado por las Delegaciones de Los Angeles, Orange County y San Diego, con la aprobación del Ejecutivo Nacional fué muy bien acogido y contribuyó a que comenzara a mirarse al Plan Torriente con cierta reserva que había estado ausente en el entusiasmo inicial.

El Plan Torriente acordó iniciar un Censo de Cubanos en todas partes del mundo, aquí en California en el Club Tunero "El Cucalambé" se comenzó dicho censo el 13 de Julio de 1970, que por supuesto a nosotros en el ALPHA no nos interesó, pero una gran cantidad de cubanos del área sí corrieron a inscribirse.

Pero ya había comenzado desde antes a resquebrajarse por la cabeza el famoso "Plan". La primera en abandonarlo fué Juanita Castro, quien declaró al periódico PATRIA de Miami, en Enero 22 de 1970, entre otras cosas: "El Plan Torriente no es de Torriente. Es un plan de otros factores que no contemplan, básicamente, los legítimos intereses de la liberación de Cuba del comunismo internacional. Es un plan de negociaciones ruso-norteamericano."

Desde el principio se empezaron a oir voces discrepantes que ponían en duda el "Plan". Márquez Sterling y Emilio Núñez Portuondo, entre otros, escribiendo en el DIARIO LAS AMERICAS, Rafael Guas Inclán, y muy pronto la segunda "vertiente" sobre la cual descansaba dicho Plan explotó con las declaraciones del Dr. Andrés Rivero Agüero, quién comenzó despacio poniendo algunas interrogaciones pero que acabó por declarar según el periódico SIEMPRE de New Orleans, 6 de Agosto de 1970,:"El Plan Torriente es una burla. Le retiro mi apoyo porque Torriente con todos los "apoyos morales" que ya tiene, le está haciendo una oposición formidable a Castro. Con esos apoyos habrá Castro para cien años." (Se refería al viaje de Torriente por varios paises de América cuyos Presidentes estaban todos en contubernio con Castro en una forma u otra.)

Y terminaba Rivero Aguero sus declaraciones a SIEMPRE: "Torriente se aparece ahora con el cuarto o quinto anuncio de invasión a Cuba....Basta ya de tanto ridículo; basta ya de papelazos y de seguir siendo el hazmereir del mundo"....."Si no hubiera sido por el Dr. Prío, Torriente no habría llegado a montar la actual farsa, cuando me dí cuenta de que todo era pura mentira, me reuní con Juanita Castro y el Dr. Prío para revocarle el mandato a Torriente.

Prío insistió en esperar algún tiempo más."

Pero al fin la tercera "vertiente" del exilio, la de Prío y el autenticismo también abrió los ojos y dió marcha atrás, dejando solo a Torriente con su "Plan".

Aunque los dirigentes del ALPHA estaban seguros de que el Plan Torriente era un engaño, habíamos tomado una actitud discreta no haciendo ninguna crítica al mismo, para evitar que se nos atribuyera el fracaso que estábamos seguros habría de venir.

No es hasta el 7 de Noviembre de 1970 que Andrés Nazario en un artículo titulado EL PLAN TORRIENTE ANTE LA HISTORIA, publicado en el DIARIO LAS AMERICAS plantea que el ALPHA tiene: "la responsabilidad de opinar en relación al llamado Plan Torriente, al cual nunca hemos combatido y a cuyo grupo hemos ofrecido apoyo si cumplen desembarcando cualquier contingente de combatientes. Pero como el Sr. Torriente y sus voceros aseguran que antes del 31 de Diciembre del presente año (1970) estarán combatiendo frontalmente en tierra cubana y que el día 1ro de Enero Cuba será libre, no nos queda mas remedio que repetir: Apoyaremos cualquier acción del Plan Torriente en Cuba."

Y continuaba Andrés en su mencionado artículo: "No se puede jugar con la fe de un pueblo y menos convertirlo en fuerza emocional y económica por el placer de no ver triunfar a otros combatientes. De un tiempo a esta parte, todo el movimiento económico está canalizado por el terminante planteamiento del Plan Torriente de invadir a Cuba con fuerzas suficientes como para vencer en pocos días. Esas promesas incitan a todos los cubanos sin distingos de nada a participar de esas esperanzas. Son tan definitivos los pronunciamientos que ningún alegato esclarecedor es valedero. ¡Cuba libre el 1ro. de enero de 1971."

Terminando Andrés su artículo:...."Será una fecha que recogerá la historia como la hora de las libertades de esta contienda o marcará la hora de la traición y la mentira."

Como llegaron y pasaron el 31 de Diciembre y el 1ro de Enero y nada sucedió, lo cual era de esperarse, el ALPHA arremetió de nuevo contra el Plan Torriente. Esta vez en la pluma del Dr. Diego Medina quien en artículo titulado "El Plan Torriente: Un Engaño" publicado en el periódico SIEMPRE de New Orleans el 12 de enero de 1971, declaraba:

"Debemos apoyar y respetar a todo el que haga o trate de hacer algo contra el régimen castro-comunista; esto es un deber de todos los cubanos sin distinción de grupos, vertientes o programas. Pero es también una obligación de todos el salirle al paso y desenmascarar a los que engañan al pueblo, aprovechando su desesperación, con ofrecimientos irrealizables para servir los más inconfesables intereses. Y este es el caso del señor José Elías de la Torriente y su famoso Plan de Liberación."

Continuaba Medina haciendo historia de todas las promesas, los plazos y las contradicciones en que había caído el Sr. Torriente, habiendo ofrecido ahora un nuevo plazo ....hacer la guerra para los primeros seis meses de 1971.... Y terminaba así su artículo el Dr. Medina:

"Además de todas estas contradicciones, el Sr. Torriente ha anunciado la existencia de ejércitos que no existen, de cohetes, de infiltraciones en Cuba que no se han realizado, ayudas extranjeras que no se han ofrecido. Nuestro análisis y nuestras conclusiones están aquí y nos creemos en el deber de hacerlas públicas, porque el engaño de Torriente ya está perjudicando los planes serios que se están realizando en coordinación con el clandestinaje dentro de la Isla. Y es hora ya que el exilio reaccione frente a la colosal farsa representada por el Sr. Torriente. ¡La causa de la liberación de la Patria merece más respeto!"

Todo esto había traido a la mente de los cubanos que efectivamente el Plan Torriente había sido un engaño. Para dar término a la comedia en Octubre 12 de 1971 un comando bajo el nombre de "Fuerzas Cubanas de Liberación" desembarcó en el puerto de Samá en la provincia de Oriente donde por una hora y cinco minutos controlaron, según ellos, dicho lugar. Este fué el epitafio del famoso Plan para la Liberación de Cuba de Jose Elías de la Torriente y Ajuria: Un pequeño ataque comando, acción que tanto había criticado Torriente al ALPHA por inoperante.

Varios años después, a principios de 1974, Torriente cuando se encontraba en su casa en Coral Gables con su señora mirando televisión a través de una ventana fué balaceado por uno o varios individuos. Conducido a un hospital murió a las pocas horas. Nunca se ha sabido nada de quien o quienes fueron los asesinos, pero a la tumba se llevó muchos secretos que quizás nunca lleguen a conocerse.

¿Por cuenta de quien estaba realizando la campaña del Plan Torriente? ¿Fué engañado o estaba consciente que detrás de todo no había nada? ¿Quien o quienes lo asesinaron? Para la tiranía de Cuba ya él no representaba peligro alguno, al contrario, le había hecho un gran favor, el cubano promedio en el exilio había perdido el entusiasmo para pensar positivo en la liberación después del engaño sufrido.

¿Lo mataron para que nunca se supieran sus secretos o fué alguien que se sintió defraudado? ¿Lo habían mandado a matar desde Cuba? Hay muchas preguntas que quedaron sin contestación y que probablemente nunca sean aclaradas.

Pero vale la pena analizar lo que estaba sucediendo en la Isla en los tiempos del famoso Plan. Torriente era ciudadano americano y él había dicho que amigos americanos y cubanos que estaban en las altas esferas del gobierno del Presidente Nixon le habían prometido que en muy poco tiempo llevarían a cabo la liberación de Cuba, para lo cual era necesario el Plan Torriente.

El Profesor Herminio Portell-Vilá, director de "Radio Free Américas" del "American Security Council" en artículo titulado "La Presencia Naval Soviética en Cuba Comunista" publicado en la revista "LA ACTUALIDAD CUBANA" de Los Angeles de fecha Enero de 1971 informaba que él había revelado desde Julio de 1968 que los soviéticos estaban construyendo una base naval en la bahía de Jagua, en Cienfuegos, y que no había sido hasta Septiembre de 1970 que el Departamento de Defensa de los Estados Unidos se había mostrado preocupado con esa base a pesar de que su construcción había comenzado dos años atrás.

El "Latin American Report" que dirigía Paul D.Bethel y que constantemente estaba analizando todo lo que pasaba dentro de Cuba, también se había referido varias veces a la base soviética en la bahia de Cienfuegos, la cual según el Departamento de Estado informó a los periodistas en Septiembree 25, 1970, parecía que se trataba de una base para los submarinos nucleares, (L.A.R. November 1970).

Por otra parte el Presidente Nixon en su libro "LAS MEMORIAS DE RICHARD NIXON' (Página 485) dice que en Septiembre 18, 1970 cuando esperaba el arrivo de Golda Meir para una reunión en el "Oval Office" recibió un memorandum de Kissinger marcado "MAXIMO SECRETO/SENSITIVO/OJOS SOLAMENTE" La primera oración decía: "El análisis de vuelos de reconocimiento fotográficos sobre Cuba han confirmado esta mañana la construcción de una probable base submarina en la bahía de Cienfuegos."

Más adelante el Presidente Nixon, dirigiéndose a Kissinger, en su libro dice en la siguiente Página 486 que quiere saber: "(1)¿Qué puede hacer la CIA para ayudar a cualquier tipo de acción que pueda irritar a Castro?"

Nos preguntamos nosotros. ¿Sería este el secreto del Plan Torriente? ¿Habría estado preparando la CIA o algun departamento secreto del gobierno americano, (como el que después trajo el Watergate) desde temprano un supuesto plan para asustar a Castro y utilizarlo como contrapeso para discutir con los soviéticos la base de submarinos de Cienfuegos?

Quizás nunca lleguemos a saber la verdad, pero si sabemos que el "Plan Torriente" le hizo un gran daño a la causa de Cuba libre y la lección que nos dejó nunca debemos olvidarla.

CAPITULO 17

LA REPRESENTACION INTERNACIONAL

A raíz de los sucesos que se relatan en los capítulos 11, 12 y 14 de este trabajo la Dirección Nacional del ALPHA 66 consideró que era la oportunidad de tener en el ciudad de Miami un congreso de delegaciones que consolidara el pensamiento de la organización a escala nacional y que permitiera a los alfistas de distintas delegaciones que venían de distantes ciudades cambiar impresiones, compenetrarse e irse conociendo.

Así que se convocó al Primer Congreso Nacional de Delegaciones que se reunió en el Hotel Mac Allister, en Miami, los días 21, 22 y 23 de Julio de 1972. La Organización en todas partes estaba entusiasmada con este acontecimiento, nosotros desde California concurrimos 17 delegados que participaron en todas las actividades del Congreso y que pudieron conocer y familiarizarse con los demás delegados de otras áreas y con los hombres que junto a Andrés Nazario dirigían en Miami el ALPHA: Diego Medina, Hugo Gascón, Osier González, Emilio Caballero y otros que por estar geográficamente cerca componían un núcleo que podía ser consultado en toda oportunidad y que de hecho constituían la Dirección Nacional.

Más de 50 Delegaciones de distintas ciudades de los E.U. y de varios países de América estuvieron representados en el Congreso el cual se cerró con un acto al que acudieron más de 800 personas. Su importancia mayor consistía en que éramos en ese momento la única fuerza viva de consideración frente al comunismo de Cuba, pues habían desaparecido ya prácticamente los propósitos de los comicios y el Plan Torriente. Pretendía el Congreso y lo consiguió hacer notar que era el ALPHA la fuerza que se mantenía luchando.

Muchos fueron los acuerdos que se tomaron, algunos contemplaban planes económicos, de proselitismo y sugestiones para desarrollar todo tipo de actividades conducentes a la destrucción de la satrapía roja del Caribe. En otros ratificábamos nuestro compromiso de no aceptar componenda o diálogo con la tiranía. Denunciamos la situación de abuso a que estaban sometidos los presos políticos en Cuba y nos comprometíamos a seguir luchando hasta ver a nuestra patria libre. La prensa, radio y televisión hicieron un gran reportaje sobre el Primer Congreso. En la Revista REPLICA (Julio 27, 1972) Marieta Fandiño escribía:..."En medio de un ambiente hostil a la causa de Cuba Libre, ALPHA 66 lanza un reto y nosotros los cubanos debemos responder presente. Esas siglas representan valor y sacrificio, con el emblema de ALPHA en sus brazos muchos hombres, "HOMBRES" con mayúscula, han derramado su sangre en territorio cubano y en las cárceles miles esperan y confían en que no serán abandonados."....

Andrés Nazario refiriéndose al Primer Congreso Nacional de Delegaciones decía entusiasmado y con razón en circular de fecha 1ro. de Agosto a toda la militancia: "Ha sido considerado este evento como único en toda la historia de este proceso revolucionario. Si no fuera porque lo inmediato siempre se contempla con menos interés, diríamos que salvando la distancia por respeto a nuestros grandes patricios, nuestro Congreso alcanzó tal altura que sus repercusiones moverán al recuerdo de las Asambleas de Guáimaro, Jimaguayú o La Yaya."

Hubo algo adicional que tuvo una gran repercusión para el ALPHA. La Liga Mundial Anticomunista, que reunía a personas luchadoras de todos los países frente al comunismo iba a celebrar su Sexto Congreso en la ciudad de México en Agosto 22 al 27 del propio año 1972 y envió a nuestro Congreso como Delegado observador al Lic. Humberto Dávalos, de nacionalidad mexicana, dirigente de la Federación Mexicana Anticomunista (FEMACO) quien quedó muy impresionado con la calidad de las personas que componían el ALPHA, la seriedad de nuestra Organización y los pronunciamientos que se hicieron en nuestro Congreso y transmitió a los directivos de la Liga sus observaciones.

La Liga Mundial Anticomunista nos extendió una invitación para que participáramos en el Congreso a celebrarse en México y que a la vez ellos propondrían al ALPHA 66 como la genuina representación de Cuba libre en la Liga.

Esta decisión de la Liga Mundial Anticomunista, (WACL sus siglas en inglés por las que era generalmente más conocida en el mundo entero) daba al ALPHA una perspectiva extraordinaria. En la Liga se juntaban altos funcionarios de distintos gobiernos, generales y coroneles, jerarcas de la iglesia católica de diversas nacionalidades, budistas, jeques árabes, una gran cantidad de dignatarios de países del Africa y del Asia que aun estaban libres del comunismo, exiliados que habían escapado de los países bajo la tutela soviética, intelectuales de nombre internacional, en fin toda una gama de personas y organizaciones que luchaban contra la feroz tiranía que pretendía envolver al mundo.

Por supuesto que, claro el comunismo sostenía una fuerte campaña para presentar a la Liga como elementos fascistas y de extrema derecha, e instrumentos de la C.I.A. ¿Pero, no eran esos los mismos calificativos que la tiranía nos endilgaba a nosotros los del ALPHA? Esa era la táctica general del comunismo para desprestigiar a los que más temían y a los que obstruían su camino de dominio mundial.

Bajo el lema de "Civilización y Progreso Sí, Comunismo No" comenzó el VI Congreso de la Liga Mundial Anticomunista (WACL) en la ciudad de México el 25 de Agosto de 1972. Entre los oradores principales estaban el sabio chino Lin Yu Tang y el Dr. Walter H.Judd conocido luchador anticomunista.

Representando al ALPHA participaron el Dr. Diego Medina y Armando Pérez Roura y por la juventud Olguita Nazario y José Armando Pérez. Andrés no pudo concurrir porque inmigración no le garantizaba la entrada a los E.U. al regreso del Congreso. La causa que le habían seguido por las armas ocupadas a Vicente Méndez era la excusa que esgrimían las autoridades. Yo también estaba invitado, pero el Consul de México en Los Angeles a pesar de que le presenté el permiso del Gobierno de Mexico, y la invitacion de la Liga, sin darme razón alguna, rotundamente me negó la visa para participar del Congreso.

El Dr Medina y Pérez Roura realizaron una tarea tremenda para presentar el caso de Cuba ante ese importante foro internacional, logrando que se aprobaran distintas resoluciones condenando la situación que imperaba en la Isla. El Congreso acordó elevar protestas a la Organización de Estados Americanos (O.E.A.) por su actitud de querer incorporar el régimen de Cuba a dicho organismo, acordándose por unanimidad pedir a la O.E.A. que el puesto vacante de Cuba comunista fuera ocupado por ALPHA 66.

Se aprobó una resolución que felicitaba a la Organización ALPHA 66 por la lucha activa que realizaba, dentro y fuera de la isla de Cuba. Tuvo el Dr. Medina el honor de hablar en el acto de clausura a nombre de todos los paises sojuzgados por el comunismo en el mundo. En este discurso recalcó: "Que no podíamos conformarnos con señalar los fracasos de los regímenes comunistas y de alertar a los pueblos para evitar la extensión del comunismo a otros países, sino que también teníamos que hacer algo para tratar de derrocar las tiranías que esclavizaban pueblos en todos los lugares del mundo."

En fin el ALPHA con su participación en el VI Congreso de la Liga tomaba una dimensión que la transportaba a un estrato superior donde se le reconocía como la representación de la Cuba irredenta por el mundo de luchadores que se enfrentaban al despotismo rojo.

Algún tiempo después la Confederación Anti-comunista Latino-americana (CAL) invitó al ALPHA para que enviáramos una delegación a su Segundo Congreso que se habría de celebrar del 23 al 27 de Enero de 1974 en Río de Janeiro, Brasil. Ellos tenían especial interés que Andrés Nazario, nuestro Secretario General, concurriera, pero ahí de nuevo se tropezó con las autoridades de inmigración y a pesar de las múltiples gestiones que se realizaron no hubo forma que le autorizaran salir del país.

Andrés logró entrevistarse con un alto funcionario del Departamento de Inmigración en Miami, quien le informó que era imposible darle el permiso de re-entrada en los Estados Unidos, debido a que existía una orden de Washington que señalaba que por RAZONES DE SEGURIDAD NACIONAL el Gobierno de los Estados Unidos prohibía entregar dicho permiso. ¡La presencia del Secretario General del ALPHA en un congreso constituía un peligro para la Seguridad Nacional de los Estados Unidos! ¿Podía pensarse en algo más absurdo?

Esto motivó una recia protesta y palabras de recriminación al Departamento de Inmigración y se proyectó la salida de Andrés a todo riesgo, pero el Comité Ejecutivo en reunión extraordinaria decidió no tomar ese camino y presentar las reclamaciones legales para evitar en el futuro esas dificultades.

Recayó en mí, por la ausencia de Andrés, presidir la representación del ALPHA al Congreso de la CAL al que asistimos conjuntamente con Olguita Nazario y Armando Pérez Roura. Armando era miembro del Comité Ejecutivo del ALPHA pero también asistía como Decano del Colegio Nacional de Locutores de Cuba en el exilio.

Desde que hicimos nuestra entrada en el Congreso nos

sentimos abrumados por las deferencias que tuvieron con nuestra Delegación. Llegamos un poco tarde a la primera sesión de la asamblea y ya se encontraban deliberando sobre importantes cuestiones, pero al entrar nosotros tres en el local constituyó una verdadera sorpresa el hecho de que en ese mismo instante dejaran de tratar el asunto puesto a discusión, para someter una moción y aprobarla por unanimidad la cual en su parte resolutiva textualmente decía: "Se reconoce a la Organización anticomunista ALPHA 66, como el aparato idóneo para lograr la liberación de Cuba y brindarle la irrestricta colaboración que viabilice el esfuerzo final para alcanzar ese objetivo."

Los delegados de los 19 países de América Latina que asistían al Congreso se encontraban preocupados con la penetración que el comunismo estaba haciendo en sus respectivos países a través de Cuba y con ellos nos sentimos hermanados y pudimos hacer un análisis de todos los problemas del hemisferio. Se tomaron distintos acuerdos, unos que propusimos nosotros y otros propuestos por otras delegaciones, todos con vista a reforzar la lucha frontal contra el comunismo en general y especialmente el castro-comunismo y sus secuaces.

En la sesión de clausura habló un representante del gobierno de Brasil y en representación del Congreso iban a hablar solo dos delegados. Uno en representación de Chile (país que hacía poco había salido del peligro comunista que pretendió imponer Salvador Allende) y otro de Cuba. Lo cual constituía un honor para el exilio cubano y para el ALPHA en particular. Se acercaron a mí como jefe de la Delegación para que fuera yo el que hablara a nombre del ALPHA, pero yo que soy un poco reacio y no muy ducho en la oratoria, le cedí el turno a Armando Pérez Roura quien hizo un brillante discurso que terminó con todos los asistentes puestos de pié aplaudiendo.

Nuestra condición de miembros de la Liga Mundial Anticomunista llevó al ALPHA a participar en distintos congresos en la década de los años setenta. Fuímos a Taiwan, Corea, Washington,D.C., Paraguay, Nicaragua, Argentina etc. El problema de las visas para Andrés pudo resolverse y él después de los congresos de México y Río de Janeiro presidió siempre las delegaciones participantes. En todas las ocasiones fuímos objeto de distinciones pues nuestra labor de luchar directamente contra el castro-comunismo, sin pedir permiso, ni someternos a nadie, causaba gran admiración. Con Andrés el respeto y consideración fué siempre extraordinario. En cada congreso siempre le dieron un turno para hablar en la sesión final que era la de más colorido y donde se resumía el trabajo realizado.

Una de las ocasiones que recordamos con mas agrado ocurrió cuando asistíamos al X Congreso de la Liga en Taiwan en Abril de 1977. La delegación del ALPHA estaba compuesta por Andrés Nazario, Edíth Salazar, el Dr. Arturo Caraballo, el periodista del Diario Las Américas, Guillermo Zalamea, quien asistía como invitado especial nuestro, y por mí.

Habíamos estado comentando Andrés y yo sobre el cambio que se estaba efectuando en la joven intelectualidad francesa que se percataban del error en que habían estado y comenzaban a poner en duda todas las supuestas virtudes del comunismo y especialmente con rigor juzgaban al régimen de Castro por sus abusos del poder y por la forma miserable en que se encontraba el pueblo cubano debido a su egolatría y ambición.

No cabía duda que este hecho tenía una importancia extraordinaria. Eran estos jóvenes intelectuales entre los que estaban André Glucksmann, Jean-Marie Benoist and Bernard Henry Levy los que formaban un grupo conocido por los "Nuevos Filósofos" que habían predicado las bondades del Marxismo y que descubrieron a tiempo, muchos dicen que influenciados por "El Archipiélago Gulag" de Solzhenitsyn, que el utópico paraiso a que ellos aspiraban no se encontraba en el comunismo y ni siquiera en el socialismo. ¿Cómo era posible que la revolución socialista dejara que tipos como Stalin y Brezhnevs perpretaran crímenes en su nombre y el pueblo fuera impedido a denunciarlos? Se preguntaban entre otras muchas interrogaciones.

Libros y más libros comenzaron a salir de las imprentas de Francia que ponían en duda las bondades de comunistas, socialistas y de lo que estaba de moda el nuevo título o disfraz: "el Euro-comunismo." Lo mas lindo del caso era que esto estaba ocurriendo cuando la maquinaria comunista trabajando a todo tren se engullía cada año uno o varios países dando la sensación de que íbamos derecho en el mundo entero a la noche negra de un totalitarismo rojo.

Esto y otros síntomas que estábamos observando continuamente reforzaban la tesis que siempre había mantenido el

ALPHA en el sentido de que el comunismo estaba llamado a desaparecer.

La X Conferencia de la WACL comenzó el dia 17 de Abril en el Golden Dragon Annex del Grand Hotel de Taipei y su parte de trabajo duró hasta el 22 de Abril. Las sesiones plenarias todas estaban equipadas con equipos de traductores en varios idiomas, chino, español, francés, japonés, corcano, etc. pero las reuniones en las distintas comisiones solo se realizaban en Inglés y en algunos casos en español e inglés. Aparte los países latinos tuvieron oportunidad de reunirse en varias ocasiones y en esas asambleas solo se hablaba en español.

El Miércoles 20 a las 2 de la tarde había un Forum sobre "la perspectiva en la situación del Asia." Como se trataba de asunto que concernía mayormente al Asia casi todos los presentes eran originarios de ese continente, pero como todo era en inglés, yo tenía curiosidad por ver como miraban ellos el problema comunista, así que me senté a presenciar el Forum.

El panel estaba compuesto por distinguidas personalidades de los distintos países del Asia, casi todos de edad avanzada, los cuales se veían que inspiraban un gran respeto en la audiencia. Ellos iban, uno por uno, exponiendo sus ideas de como estaba en general la situación en el continente y los asistentes les hacían preguntas que ellos respondían en forma tal que denotaba en unos y en otros la delicadeza característica de los orientales.

Pero noté con tristeza que todos sin excepción, y habían como doce en el panel, se sentían derrotados ante el avance del comunismo en sus países o en los países vecinos. No hubo en todo el Forum una nota de optimismo, por el contrario daban la sensación de que estaban esperando con resignación que la ola roja los envolviera.

Este fué uno de los temas de conversación en nuestra Delegación, pues Andrés había notado ese sentimiento derrotista en las conversaciones con otros delegados y en sesiones que había participado.

El Viernes 22, fecha de la clausura oficial del X Congreso, nos encontrábamos desayunando con Andrés y precisamente hablando sobre el mismo tema de la falta de visión que se notaba en muchos participantes al Congreso que no se daban cuenta de que el comunismo estaba haciendo un esfuerzo para no ahogarse en sus propios errores. En ese momento por un largo pasillo corría Edíth Salazar, la activa delegada que había venido representando el área de San Francisco, y con voz ahogada le dijo a Andrés: "Vamos Nazario, usted tiene el segundo turno de la clausura y ya el orador primero está terminando.

Efectivamente al llegar Andrés al salón escuchó como lo estaban anunciando para la tribuna. Fué una ocasión memorable. Las palabras de Andrés levantaron el espíritu de todos los presentes. No hay nada más desagradable que concurrir a un acto de la trascendencia de un congreso y salir de él sumido en la duda y la desesperanza.

El Secretario General del ALPHA, Andrés Nazario, estuvo brillante en su intervención. Comenzó explicando como había notado que el pensamiento que primaba en el Congreso no era de victoria sino más bien de confusión y duda. "Aquí venimos con la finalidad de buscar la verdad. A desentrañar esa madeja de falacia que enreda la conciencia de muchas personas, las cuales, la propaganda marxista las convierte en repetidoras de los supuestos éxitos de esos farsantes." continuaba Andrés, enumerando conceptos negativos que se habían escuchado en las distintas comisiones sobre la lucha, el porvenir y sobre el supuesto dominio mundial del comunismo.

Afirmó: "Amigos, los males que arrastra el comunismo no tienen soluciones. Su método es incompatible con la realidad del hombre. No se puede imponer cambios descomunales por la fuerza. A esos países sojuzgados les nace una eterna rebeldía. Son sociedades con costumbres tradicionales, religiosas, individualistas. Se han formado por la libertad. Por siglos se han enfrentado a los invasores. Las comunicaciones modernas les han enseñado a distinguir."

Y continuaba "Ya existen condiciones a lo largo y ancho del sovietismo mundial para las explosiones. Las fuerzas internas, brasas cubiertas de cenizas, chisporrotean al soplo del viento. Nadie puede parar esas corrientes contrarias a las tiranías de derechas o del comunismo."

"Podemos mirar al futuro con optimismo" decía Andrés, "Estamos en un momento de tránsito. Vamos hacia una nueva era. Nos acercamos a una integración democrática mundial. El comunismo es solo un salvaje moribundo."

Y cerraba su discurso anunciando proféticamente: "Cuando el calendario marque el 2,001, la humanidad estará respirando un aire distinto. Hay que mirar el porvenir llenos de esperanzas. Siempre habrá problemas. La vida sin tropiezos pierde vitalidad. Pero la nueva conciencia estará moldeada para promover la pluralidad política y la libertad y de ahí, cada pueblo encontrará sus formas de hacer lo mejor para todos."

Era de esperarse, un gran aplauso recibió Andrés al terminar y la expresión de simpatía de muchos delegados que vinieron a saludarlo. Había salvado el verdadero objetivo del X Congreso, que en definitiva era estimular la fe en el triunfo final contra el comunismo.

Algún tiempo después, en diciembre del propio año 1977, el ejecutivo de la Liga Mundial Anticomunista se encontraba en Los Angeles en su reunión anual y con conocimiento de ese hecho les invitamos a una cena con los cubanos de esta área cuando terminaran sus reuniones que iban a durar varios días. Con gusto aceptaron y nosotros preparamos en el Bateman Hall de la ciudad de Lynwood una cena de gran colorido donde desplegamos las banderas y gallardetes de los distintos clubs y sociedades cubanas de California asistiendo alrededor de 500 personas.

Octavio R.Costa en su columna INSTANTANEAS del periódico "La Opinion" de Diciembre 9, relataba así el hecho: "La Dirección Nacional de ALPHA, la organización cubana que no se ha cansado ni se cansará de luchar por la reconquista de la independencia de Cuba, está convocando a una cena excepcional. La excepcionalidad radica en la presencia en la misma del presidente y quince importantes miembros más de la "Liga Mundial Anticomunista" y continuaba el doctor Costa relacionando los nombres de las personalidades que asistirían con el doctor Ku Cheng-Kan, presidente de la Liga, haciendo mención del resto de los directivos entre los cuales se encontraban el General Hon Kon Lee de Corea, la Señora Yaroslau Stesko de Alemania, el profesor Rafael Rodríguez de México, el doctor Fathi Tevetoglu de Turquía y el doctor Roger Pearson de los Estados Unidos. Y además vino de Miami Andrés Nazario Sargén para recibir a nuestros huéspedes.

Varios años después hubo una discrepancia dentro de la Liga entre la delegación de México y la de Taiwan y al retirarse la primera la representación de los países latinos que formaban el conjunto de la Confederación Anti-comunista Latinoamericana (CAL) acordaron también retirarse de la Liga y con ellos, que nos unían los lazos de idioma y origen, nos fuímos nosotros también. Fué esta una experiencia muy provechosa para el ALPHA 66 no solamente por la exposición a escala mundial que pudimos hacer de la causa por ver a Cuba libre sino porque nuestros dirigentes, muchos de ellos de California, en su asistencia a los Congresos pudieron obtener experiencias muy valiosas.

Muchas veces en la vida tiende uno a sobrestimarse y creerse más importante de lo que realmente es. Con el ALPHA 66 ha sido lo contrario. Mientras nosotros nos sentimos que humildemente cumplimos con nuestro deber, otros y esto es lo que tiene importancia, nos han demostrado una gran consideración y un aprecio al esfuerzo que estamos realizando.

Por ejemplo, no ha participado el ALPHA en ninguna convención o congreso internacional anti-comunista en que no se nos haya dado un turno para hablar en el acto de clausura, donde generalmente hablan solo dos o tres oradores, y esto donde siempre han habido doscientos o mas participantes representando organizaciones o países.

Esto constituye una deferencia a nuestro trabajo y a la causa de Cuba libre que nosotros representamos, que nos fortalece y nos llena de satisfacción.

CAPITULO 18

COMBATIENDO LA PENETRACION COMUNISTA

En toda empresa el factor humano es sumamente importante para hacer avanzar los planes. Hay ocasiones en que todo se encuentra en condiciones satisfactorias para seguir adelante, los obstáculos aparecen y se presentan demoras inesperadas. Eso ocurrió en el Departamento Militar en los años que siguieron a los desembarcos de Vicente Méndez y José Rodríguez Pérez. El trabajo de dirigir las operaciones requiere el abandono de cualquier otra actividad y cuando se tiene familia que mantener hay forzosamente que buscar trabajo.

Asi pasó con Reinol Rodríguez en 1972 Jefe Militar que tuvo que abandonar el cargo por marcharse a Puerto Rico. En su lugar se nombró a Raul Cabrera, quien también dejó las actividades militares para ir a trabajar y quedó como Jefe de Operaciones Luis Crespo quien renunció su posición. No obstante estas dificultades las acciones no se paralizaron, aunque se perdió algún tiempo en estos cambios. A principios de 1975 siete de nuestros comandos, dirigidos por Hugo Gascón Góngora y Roberto del Castillo, fueron sorprendidos por los ingleses en un cayo de las Bahamas y conducidos a Nassau donde estuvieron veinte días presos en inmundas cárceles y donde se les exigieron una multa de 500 pesos a cada uno para soltarlos. Cantidades estas que el ALPHA colectó inmediatamente para que pudieran gozar de libertad estos adalides de la lucha por ver a nuestro pueblo libre.

Lo curioso y abusivo del caso es que cuando llegaron a Miami fueron puestos de nuevo presos y condenados a un año de prisión Hugo Gascón y Roberto del Castillo, por un supuesto delito que en caso de haberse cometido ni siquiera había sido en territorio americano y por el cual ya habían sido juzgados en las Bahamas. Así que volvieron a la cárcel en la democracia americana por luchar contra el enemigo de este país, el comunismo internacional.

Mientras tanto en Cuba las células del ALPHA arreciaban en sus sabotajes a la economía de la tiranía. Eran constantes los informes que recibíamos directamente y los que nos llegaban por otros medios, así como los que el régimen se veía obligado por su importancia a reconocer.

En 1973 los ingenios azucareros fueron víctimas de una ola de sabotajes como no se había visto nunca en la Isla. Cañas quemadas, descarrilamientos en las líneas del ferrocarril que conducen cañas para el Central, roturas dentro de la propia fábrica. En solo cinco centrales azucareros, reportaba la revista "Bohemia" de la Habana, se produjeron 200 descarrilamientos en esa zafra, siendo el record para un ingenio, el "Jesús Fernández" con 59 descarrilamientos.

Todos estos sucesos y muchos más como la fábrica de fósforos en Puentes Grandes, la destilería de Regla, el fuego en el barco pesquero "Mar del Plata" habían sido anunciados por Andrés Nazario, según el periódico EL TIEMPO de Nueva York (Marzo 21 de 1973). Los sabotajes no eran nada nuevo. Desde que el pueblo vió venir en el gobierno de Fidel Castro una dictadura, aun antes de declararse comunista, comenzó a destruir todo lo que podía, pero lo que si era novedoso, era la cantidad de sabotajes. Se veía una mano que orientaba el trabajo destructivo y en eso era el ALPHA el alma de esta tarea, como lo decía Andrés en las propias declaraciones al periódico EL TIEMPO de New York: "Somos la única organización revolucionaria que realizando la táctica de la guerra irregular, nos hemos mantenido durante estos últimos doce años en plena actividad."

Y es que los antecedentes de la destrucción del enemigo, aun cuando esto trajera sacrificios y dificultades al pueblo, venían en las raíces de la lucha de nuestros libertadores contra España. Carlos Manuel de Céspedes, llamado el Padre de la Patria, cuando tuvo que abandonar la ciudad de Bayamo, antes de entregarla a los españoles, ordenó por acuerdo con su tropa, darle candela. Posteriormente el General Máximo Gómez sentenció que había que quemar todo lo que pudiera ser útil al enemigo y así lo hacía en su marcha de la invasión.

Estas historias que recoge con orgullo los relatos sobre la guerra que sostuvieron nuestros patriotas para liberarse de España, tomaron fuerza en la conciencia del cubano, por eso el sabotaje fué el arma preferida cada vez que hubo una dictadura, como la de Machado y después la de Batista. Ahora con la injusta y cruel traición de Castro la furia del pueblo ha estado siempre presente para destruirle todo lo que puede.

Pero es que el sabotaje no es patrimonio solo de la idiosincrasia del cubano, ha sido siempre la reacción de todos los pueblos, cuando aparentemente inermes se enfrentan a un absolutismo. Quien lo describió muy bien fué el poeta Rudyard Kipling en sus versos sobre los Pictos y esto lo relata Andrés en su artículo "La Revolución del Pequeño Pueblo", publicado en Marzo 6, de 1986 en el semanario "20 de Mayo" de Los Angeles.

Dice Andrés refiriéndose a Kipling: "Los conceptos del poeta inglés valen un tesoro como estrategia correcta contra los poderosos tiranos. En la mejor manera explica la lucha individualizada, y apela a fuerzas invisibles pero ejecutantes en silenciosas envestidas. Dice: Yo soy el comején que destruye la madera. Yo soy la polilla que destruye las telas. Yo soy la bacteria que destruye la sangre. Yo soy... Yo soy... repiten todos estos pequeños microbios y minúsculos elementos que acaban con todo aquello que no puede resistir a los embates de una constante y meticulosa acción de acabar con la existencia del mal o del cuerpo que se cree poderoso y que al final termina cediendo ante los pequeños insurgentes."

Pero mientras el ALPHA procuraba una sistemática destrucción de la economía cubana, el régimen realizaba a su vez una formidable penetración en este país. Para ello utilizaba las organizaciones que en su protesta sobre la guerra de Vietnam se habían radicalizado de tal forma que proclamaban abiertamente al comunismo, especialmente el Maoismo, como la solución a los males de los Estados Unidos. Una de ellas la organización Venceremos organizaba viajes a Cuba, que con el pretexto de ayudar a los cortes de caña en la zafra, engatusaba a los jóvenes de ambos sexos en las universidades americanas y recibían en la Isla un adoctrinamiento comunista y regresaban hablando maravillas sobre lo que habían visto.

Los cubanos tuvimos muchas veces que chocar en las conferencias que la "Brigada Venceremos" preparaba para seguir esparciendo su veneno en el resto del estudiantado y no pocas veces terminaba todo en reyerta, pues les molestaba nuestra intervención en los debates. El ALPHA tenía un grupo de jóvenes en las universidades que no dejaban pasar una.

También hubo funcionarios locales que los invitaban a la Habana y venían hablando basura, pues de otra forma no se podía uno explicar las sandeces que decían sobre lo bien que se estaba viviendo en Cuba.---Los hospitales eran un fenómeno; la educación era gratis para todos y se había acabado la prostitución.--- Ese era el tríptico de embustes que la tiranía martillaba sobre todos los visitantes y que venían luego como tontos útiles a repetir en conferencias y artículos en los periódicos.

Pero había otro tipo de penetración que también nos tenía en jaque y al cual había que hacer frente. El régimen utilizaba los deportes y las artes para su propaganda. En una ocasión la Brigada Venceremos auspiciaba un grupo musical llamado "Conjunto Moncada" que iba a celebrar una velada artística (el 20 de Abril de l978) en el Teatro Wilshire Ebell, en Wilshire y Lucerne en Los Angeles. Uno de los que venían con dicho conjunto, agente del tenebroso G-2 o fuerza represiva de Castro, en una entrevista prévia por televisión se refirió en tono despectivo y con desfachatez a la colonia cubana de Los Angeles, y para que fué eso, el exilio en pleno, como una nube cayó sobre el local donde iba a efectuarse la velada y a pesar de la intervención de la policía todo acabó como la "fiesta del guatao".

En otra ocasión, en el propio año de l978, el 4 de Mayo, vino de Cuba un club de balompié al Rose Bowl de Pasadena a jugar con los "L.A. Aztecas" Y los cubanos de varias organizaciones, entre ellos el ALPHA prepararon un plan para interrumpir el juego. Unos se quedaron fuera del stadium haciendo piquetes con pancartas y otros pagaron su entrada y se sentaron "a ver el juego". En un momento dado se tiraron al terreno unos quince cubanos, entre ellos los Alfistas Carlos López, Yoel Borges, Enrique García, Angel Torres, asi como Esteban Fernández, el guajiro Estenique Rodríguez y otros más. Se interrumpió el juego, la policía intervino repartiendo palos y los agentes del G-2 que venían cuidando a los jugadores se replegaron atemorizados. El juego no pudo reanudarse por lo menos en media hora y hubo varios presos, entre ellos Carlos López.

Fué una batalla que los jugadores llevarían seguramente para Cuba como un acontecimiento sin igual. Ver a Carlos corriendo por todo el terreno con una enorme bandera del ALPHA 66 extendida y varios policías corriéndole detrás sin poderlo alcanzar fué una experiencia inolvidable.

Otra que recibió el repudio total de la colonia cubana en sus giras por California, tanto en San Diego, San Francisco como en Los Angeles fué la bailarina Alicia Alonso. Esta famosa artista que debió ser orgullo de todos los cubanos, fué utilizada por el comunismo como una marioneta para obtener dólares con que seguir oprimiendo al pueblo. Debido a su fama su cooperación a la tiranía fué extraordinaria. En Los Angeles estuvo dos veces. La primera vez los exiliados formaron una verdadera manifestación de protesta frente al Shrine Auditorium, batiéndose con la policía que fué exageradamente ruda con los protestantes.

Aquí también se produjo un caso único. Varios cubanos pagaron su entrada, miembros del ALPHA entre ellos por supuesto, y esperaron que el espectáculo fuera en progreso hasta que anunciaron la aparición de la primera bailarina Alicia Alonso y salió ella al escenario. Ahí se acabó Troya. La gritería fué enorme, con el escándalo apareció la policía, la bronca estaba formada y por primera vez en su vida la famosa bailarina hizo una salida de escena a todo correr. Hay quien dice que una zapatilla quedó rezagada en el escenario.

Siempre hubo algunas críticas por la actitud de los exiliados calificándola de irracional ya que se trataba del arte que debía ser ajeno a la política, (especialmente en la prensa, como LOS ANGELES TIMES, que miraba con benevolencia a Fidel Castro), pero debe recordarse que esa fué una época en que la voz del exilio costaba mucho trabajo que se oyera en las universidades americanas, pues los pro-comunistas y sus compinches controlaban totalmente quien debía hablar sobre Cuba y salirle al frente con nuestra verdad en esos centros de cultura, era una heroicidad. Otro tanto pasaba con los medios de comunicación, comunmente muy corteses con el "Presidente Castro" mientras Pinochet era "el Dictador Pinochet".

Además en nuestro pensamiento ha estado siempre la imagen de un pueblo amordazado y de unas cárceles llenas de hombres y mujeres que no han cometido otro delito que el de disentir del sistema oficial. ¿Qué hubieran pensado del destierro si esos artistas llegaban a Cuba haciendo alarde de que habían venido y todo había sido una fiesta para ellos sin que nadie los hubiera molestado?

Esta repulsa a los enviados de la tiranía ha sido una dura tarea para el ALPHA 66, no solo en California, sino donde quiera que nuestras Delegaciones han existido. Muy especialmente en el área de New York y New Jersey donde por encontrarse allí el edificio de las Naciones Unidas grandes reyertas han tenido lugar y las protestas han sido siempre violentas por el uso de la policía a caballo para frenar a los protestantes.

Y precisamente fué en ocasión de la asamblea general que

celebra anualmente las Naciones Unidas donde acuden una gran cantidad de jefes de los distintos estados miembros, donde el ALPHA se vió frente a la oportunidad de descabezar a la tiranía haciéndole un atentado al verdugo Fidel Castro que anunció que vendría a hablar ante las N.U. fijando la fecha de llegada para el 8 de Octubre de 1979. Se corrió la noticia de que el tirano estaría diez días en los Estados Unidos y que pretendía asistir a un juego de la Serie Mundial entre los Piratas de Pittsburgh y los Orioles de Baltimore, en el Three River Stadium en Pittsburgh.

Hay algunos hechos que no deseamos abordar en este libro porque la oportunidad no ha llegado. Ya habrá tiempo para ello cuando Cuba sea libre. Entre estos hechos están las actividades relacionadas con los viajes del tirano a Chile y a las Naciones Unidas, pero de todas maneras vamos a referirnos al artículo publicado en "El Miami Herald" en junio 19 de 1983, escrito por el redactor de dicho diario Jim McGEE, titulado "La Guerra Silente de Espías y Exiliados."

Relata McGEE que al enterarse el ALPHA 66 del viaje de Castro a las Naciones Unidas se trazaron dos planes entre el líder del ALPHA Andrés Nazario y otro miembro activo del movimiento Antonio Veciana y prepararon dos complots. En uno de ellos Veciana preparó un detonador de contacto dentro de una pelota de baseball con explosivos C-4 dentro de la misma, que una mujer iba a tirar debajo del auto de Castro cuando se dirigiera a las Naciones Unidas.

Otro plan consistía en matar a Castro durante su asistencia a uno de los juegos de Baseball de la Serie Mundial en Pittsburgh vistiendo a la persona indicada como si fuera un vendedor de Coca-Cola y que lanzaría las bombas en el propio palco donde se encontrara el tirano.

Continua McGee su relato diciendo textualmente: "La noche del 21 de septiembre de 1979, 10 días antes de la fecha fijada para la llegada de Castro, Veciana salió de su trabajo, en una tienda de artículos de navegación. Tomó su camino habitual rumbo a su casa, en el noroeste de Miami. A cuatro cuadras de la puerta de su casa, Veciana notó un auto estacionado con una oscura figura al timón. Un instante más tarde, cuatro atronadores disparos de un arma corta calibre 45 se proyectaron en la parte derecha de la puerta de entrada."

Sigue diciendo McGee: "Un fragmento de bala hirió a Veciana en el cráneo, sobre la oreja izquierda. El auto del atacante se perdió a toda velocidad."

"Tendido esa noche en una cama de hospital, agitado pero en condición estable, Veciana dijo a la policía lo que desde entonces ha mantenido: "Creo que Cuba estaba tratando de matarme porque sabía que elaborábamos un plan para matar a Castro en las Naciones Unidas."

"Puede que tenga razón" continua McGEE en su interesante crónica, "Las pruebas balísticas demostraron mas tarde que el arma usada para disparar contra Veciana fué la misma que había herido dos meses antes a otro militante anticastrista, Reinol Rodríguez."

El Miami Herald en su artículo indica que esto frustró parte de lo que planeaba el ALPHA para atentar contra Castro, pero que había un segundo complot dirigido por Andrés Nazario. En el centro de este plan se encontraba Humberto Pérez, veterano de la invasión de Playa Girón en la Bahia de Cochinos en el año 1961. Uno de esos combatientes que llevaba en su mente la promesa que habían hecho a los cubanos en la Isla de no abandonar la lucha y que se había unido al ALPHA en la Delegación de la ciudad de Santa Clara, en el estado de California.

Humberto iba a ser el tirador que desde un apartamento cerca de la Naciones Unidas con un rifle Remington con mirilla telescópica, calibre 222, escogido por él pues había otros tipos de armas disponibles, -según el mencionado artículo del Herald- iba a dar término a la tragedia del pueblo cubano eliminando a su opresor.

El capítulo de Miami de ALPHA 66 desde su oficina en la calle 36 del N.W. decidió ocuparse de que el rifle estuviese esperando a Humberto cuando este llegara a Nueva York (desde California donde residía). Pero el gobierno cubano, oficial pero secretamente, avisó al Servicio Secreto de Estados Unidos sobre el plan de ALPHA de dispararle a Castro. Y fué así como la noche antes de la fecha fijada para el arribo de éste, agentes del FBI y del Servicio Secreto visitaron a Andrés, Humberto y otros siete compatriotas en un apartamento en Manhattan.

Continua el artículo de McGEE en el Herald: "Teníamos un sotano" contó Sargén, "Habiamos organizado un pequeño campamento" Humberto por su parte recordó: "Unos treinta agentes del FBI rodearon el lugar. Me estaban buscando"

Y lo encontraron. Humberto dijo que otros agentes registraron su casa en California, y confiscaron explosivos. Al día siguiente lo pusieron a bordo de un avión que lo sacaría de Nueva York"

Muchos de los miembros del ALPHA en distintas localidades de los Estados Unidos recibieron con sorpresa en esos días la visita de agentes del FBI indagando sobre sus actividades.

Se había perdido una oportunidad de ver a Cuba libre del malvado déspota que la exprime como si fuera una naranja. ¡Cuánto dolor y lágrima se hubiera evitado!

CAPITULO 19

LAS ACTIVIDADES CIVICAS Y DE INFORMACION

Contra un poder totalitario que maneja a su entera discreción todos los factores que se mueven en el país, para combatirlo hay que generar todas las condiciones que sean necesarias. No solo atacarlo frontalmente cada vez que sea posible, sino tratar de destruirle los propios medios con que trata de sobrevivir y moralmente desmantelarlo sacando a la luz pública sus crímenes, sus errores, sus mentiras y sus medias verdades. Esa ha sido una de las labores del ALPHA durante todos estos años.

Algo clásico para crear condiciones, entusiasmar a la militancia y hacer una demostración de la capacidad de organización, además del efecto positivo que produce entre participantes y público en general son los congresos o asambleas.

En California después del primer congreso que celebramos en 1970 antes del desembarco de Vicente Méndez, llevamos a efecto tres congresos más. El segundo en el Bateman Hall de Lynwood en Agosto de 1975; el tercero en el Holiday Inn de Torrance en Junio de 1981 y el cuarto en el Quality Hotel del Aeropuerto, en Inglewood, en Marzo de 1994. Cada uno de estos congresos ha sido de una importancia extraordinaria para nuestra militancia y el resto del exilio. En ellos hemos marcado pasos para seguir avanzando. Hemos hecho una denuncia pública de las condiciones en que la tiranía tiene sometido al pueblo cubano, y sus repercusiones han llegado a los órganos de prensa nacionales e internacionales, además de que se han reportado hacia dentro de Cuba a través de las horas radiales, prensa y correspondencia.

Numerosas personalidades de conocida militancia democrática, luchadores contra el comunismo de otros paises han participado en los mismos. Recordamos especialmente la presencia del Profesor Rafael Rodríguez, Secretario General de la Confederación Anticomunista Latinoamericana (CAL) y de Don Jorge Prieto Laurens Secretario General de la Confederación Inter-Americana de Defensa del Continente quienes dejaron una estela de admiración y respeto por su definida postura en favor de nuestra causa. Además nuestros principales ejecutivos venidos de otras áreas, incluyendo a Andrés Nazario, Diego Medina, Hugo Gascón,

Humberto Pérez, Ramón Cala, Rolando Olivares, Ixa Valdés, etc. dieron siempre con sus mensajes de fe el necesario aliento que a tres mil millas de Cuba nunca está de más.

Uno de los resultados más positivos de nuestro II Congreso fué la confección de un documento que se llamó EL GRITO DE INTRANSIGENCIA DEL ESTADO DE CALIFORNIA, donde además de condenar los acuerdos de la Organización de Estados Americanos (O.E.A.) reunida en Costa Rica en Julio de 1975 donde se otorgaba permiso para que las naciones americanas reanudaran relaciones con la tiranía comunista de Cuba, contraviniendo acuerdos anteriores, se confirmaba la tésis sostenida por ALPHA 66 durante sus catorce años de lucha: "de que la libertad de Cuba tiene que obtenerse por los esfuerzos, recursos económicos y sangre de los propios cubanos y peleando en el suelo de la patria sin pedir permiso a nadie."

Este documento dió lugar a la celebración en Noviembre 9 de 1975 de un FORUM DE COORDINACION PATRIOTICA y a la firma del documento por todas las personalidades que en California estaban preocupados por la situación en Cuba o luchando activamente cada cual en su forma. Su reconocimiento al ALPHA fué un suceso único en este Estado y ha repercutido a través de los años, donde muchas de esas personas que firmaron "El Grito de Intransigencia" aun son hoy miembros activos de nuestra Organización.

Muchas veces el régimen dentro de Cuba se hacía eco de estas actividades nuestras, se burlaba de ellas y las criticaba acerbamente, pero por el contrario estos ataques al ALPHA entusiasmaban al pueblo porque se daban cuenta de que cuando no había una acción de cáracter militar nosotros manteniamos la lucha en otras formas como una continuidad operacional.

Si los congresos nuestros tuvieron colorido y resultados de promoción para el ALPHA, mucho más lo tuvieron los que se celebraron en Miami. Después del Primer Congreso que reseñamos anteriormente, el 2do. Congreso tuvo lugar el Hotel McAllister en Julio de 1976; en el Holiday Inn del Civic Center en Octubre de 1986 y el 4to. en el Dupont Plaza en Octubre de 1989. Cada uno de ellos tuvo un objetivo distinto. La formación de la Asamblea Nacional con todos los miembros; la estructura del Ejecutivo Nacional; la creación de una Comisión Política para consulta de emergencia en caso de necesidad. Nos honraron en distintas ocasiones con su presencia las figuras mas distinguidas del exilio, entre ellas el ex-presidente Dr.Carlos Prío Socarrás, el Dr. Andrés Rivero Aguero, el Dr. Manuel Antonio de Varona, así como distinguidos profesores universitarios, periodistas, dirigentes que habían sido del movimiento obrero en Cuba, en fin siempre contamos con el calor de los que se preocupaban por la situación de Cuba.

A estos congresos de Miami también asistieron dirigentes mundiales de la lucha contra el comunismo del Brasil, Argentina, México, Guatemala, y demás países que habían participado con nosotros en los congresos de la C.A.L. y la W.A.C.L.

Uno de los momentos mas brillantes de estos actos que recogen la sábia patriótica de que están impregnados los hombres del ALPHA 66 ocurrió en la Asamblea General en Campaña celebrada en el Hotel Dupont Plaza los días 26, 27 y 28 de Marzo de 1993 cuando nuestro Jefe Militar el Comandante Humberto Pérez en su detallado informe sobre las actividades del "Campamento Rumbo Sur" estremeció a los asambleistas con las siguientes palabras:

"La situación en este momento está pidiendo a gritos que ALPHA 66 haga presencia en Cuba. Tenemos los hombres listos y parte del equipo. Anunciamos que nosotros vamos para allá, que ya es la hora para que sepan bien claro que cuando ALPHA 66 desembarque en la Isla necesitamos que el pueblo se lance a la calle porque ha llegado el momento culminante de nuestro Plan Máximo Gómez, el final de ese plan, y es en la próxima operación de ALPHA 66 y es OPERACION PUNTO FINAL. Para esto me dirijo al Ejecutivo Nacional para pedirles el respaldo económico y moral que necesitamos."

Mucho se ha hecho en el nombre de esa promesa (han habido once operaciones en las costas de Cuba) es la meta y el camino donde los hombres del ALPHA tienen puesto su esfuerzo total. No es fácil, sino que lo digan los que en otras organizaciones del destierro han hablado de seguir nuestras huellas y han comprobado lo difícil que es aunar todos los factores necesarios.

Otra labor que ha sido permanentemente objeto de la atención de la Organización es la publicidad. Además de la radio, del cual nos ocuparemos más adelante, las entrevistas, la televisión y la publicación de nuestros propios periódicos o panfletos ha llenado un capítulo que no tiene paralelo en el destierro.

Pudiéramos decir que Andrés Nazario, Diego Medina y los

demás ejecutivos del área de Miami, muy especialmente Andrés, son llamados cotidianamente a informar, opinar y orientar sobre todo lo que se mueve o se dice alrededor de la situación en la Isla. En las Delegaciones a través de los años nos ha tocado en menor escala hacer frente a las mismas labores.

En lo que no hemos podido salir adelante, mayormente porque los recursos no son suficientes, siempre hay algo que requiere una preferente atención, especialmente en el Departamento Militar, es en la creación de un periódico o revista que sea un órgano propio. El record de nuestros esfuerzos en ese capítulo es extraordinario. Por ejemplo a través de los años hemos tenido, salidos del esfuerzo en nuestra oficina principal en Miami, primeramente el boletín "El Correo" que duró varios años en la década de los sesenta, otros de corta duración como "EL Mambi" y "ALPHA" y magnificas revistas que se hicieron reseñando algunos de los Congresos.

En cuanto a California, nuestros mejores esfuerzos fueron la revista "El Grito" dirigida por Yoel Borges, con un material de primera, dos de ellas reseñando también nuestros Congresos, pero que hubo que descontinuar por falta de fondos, y el "Freedom" un boletín en inglés que tuvo gran acogida y se publicó mensualmente de 1976 a 1981, saltando algunos meses por cuestiones económicas.

El "Freedom" llenaba un vacío muy necesario pues ha sido el único boletín dedicado exclusivamente a refutar las mentiras del régimen de Cuba y la pobreza de información veraz en la prensa Americana.

Nuestra Delegación en Santa Clara bajo la dirección de Osvaldo Díaz-Christian publicó varios números de "Rescate" y anteriormente nosotros tuvimos tirando también "El Titán"

Pero si nuestro esfuerzo publicitario nunca ha podido echar raíces, podemos decir que siempre hemos tenido abiertas las puertas de todos los rotativos en español que se publican en los Estados Unidos donde, especialmente Andrés, ha podido verter sus pensamientos en orientadores artículos. Nos sentimos especialmente agradecidos a la redacción y director Horacio Aguirre de ese formidable órgano de publicidad de Miami "Diario Las Américas" campeón de la causa por la liberación de Cuba.

Por estos lares que baña el Océano Pacífico tampoco podemos quejarnos los Alfistas. Por muchos años tuvimos a nuestra disposición el semanario "La Prensa" que dirigía Renán Romero a la vez que contábamos con las "INSTANTANEAS" de Octavio R. Costa en "La Opinión" primero y después en "Noticias del Mundo" así como ALPHA ha tenido siempre una columna en el "20 de Mayo" ese combativo organo de cubanidad, por cortesía de su director Abel Pérez.

Por otra parte desde San Diego, Sergio Mayea, ha combatido constantemente la propaganda fidelo-comunista que desde México nos disparan con una constancia asombrosa los medios de difusión de ese país. Al igual que lo hace Argelio Arco, nuestro Delegado en San Francisco, combatiendo la campaña pro-comunista en la zona norte de California.

Y por último está nuestra alerta militancia que escudriña los periódicos, revistas y otros medios de información para refutar la propaganda pro-castrista o los ataques dirigidos a nuestra Organización por personas interesadas. Un buen ejemplo para ilustrar este punto es el siguiente:

El 11 de Mayo de 1994 se publicó en el DIARIO LAS AMERICAS una larga "Carta al Exilio" escrita por el piloto Orestes Lorenzo. En uno de los párrafos de dicha carta escribía Lorenzo refiriéndose al ALPHA 66, aunque sin mencionarla:

"Los que disparan desde lanchas en estampida contra objetivos civiles, y luego tienen la desverguenza de hacerlo público como una hazaña, lastiman la gallardía de un pueblo que aborrece el crimen y sirven al tirano que les utiliza para demostrar que tales opciones para Cuba son peores que él."

La respuesta de nuestra militancia no se dejó esperar. En "Cartas al Director" del propio DIARIO LAS AMERICAS, escribía Oscar Talleda, desde Torrance, California y copiamos en parte: "Hay un párrafo que señalo porque se parece mucho a las acusaciones que hace el tirano a la organización Alpha 66, cuando dice: 'Los que disparan desde lanchas en estampida contra objetivos civiles y luego tienen la desverguenza de hacerlo público como una hazaña.'

Quizás el Sr. Lorenzo no sepa que los tripulantes de esas embarcaciones se están jugando la vida, por su amor a Cuba y a la libertad. Y que en las cárceles dentro de la Isla hay presos de Alpha 66, y ya hace rato hay células clandestinas que están trabajando en condiciones muy difíciles y peligrosas."

A este escrito siguió en el propio DIARIO LAS AMERICAS el 4 de Junio una carta de Ana R. Aguero, de Orlando, Florida, cuyo primer párrafo dice:

"Me refiero a la carta del Sr. Oscar Talleda de
Torrance Cal. y lo felicito por su opinión acerca de
la carta que escribió Orestes Lorenzo al Exilio. Yo
comparto esa misma opinión. Lorenzo critica las
incursiones de Alpha 66 a Cuba dañando hoteles y
haciendo sabotajes dentro de la Isla, con lo cual
arriesgan su vida muchos cubanos y Lorenzo ¿qué ha
hecho por Cuba? Ya es hora que a sangre y fuego se
luche por Cuba. Hasta ahora todos han sido "pañitos
calientes" y Alpha 66 es la única organización que
ha hecho algo efectivo, algo que dañe a Castro."

Pero aun faltaba una opinión más de los que les molesta que
injustamente y sin méritos para ello ataquen a ALPHA 66. El 2 de
Junio en la propia columna de "Cartas al Director" del DIARIO LAS
AMERICAS, Carlos López de Los Angeles, California escribía sobre
el insulto de Lorenzo al ALPHA:

"¿Cómo se atreve este señor, que vivió hasta el otro día como
un "pachá" en Cuba mientras el pueblo se muere de hambre y que
desde su avión arrojaba bombas a pueblos indefensos matando sin
misericordia alguna a infelices hombres, mujeres y niños en Angola,
Etiopía y otros países del Africa, que nunca hicieron nada a Cuba,
venir ahora a juzgar al exilio en su lucha por liberar a nuestra tierra?

Rechazo como Alfista, las injustas críticas que en su
mamotreto dedica al Alpha 66, una organización que ha luchado en
el exilio, que tiene mártires, héroes y que trabaja día a día por liberar
no en forma egoista a la mujer y los hijos de ninguno de sus
miembros, sino a todo el pueblo cubano."

CAPITULO 20

EL CAMPAMENTO YUMURI

En Julio de 1981 comenzamos en California un proyecto que sin que ese fuera nuestro propósito, pero si resultó de nuestro agrado, nos trajo una publicidad en los E.U. y en el área internacional como solo hechos de desembarcos anteriores contra el castro-comunismo habían producido.

Siempre el ALPHA había mantenido campamentos en el sur de la Florida y en distintas islas del Caribe para entrenar a sus miembros dispuestos a participar en acciones contra la tiranía. Ya eso era algo normal a que los medios de comunicación, prensa, radio y televisión estaban acostumbrados, pero ahora la cosa se salía de lo habitual. Abríamos un campamento de entrenamiento en el desierto de Mojave, en California, al cual pusimos el nombre muy cubano de "Yumurí". Este nombre indio no solo era el nombre de un rio en la provincia de Matanzas, en Cuba, correspondía también al lugar por donde, cerca de Baracoa, había desembarcado el Coronel Vicente Méndez.

La creación de un campamento militar en California no era original en el caso del Campamento Yumurí, ya nuestras Delegaciones en la zona de Santa Clara y San José en el norte de California habían intentado hacer lo mismo sin mucho éxito, ni en el entrenamiento ni en la publicidad. Pero "Yumurí" era el sueño de nuestro Delegado en San Diego, Sergio Mayea, hombre de formación y gran experiencia militar y una tremenda sagacidad para introducirse en los medios informativos tanto en inglés como en los que en español se proyectaban hacia México.

Tuvimos la suerte que cuando estábamos en el comienzo del entrenamiento (más de cincuenta alfistas y simpatizantes) mi hija Mariana conoció en una fiesta al locutor de televisión del Canal 7 ABC Alex Paen y éste que había regresado recientemente de Irán donde fué el último reportero americano de televisión en abandonar el país cuando la toma por los extremistas musulmanes de la embajada de los E.U., se interesó en ir a nuestro campamento y hacer un reportaje para la televisión.

Esto nos entusiasmó sobremanera y durante varios fines de semana (solo íbamos al campamento los sábados y domingos) estuvimos preparándonos para cuando Alex Paen fuera. Hacer este entrenamiento era un sacrificio enorme, el campamento Yumurí estaba a tres horas y media de Los Angeles, en pleno desierto donde hubo días en que la temperatura marcaba 115 grados de calor, pero ahí nuestros carpinteros voluntarios trabajando afanosamente hicieron una pequeña casa donde guarecernos. Carecía de comodidades pero era una bendición que satisfacía nuestras necesidades.

Al fin vino el día donde Alex Paen y un camarógrafo fueron a presenciar nuestro entrenamiento que consistía en clases teóricas para armar y desarmar rifles y otras armas; distinguir los tipos de aviones, estudiar los puntos geográficos de posibles lugares de desembarcos en Cuba y la situación de las principales instalaciones militares además de un entrenamiento físico y una práctica de tiro que diera a los graduados la seguridad de que estaban preparados para hacerle frente a la fuerza del castro-comunismo.

Todo esto entusiasmó a Alex Paen y preparó un programa con un segmento diario que estuvo en el noticiero del Canal 7 "Eye Witness News" durante una semana en la hora de las 6 de la tarde y once de la noche. Como promoción a lo que estaba haciendo el ALPHA en California estos programas fueron de un impacto instantáneo.

Nos comenzaron a llegar solicitudes de los otros canales de televisión que también querían hacer un reportaje sobre nuestras actividades militares. Los canales de Los Angeles, Orange County, San Diego, San Bernardino, del cable, todos querían tener participación para reportar lo que estábamos haciendo. Una cosa que a ellos les causaba sorpresa era que todo el trabajo y el sacrificio de los que intervenían en las operaciones del Campamento Yumurí eran voluntarios, o sea, que a nadie se le pagaba por su labor.

Pero no solo desde el punto de vista de las noticias fué importante "Yumurí," exilados anticomunistas de otras nacionalidades vieron en nuestro esfuerzo una esperanza y un ejemplo. Los primeros fueron los Vietnamitas. Habían venido de su tierra hacia muy poco tiempo. Varios miles estuvieron alojados temporalmente en Camp Pendleton, en la carretera que va de Los Angeles a San Diego, y ahí se encontraban tristes, en un estado de ánimo deplorable, en un desconsuelo total. Lo habían dejado todo atrás en su tierra, en su mayoría no conocían el idioma y veían muy negro el porvenir en este país donde ellos creían que serían rechazados.

La Delegación de Los Angeles del ALPHA pidió permiso a las autoridades para hacerles una visita y llevarles algunos pequeños regalos lo cual nos fué concedido, así que organizamos una caravana de once autos y camionetas, los llenamos de ropa, alimentos en lata y otras chucherías y nos aparecimos en el Campamento Pendleton. Por medio de intérpretes les hablamos. Les explicamos como nosotros habíamos tenido una experiencia similar donde habíamos abandonado a nuestro pais; como ellos no debían tener temor al porvenir, que iban a ser bien recibidos por el pueblo americano y que no desesperaran. Esta visita cimentó una amistad entre Vietnamitas y Cubanos que aun hoy perdura.

Así que cuando ellos se enteraron de nuestro Campamento Yumurí por la televisión quisieron participar con nosotros en los entrenamientos. Al principio hubo cierta confusión pues ellos pensaban que nuestro esfuerzo era parte de un plan de la C.I.A. y un ingeniero con vasta experiencia militar nos trajo los planos de como hacer un campamento militar para entrenamiento con todo lo necesario, según la experiencia que ellos habían adquirido en sus relaciones con los americanos. Cuando le pregunté cuanto costaría la obra, el presupuesto de construcción ascendía a varios cientos de miles de dólares, algo prohibitivo para nosotros que desde luego solo dependíamos del dinero que se recogía entre nuestros miembros. Pero se incorporaron al entrenamiento en nuestro humilde campamento y nos enseñaron artes marciales en las cuales son grandes expertos.

Otro grupo que también había sufrido una experiencia similar a la nuestra y que estaba deseoso de prepararse militarmente para atacar a los marxistas que dominaban su tierra, después de la caida del dictador Anastasio Somoza, eran los nicaraguenses. Todas las semanas concurrían al entrenamiento (esto fué mucho antes de que aparecieran los "contras") y allí compartíamos sus experiencias y las nuestras.

Mayea que había mantenido siempre buenas relaciones con Mexicanos en Tijuana que profesaban su antipatía hacía el comunismo (su esposa Isabel es mexicana) y que veían en la amistad de sus Presidentes con Fidel Castro un peligro de que estuvieran preparando una revolución por el estilo de la de Cuba en México, invitó a participar con nosotros en los entrenamientos del Campamento Yumurí a varios grupos definidamente anti-marxistas, nombrados "Fuerza Estudiantil y Popular", "Brigada Femenina

Anticomunista" y "Fuerza Estudiantil de México". Ellos aceptaron gustosos y en un fin de semana vinieron ochenta y siete, entre hombres y mujeres, todos con sus uniformes. Todos eran jóvenes, de nivel universitario unos y ya graduados otros. Tenían una gran disciplina y conocimientos militares y fué de extraordinario impacto el compañerismo y la camaradería que su visita produjo.

Esta incursión causó sin embargo una gran conmoción en México, especialmente en Baja California. ¿Qué venían a hacer estos mexicanos, considerados por los socialistas de México como "de extrema derecha" al campamento del ALPHA en el desierto de Mojave? ¿Se estaba preparando por el ALPHA una revolución en México? ¿Cómo habían cruzado la frontera, con sus uniformes militares esa gran cantidad de mexicanos sin ser detectados por las autoridades americanas?

Estas y otras preguntas comenzaron a hacerse en la prensa escrita, radial y de televisión en México. Grandes titulares aparecían en los periódicos con declaraciones de las autoridades, comenzando por el General del Ejército Héctor Perales González, comandante de la Guarnición de la Plaza en Tijuana, quien declaraba en el importante diario de Baja California "El Mexicano" con fecha 4 de Agosto de 1982: "La estabilidad y seguridad de México la garantizan el arraigado nacionalismo de los mexicanos y de su ejército."

Las declaraciones llovían, el Presidente Municipal de Tijuana, Roberto Andrade Salazar, entre otras cosas decía en el mismo periódico:..."es que los cubanos exiliados deberían atender los problemas que tiene Cuba, sin entrometerse con México." Y el presidente del Centro Patronal de Tijuana Ing. Rafael Balderrábano declaraba ..."es innecesario el supuesto entrenamiento de jovenes de extrema derecha para evitar el peligro comunista....es cierto que atravesamos una etapa difícil, que requerirá el esfuerzo de todos los mexicanos para superarla, pero es distinto a pensar en un problema político de graves dimensiones que requiera la intervención de grupos paramilitares".

En fin, el Campamento Yumurí había creado en México un nerviosismo completamente injustificado, a no ser que la conciencia les estuviera señalando el error de sus gobernantes de ser los protectores de Fidel Castro y como tales, cómplices del verdugo del pueblo cubano.

Yumurí era ya un acontecimiento internacional de

envergadura. Periódicos de todo el mundo comenzaban sus escritos con su nombre. Había adquirido un sitio geográfico en el mapa de California.

Las autoridades del Condado de San Bernardino no nos dejaban descansar. Nos reprochaban el que el ruido de los disparos hacían eco en las lomas que circundaban el campamento y preocupaban a los vecinos de las granjas y poblados distantes. Escudriñaban afanosos las leyes de California para ver si estábamos violando alguna de ellas pero nosotros también teníamos nuestro abogado que nos asesoraba para no incurrir en ninguna transgresión de la ley. En una ocasión en que efectuábamos la graduación de un gran grupo de participantes con la presencia del Secretario General del ALPHA Andrés Nazario y la del Jefe Militar Humberto Pérez, y una multitud de periodistas y camarógrafos, fué tan grande la preocupación de las autoridades que hasta un helicóptero aterrizó en el Campamento para ver que estábamos haciendo.

Ese día, 27 de marzo de 1982, elaboramos un documento que se denominó "Manifiesto del Campamento Yumurí" que fué firmado por Nick Sorokin chairman de la International Anti-Communist Alliance of Los Angeles; el presidente de la Federation of Vietnamese Volunteer Youths y Andrés Nazario como Secretario General del ALPHA 66.

En ese Manifiesto además de ratificar nuestros propósitos de continuar luchando contra el comunismo, específicamente: "Declaramos a la Unión de Repúblicas Socialistas Soviéticas ENEMIGA DEL SER HUMANO, cualquiera que sea el color de su piel, su nacionalidad, clase social, posición económica o creencia religiosa y la reconocemos como una verdadera amenaza para toda la humanidad."

Estábamos empeñados en continuar. Varios graduados ya se habían trasladado para Miami donde continuaban su entrenamiento. Además constituía psicológicamente una preocupación para los comunistas mundialmente, si nos ateníamos a las noticias que nos traía el cable: La prensa y televisión de Moscú protestaba porque los E.U. permitieran estas actividades en California y en las Naciones Unidas el representante de la Unión Soviética nos atacaba en forma furibunda.

Al fin las autoridades nos encontraron nuestro punto débil. Toda esta presión puso nervioso al dueño del terreno quién temía contraer alguna responsabilidad si algo ocurría y nos negó el derecho a continuar usando el lugar, así que tuvimos que dar por terminado el entrenamiento.

La propaganda que habíamos logrado para ALPHA 66 había sido muy superior a lo que nunca habíamos soñado. Distintos artículos sobre los entrenamientos aparecían en las primeras páginas de los principales periódicos de los E.U. incluyendo el New York Times, el Chicago Tribune, el Washington Post, etc. Además la prensa de California como el Daily News, el Register de Orange County, el San Diego Union, el Daily Breeze, el Press-Telegram y otros hicieron grandes reportajes.

En la televisión la exposición de nuestro campamento fué formidable tanto en inglés como en español, donde el Canal 34 nos hizo una entrevista de una hora que se exhibió en todos los E.U. con relación a las actividades que estábamos realizando en el Campamento Yumurí.

En fin habíamos dado una prueba más al mundo de la decisión inquebrantable de los cubanos de California de estar listos para ayudar a la liberación de Cuba.

Pero era imposible evitar la cizaña de nuestros enemigos. La campaña del gobierno de Cuba contra el ALPHA crecía a medida que nuestras actividades aumentaban, su preocupación la convertían en insidiosos ataques que se desbordaban por todos los medios posibles. En Agosto de 1982 un día después de que la televisión de Miami reportara la visita de los mexicanos al campamento Yumurí, le dieron candela a la oficina del ALPHA 66 situada en el 1530 NW de la Calle 36.

Andrés Nazario en el Diario las Américas de Agosto 5, 1982 comentaba así el caso: "la oficina de ALPHA 66 había recibido amenazas de todo tipo por teléfono diariamente, en los últimos meses. Después del reportaje hecho al campamento de ALPHA 66 en el desierto de Mojave, por la cadena de televisión SIN (Canal 23 en Miami) que fué observado nacionalmente, las amenazas aumentaron." También señaló Sargén, -continua el artículo del Diario las Americas,- que Radio Paz y Progreso, de Moscú, atacó a las 8:00 de la noche hora de Estados Unidos, del 3 de Agosto a ALPHA 66 por sus centros de entrenamiento. Finalmente puntualiza Sargén que: "las oficinas incendiadas están ya sometidas a reconstrucción para que continuen sirviendo la causa de la libertad de Cuba."

Otro caso digno de mencionarse con relación a las actividades del Campamento Yumurí fué el de la muerte del periodista mexicano Manuel Buendía ocurrida años después del cierre del campamento en la cual se pretendió involucrar al ALPHA 66.

Manuel Buendía escribía en el periódico EXCELSIOR de ciudad México una columna titulada "Red Privada" donde analizaba todos los problemas de México poniendo al descubierto muchas de las cosas que andaban mal en el gobierno y en entidades y personajes prominentes en dicho país. En la tarde del dia 30 de Mayo de 1984, al salir de su oficina en la Avenida de los Insurgentes de la ciudad de México, frente a docenas de horrorizados transeuntes fué asesinado por un individuo que se dió a la fuga en una motocicleta.

De momento nadie sabía quien o quienes eran los culpables del vil asesinato, así que las autoridades y distintos articulistas especulaban sobre quien podía estar interesado en dar término a las denuncias que "Red Privada" constantemente sacaba a la luz pública.

Inclusive se escribieron libros sobre el asunto. Leopoldo H. Mendoza en su libro "El Asesinato de un Periodista" mencionaba cuatro organizaciones como posibles autores del asesinato. (1) La C.I.A. (Agencia Central de Inteligencia) (2) Políticos Vengativos. (3) El Opus Dei. y (4) Los Tecos.

Cuando mencionaba a la C.I.A aludía al ALPHA 66 como el brazo armado utilizado, lo cual era algo ridículo. Nunca hemos pertenecido a la CIA, y nuestra independencia de esa o cualquier otra organización americana o internacional es conocida de todos. Nuestra lucha es en Cuba y nunca hemos agredido a persona o entidad alguna fuera de Cuba.

Manuel Buendía había escrito en dos ocasiones sobre el ALPHA. La primera fué cuando relataba la reunión en Abril de 1976 en San José, Costa Rica, de distintas organizaciones de exilados cubanos que se denominó CORU (Comando de Organizaciones Revolucionarias Unidas) y que él las señalaba como obra de la C.I.A. y entre dichas organizaciones mencionaba al ALPHA 66. Es bueno aclarar que el ALPHA nunca fué miembro del C.O.R.U. ni asistió a esa supuesta reunión en Costa Rica, ni tuvo nunca contactos con dicha organización.

La segunda vez que Manuel Buendía escribió sobre el ALPHA fué cuando la visita de los mexicanos al Campamento Yumurí donde copió un escrito del reportero Arturo Golden publicado en el San Diego Union que había sido invitado por ALPHA al entrenamiento en Yumurí. En estas referencias Buendía arremete contra el ALPHA y nos llama "núcleos terroristas", "desalmados matones" y por supuesto miembros de la C.I.A. Las múltiples referencias a nuestra organización se recogieron en los libros de Manuel Buendía, "La Ultraderecha en México" y "La CIA en México."

Extraña que un periodista como Manuel Buendía que según sus panegiristas era cuidadoso en extremo, con unos archivos completos y ordenados, y una clara inteligencia no viera en el ALPHA a la organización de luchadores por la libertad de nuestra patria y en su lugar utilizara los mismos calificativos calumniosos que Fidel Castro y los comunistas nos daban de "terroristas" y "miembros de la CIA".

Como segunda posibilidad de haber cometido el asesinato, mencionaba Leopoldo H.Mendoza en su libro a los "politicos vengativos." La lista era interminable, aunque la preferencia de Manuel Buendía era la denuncia contra el despilfarro y la corrupción en la PEMEX, o sea, el petróleo mexicano. El Tercer posible responsable era "El Opus Dei" (La Obra de Dios) la organización católica a la cual se refería Buendía en múltiples ocasiones como peligrosa para México por su objetivo específico de conquistar a la clase directora de la sociedad civil. Y por último su punto de mira estaba a menudo fijo en "Los Tecos" que según él formaban una organización de extrema derecha con base en la Universidad Autónoma de Guadalajara.

Bueno, al cabo de los años cambió el gobierno en México, se comenzaron a revolver los problemas, se sacaron a la luz pública "los trapos sucios" a los cuales se habían tratado de dejar en el olvido y se descubrió al asesino de Manuel Buendía y correspondió a sus denuncias sobre la PEMEX, petróleos mexicanos, el que tuviera que pagar con su vida su afán de enderezar entuertos en su país.

A nosotros en el ALPHA nunca nos preocuparon las elucubraciones que pretendían envolvernos en el asesinato porque nada teníamos que ver en este desdichado episodio. El periodista cumple con su misión como él lo ve y debe ser respetado, aunque en ocasiones sea injusto. Apagar su voz con un pistoletazo es un crimen imperdonable.

Pero lo que hicimos en el Campamento Yumurí quedó en la

mente de muchas personas que sin conocimiento alguno sobre nuestros objetivos, interpretaron mal nuestro sacrificio e intenciones.

Largo tiempo después de terminado el entrenamiento, el periodista Jack Anderson, columnista nacionalmente sindicado en Washington D.C., escribía en Diciembre 23, 1983 sobre una, según él, sociedad de ex-militares Vietnamitas que presidía Nguyen Cao Ky que había sido premier y jefe de la fuerza aérea en Vietnam antes de que ese país cayera en mano de los comunistas, que se dedicaba a extorcionar a otros Vietnamitas con el pretexto de que estaban en el proceso de preparar una fuerza invasora para liberar a Vietnam.

Decía Jack Anderson en dicho artículo que "se creía que esa organización del bajo mundo Vietnamita tenía contacto con los grupos cubanos anti-castristas, incluyendo a ALPHA 66. Sus reporteros le habían informado que los Cubanos exiliados proveían las armas y en retorno recibían de los ex-soldados Vietnamitas training para pelear en la selva.

Esta ridícula calumnia de un periodista de la talla de Jack Anderson era irritante. Nunca habíamos tenido contacto con Nguyen Cao Ky; nunca habíamos facilitado armas de ninguna clase a los Vietnamitas y nunca nos habían dado training de guerra en la jungla. Solamente los habíamos invitado a nuestro Campamento Yumurí, como lo habíamos hecho con Nicaraguenses y Mexicanos en solidaridad de tener todos la conciencia de que luchábamos contra el comunismo, nuestro común enemigo.

Lo explicamos así en carta que escribimos al "Daily Breeze" de Torrance publicada el 9 de Enero 1984, y le enviamos copia a Jack Anderson, quien no se molestó en hacer ninguna rectificación así que ya su falsa aseveración sobre el ALPHA había sido echada a rodar en una gran cantidad de periódicos en todo los E.U. y sabe Dios cuantas personas la habrían dado por cierta.

Todas estas experiencias nos enseñaron que la calumnia, como una mala sombra, sigue siempre a los propósitos mas nobles, y desde luego no iba a ser la última vez que tendríamos que defendernos de su veneno.

CAPITULO 21

LA VOZ DE ALPHA 66

Desde su inicio el ALPHA comprendió la importancia que tenía el poder transmitir por radio al pueblo de Cuba nuestro mensaje. Las ondas radiales representaban un arma poderosa, de una fuerza tremenda si se manejaban adecuadamente. Un pueblo, como el de Cuba, sujeto a oir la perorata del corrupto gobernante sin poderla contradecir en lo más mínimo, sin una prensa libre donde desahogar sus inquietudes, lógicamente tenía que recurrir a la radio clandestina que contradecía todas las falsedades que recibía diariamente de la tiranía y que además les señalaba formas y tareas a realizar contra el sistema.

Por espacio de dos años estuvimos transmitiendo nuestro mensaje en onda larga desde la estación WXTZ de Miami. Era una época en que existían varias horas dedicadas al pueblo de Cuba con el propio fin de desenmascarar al régimen, pero la nuestra se distinguía en que nuestro mensaje anunciaba hechos concretos que el ALPHA realizaba, a la vez que daba las noticias, que recibíamos por conductos clandestinos propios, sobre los abusos del poder que eran cosa diaria dentro de Cuba y que el régimen escondía y por lo tanto solo se sabían en los lugares próximos a los acontecimientos, no así en el resto de la Isla.

Después adquirimos una planta de 300 vatios con la cual estuvimos transmitiendo por onda corta durante 23 meses consecutivos (del 1962 al 1964). Esta planta se oía desde San Antonio a Maisí, o sea en toda la Isla. Con ella tuvimos nuestro primer tropiezo con la FCC (Federal Communications Commission), organización del gobierno Americano creada por el Congreso en el año 1934 para regular las comunicaciones radiales. La FCC nos quitó la planta y nos puso una multa de $2,200.

Hubo un receso de unos siete meses hasta que nos hicimos de otra planta de uso y con ella comenzamos a transmitir de nuevo nuestro mensaje de subversión y denuncia. Nueve meses en el aire y por segunda vez sufrimos la intervención de la FCC con nueva multa y confiscación de equipos. Hay que imaginarse cuanto nos estaba costando este juego peligroso que podría dar en la cárcel con el personal del ALPHA y ser devastador para los planes que estábamos realizando, pero sin embargo había que continuar, pues eran las transmisiones de una importancia enorme para el éxito de dichos planes. En esta lucha que nos obligaba a romper las normas establecidas para el control de las ondas radiales estuvimos varios años.

El hombre responsable de "La Voz del ALPHA 66" ha sido siempre el Dr. Diego Medina Hernández, Jefe de Prensa y Propaganda y además Vice-Secretario General de la Organización, uno de los fundadores del ALPHA que tiene entre otras cualidades, pues es brillante en la oratoria y certero en los enfoques, un sentido del patriotismo no muy común en el destierro.

Graduado como médico en la Universidad de la Habana llegó al destierro y en lugar de preocuparse por revalidar su título estuvo muchos años concentrado exclusivamente en las labores de la Organización. Fué a mediados de los años setenta que, sin abandonar sus deberes para con el ALPHA, volvió a la escuela y obtuvo el derecho a ejercer como médico en este país.

En los años siguientes a los desembarcos de Vicente Méndez y Rodríguez Pérez, en los setenta, cuando se formaron cientos de células clandestinas del ALPHA dentro de Cuba, como ya hemos relatado en capítulos anteriores, y en que el exilio se sentía deprimido es cuando nuestro esfuerzo se concentró en el trabajo interno para dar fuerza a la mística que ya existía en la Isla a favor de nuestra organización. Dando la seguridad de que el ALPHA no los abandonaría y en esos años, la radio nuestra fué la clave que nos condujo al lugar preponderante que siempre hemos mantenido dentro de Cuba.

Diego Medina comprendió que él tenía que convertirse en un experto en la forma en que se prepararían los mensajes hacia Cuba de manera que fueran más efectivos y pensó que esto era como una asignatura cualquiera a estudiar y que había mucho que aprender. Así que dedicó largo tiempo en analizar todo lo que pudo encontrar en libros y revistas sobre la materia.

De ahí surgió con mas bríos que nunca y con un profesionalismo impresionante el team que lo acompañaría en las transmisiones compuesto principalmente por Olga Nazario, (esposa de Andrés Nazario) como locutora oficial, la poetisa laureada Sara Martínez Castro (esposa de Diego) con un mensaje casi siempre para la mujer cubana de la Isla; las arengas a fondo de Andrés Nazario, entrevistas a dirigentes o a personas que llegaban de Cuba y finalmente el editorial por Diego Medina.

En los finales de los setenta surgió una transmisión por onda corta, que se hacía aparecer como que era hecha desde dentro de Cuba en la cual un tal "Comandante David" hablaba de que ya estaba en Cuba y que estaba organizando guerrillas. La FCC dió con estas transmisiones en Miami y prendieron a su autor nombrado José González. En varias ocasiones el ALPHA había usado sus equipos para hacer las transmisiones nuestras, pero estos programas del "Comandante David" al comenzar a llegar la invasión de los cubanos que vinieron por el Mariel en el año 1980 nos dieron la medida de la importancia que lo que estábamos haciendo tenía para el pueblo cubano, pues todos habían oido del Comandante David y de La Voz del ALPHA 66.

Concentramos nuestro esfuerzo en buscar los fondos necesarios para adquirir mejores equipos para la hora radial que se transmitía de 9 a 9:30 pm tres veces a la semana. Estos tenían que ser de uso pues su precio nuevo era prohibitivo, pero teníamos un experto que los ponía en condiciones, Isidoro Armenteros, descendiente del patriota de su mismo nombre uno de los primeros mártires de la lucha por la libertad de Cuba en tiempos de España, que nos donaba su tiempo y su trabajo pues sentía como nosotros la necesidad de penetrar con nuestra voz en la Isla.

Es en esta época, comienzo de los años ochenta, que el ALPHA lanza su PLAN MAXIMO GOMEZ, (que explicaremos en el próximo capítulo) que Diego comprende que tenemos que salirnos de lo usual, o sea que para continuar las transmisiones había que inventar algo nuevo. Ya habíamos agotado las distintas formas de transmitir: Desde la oficina, desde casas de algunos miembros, incluyendo la de Andrés Nazario, subiendo alambres a través de los techos, pero la persecución de la FCC no nos dejaba tranquilo. En Marzo de 1982 la nueva multa nos costó $2,250 y la pérdida de los equipos. Nos movimos rápidamente y comenzamos de nuevo pero en Agosto de 1983, otra vez la FCC estaba sobre nosotros.

Este arriesgado juego del ratón y el gato con la FCC da la medida de la solidez de la militancia del ALPHA. Solo tenía Andrés que solicitar de las Delegaciones y de los miembros en Miami que se necesitaba dinero para reponer los equipos incautados y pagar las multas y la militancia en todas las áreas se concentraba en hacer posible los reemplazos.

Entonces a Diego se le ocurrió la idea de montar sobre su Ford Van 1978 una escalera en dos partes que en total sumaban 30 piés de alto, compró en una ferretería un pesado trozo de plomo para que sirviera de contrapeso y poder levantar la escalera en forma que quedara vertical y sobre la parte alta de la escalera, además de una bandera del ALPHA 66 amarró dos antenas que se extendían hasta el suelo en forma de V invertida. En los extremos de estas antenas se colocaban dos cartones de leche llenos de cemento para asegurar que las mismas permanecieran firmes. Dentro del Van estaba un generador de gasolina de 1000-watt, desechado por la Southern Bell, que había costado $30,000 en una subasta.

Todo este equipo con el programa de La Voz del ALPHA 66 ya preparado y listo para ser transmitido hacia Cuba, salía tres veces a la semana por la noche a distintos lugares en los alrededores de Miami, para comenzar a transmitir exactamente a las 9 de la noche. Los lugares eran parajes desolados por caminos rurales unas veces llenos de polvo y otras de fango en las cercanías de los Everglades y que ya Diego con su ayudante Alberto González, viejo militante venido de la zona de New York e incorporado a las labores de la hora radial, habían bautizado con nombres como "El Cañaveral", "El Laguito","Los Piratas", (a este lugar solo se podía llegar siguiendo un mapa por ser un lugar muy intrincado), y había un lugar de transmisión tan remoto que le pusieron "Fin del Mundo". Cada noche se transmitía de un lugar distinto para evitar ser localizados por los agentes de la FCC.

En uno de mis viaje a Miami quise asistir a una de estas transmisiones y aunque ya conocía lo dificultosas que resultaban, nunca hubiera podido imaginarme los inconvenientes que existían. Participar en ellas fué una experiencia inolvidable y pude apreciar la difícil labor que Diego Medina y su ayudante realizaban. Salimos los tres en el Van ya de noche, lloviznando, la luna oculta por densos nubarrones que presagiaban una lluvia más fuerte. Nos fuimos alejando de la ciudad de Miami y tomamos por un camino de tierra, rodeado a ambos lados por altos matorrales y agua encharcada. El carro apagó las luces, dejando solo unas pequeñas luces bajas para no llamar la atención, así que casi por intuición seguíamos por el camino correcto. Al llegar al lugar señalado pararon el Van, subieron la escalera utilizando el contrapeso, extendieron las antenas y en menos de cinco minutos ya se encontraban listos para transmitir.

Diego y Alberto llevaban botas, pero yo que iba con zapatos bajos en la yerba mojada me empapé los piés. Tenía cierta preocupación solamente de pensar que podía ser la víctima de una serpiente en aquel lugar senagoso, por lo que estaba deseoso de terminar la experiencia. En el camino de regreso, en el silencio de mis pensamientos, comprendía que había asistido a una de las tareas mas difíciles que la lucha por el amor a nuestra patria requería y mi admiración por los que realizaban esta labor, creció sobremanera, a tal extremo que le pedí a Diego que hiciéramos una demostración de lo que se acababa de hacer, pero durante el día, para poderla tomar en video tape y enseñarla a nuestros compañeros en California. Y así lo hicimos al dia siguiente.

Por varios años sin faltar nunca a la hora señalada, aun con cualquier clase de tiempo, de agua, de frío, amagos de ciclón, etc. La Voz de ALPHA 66 estaba en el aire. Puede uno imaginarse la preocupación de Sarita, la esposa de Diego, que en ocasiones lo acompañaba en su nocturno peregrinar, esperando que regresara cada noche.

Pero no eran solamente los familiares los preocupados. Los agentes del FCC también estaban afanosamente tratando de localizar nuestras transmisiones. Fidel Castro se quejaba continuamente en las Naciones Unidas y en visitas de personajes a Cuba ponía como ejemplo como el gobierno Americano no hacía nada para eliminar nuestra hora radial. Además, sin saberlo, estábamos transmitiendo en una frecuencia reservada por la FCC a las comunicaciones de la aviación civil, de manera que había una urgencia en poner fin a este estado de desafío que resurgía una y otra vez.

Asi que por el año 1988 cuando nuestras transmisiones estaban en su apogeo, convertidas en un arriete que arremetía contra la tiranía dándole instrucciones al pueblo de la Isla sobre sabotajes y relatando los que se producían en distintos lugares para estimular la multiplicación de los mismos, cuando estábamos recibiendo constantemente cartas de radio aficionados que reportaban el haber escuchado nuestros programas en todos los rincones del mundo y la revista "The Ace" de la Asociación de Radio Clandestino, reportaba en su número de Julio de 1988 que era obvio que el ALPHA tenía nuevos equipos de transmisión "que algo definitivamente estaba mejorando en La Voz del ALPHA 66 que virtualmente se expandía sobre las ondas radiales."

Y era cierto, nuestros programas que comenzaron por media hora ya eran de una hora los Lunes, Miércoles y Viernes y se oían claramente en toda Cuba. Por las noticias que se recibían diariamente se podía decir que el pueblo cubano se identificaba con nuestra campaña. La ola de sabotaje no tenía fin y casas de tabaco, cañaverales, oficinas del gobierno, lugares turísticos eran pasto de las llamas. ¿Pero es que no han sido siempre los sabotajes el arma preferida de los pueblos esclavizados?

Según se relata en artículo de William Labbee en NEW TIMES de fecha Noviembre 21 al 27 de 1990 la estación principal de la FCC en Powder Spring, Georgia donde estaban los monitores al coger la señal de la hora nuestra en español pusieron en guardia a todas las estaciones y comenzó una cacería para localizar nuestras transmisiones. Llegaron a la conclusión de que La Voz del ALPHA 66 se transmitía desde el sur de la Florida, pero aun pasaron varios meses y no podían descubrir el lugar de origen. Diego se movía demasiado.

Finalmente el 3 de Marzo de 1989, con la ayuda de expertos enviados de Atlanta y Norfolk, Virginia, los ingenieros de la FCC localizaron el Van de Diego Medina en un área boscosa al oeste del Hospital General del Palmeto, en Hialeah Gardens. Segun Labbee el 6 de Marzo volvieron los agentes a detectar el mismo Van transmitiendo en una zona rural cerca de la calle 172 y la Avenida 167. Lo siguieron hasta su casa y chequearon la chapa del carro.

Ya tenían todas las condiciones para la captura final. El 22 de Mayo cuando Medina terminaba la transmisión desde un rancho de su hermano en el area de Homestead fué copado por los agentes federales quienes lo tomaron preso.

Diego relata en el propio artículo del NEW TIMES: "En esos lugares uno aprende a conocer el movimiento nocturno. Yo sabía que nadie pasaba a esa hora cerca del rancho. En esa noche sin embargo observé varias personas y como a distancia se movían dos carros a un lado y otros dos carros por otro lado. Uno más por aquí y tres más por allá. Me dí cuenta que venían por mi. Unos momentos después cuando bajábamos la escalera llegaron los agentes."

Los tiraron al suelo, les pusieron los pies encima todos con pistolas en mano y le preguntaban: "¿Dónde están los otros? ¿Dónde están las armas?"

"No hay otros y no hay armas" les contestó Diego. Iracundos los agentes le gritaban : "No se mueva."

"¿Como me voy a mover si Uds. están encima de mi con un arma sobre mi cabeza?" respondió Diego.

Con una orden judicial a Diego Medina y al ALPHA 66 de suspender las transmisiones clandestinas hacia Cuba terminaron estas. Había que cumplir o prepararse a ir a la cárcel.

Pero este no fué el fin de La Voz de ALPHA 66, nuestro mensaje se continuó enviando a Cuba a través de Radio Mambí los domingos por la noche y diariamente en dos ocasiones a distintas horas en espacios pagados en onda corta que no se originan en el territorio americano.

Diego Medina no expresa arrepentimiento por haber burlado la ley. "Si Washington y Jefferson no hubieran roto la ley" dice él "este país todavía sería parte de Inglaterra."

Aurelio Nazario Sargén
padre espiritual del
ALPHA 66.

Andrés Nazario Sargén
Secretario General.

Dr. Diego Medina Hernández
Vice-Secretario General.

Osiel González, Conrado Rodríguez, Tomás
Regalado y Dr. Diego Medina

Hugo Gascón Góngora, recio combatiente.

Sixto Nicot Susavilla, un legítimo
héroe nacional, superviviente de
extraordinarias acciones guerreras
dentro de Cuba.

Pedro Arrechea Jack

Dr. Emilio Caballero

Sara Martínez Castro

Ernesto Díaz Rodríguez

Alejandra Montenegro, Andrés Nazario y Olga Nazario.

Humberto Pérez y Osiel González.

NEW YORK: Moisés Perdomo, Lázaro Miranda, Angel Yasell,
Antonio Tang y Rolando Olivares.

Antonio Purriño, Eloisa Olivares e Hilda Arrechea.

NEW JERSEY: Nuestro Delegado Silverio Rodríguez hace uso de la palabra ante el busto de José Martí. Entre los concurrentes se encuentran Norma y Veisman del Toro, Basilio Villarreal, Tomás Tápanes, Humberto González y Orestes González.

Roberto Aduriz

El laureado pintor cubano, José María Mijares, autor del emblema de la Organización.

![Group photo of Alfistas in New York standing in front of a vehicle with an American flag and a Puerto Rican flag]

NEW YORK - Del calor acogedor de los campos de Cuba al frio penetrante de los estados del norte, esta foto de los Alfistas en la cual podemos identificar a Helsa Fernández, Hermina Rivero, Donato Castellón, Elsa Ibarra, con Andrés Nazario, da la medida de la diferencia.

Hernando Soto

Mario Estévez

Luis García

MIAMI: Mesa Presidencial de la clausura del II CONGRESO NACIONAL DE ALPHA 66, Julio de 1976, de izq. a derecha, Mariana Talleda, Dr. Eduardo Galil, Congresista del Brasil; Dr. Andrés Rivero Aguero, último Presidente electo de Cuba; Dr. Carlos Prío Socarrás, ex-Presidente de Cuba; Andrés Nazario Sargén, Secretario General del ALPHA 66; Miguel Talleda, Delegado de Los Angeles; Dr. Emilio Caballero, Presidente del Congreso; Doctor Rafael Rodríguez, Secretario General de la CAL; Dr. Vicente Cano, Congresista de Guatemala; Dr. José Arcas, Vice-Presidente de la Juventud Anti-comunista de Centro América; Dr. Bernal Urbina, Secretario General del Movimiento Costa Rica Libre; y en la tribuna Abundio Rodríguez, representante del ALPHA en la C.T.C. en el Exilio.

El último Presidente Constitucional de Cuba, Dr. Carlos Prío Socarrás en nuestro II Congreso, con Andrés Nazario Sargén, nuestro Secretario General.

Emilio Martínez Paula

Helsa Fernández

Silverio Rodríguez

Dr. Pedro Sarduy

Cecilio Vázquez

Jesús La Rosa "Chúa"

Ramón Cala.

Lázaro Asencio

DISPERSOS POR LOS CAMINOS DEL DESTIERRO LOS PUNTALES QUE SOSTIENEN EL APARATO REVOLUCIONARIO LIBERTADOR QUE ES ALPHA 66 TRABAJAN SIN DESCANSO CON UNA SOLA META, VER A CUBA LIBRE.

Dr. Adalberto Tosca

Dr. José M. Aguiar...

Dr. Julio Romañach

Elsa Ibarra

Pastor Pereda Guevara y Carmen Díaz Fabián

Rodolfo García Guelmes

Emma Montenegro

Antolín Pestano

TODOS EN DISTINTAS
EPOCAS HAN SIDO
PARTE DE ESTA GRAN TAREA

Florencio "Kiko" Pernas

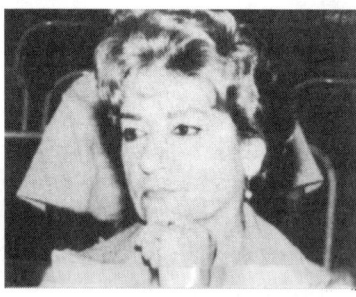

Maria T. Gutiérrez Menoyo

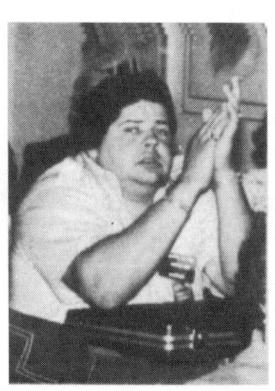

Carlos Abreu

CAPITULO 22

EL PLAN MAXIMO GOMEZ

En el mes de Abril de 1980 ocurrió en la Habana un hecho extraordinario, nunca antes visto en ningún lugar del mundo. Varias personas irrumpieron en la Embajada del Perú para pedir asilo político y Fidel Castro en una de sus 'perretas' se negó a poner guardias suficientes para evitar que mas cubanos penetraran en la Embajada. Como si hubiera habido una sincronización mental empezaron a caminar hacia dicho lugar grupos de personas, hombres, mujeres y niños de todas las razas y de todos los estratos sociales. ¡Una embajada abierta para poderse asilar! Eso era un sueño inconcebible. Una oportunidad única y había que aprovecharla.

En un principio eran cientos los que llegaban, pronto pasaron a miles. Entre estos habían quienes llegaban en autos y motocicletas, algunos eran funcionarios del gobierno, los dejaban tirados en la calle y para la embajada. Las autoridades del Perú hacían frenéticas gestiones con el Departamento de Estado cubano para detener aquella invasión pero el gobierno permanecía sordo así que en poco más de un día cerca de 11,000 cubanos se encontraban apiñados en forma increiblemente incómoda en los altos y bajos de la casa, en el patio, en el techo del edificio, en fin en cualquier espacio donde una persona pudiera estar de pie. Era un espectáculo que ya era noticia sensacional en todos los órganos de prensa, radio y televisión mundial.

El tirano vió este hecho como una afrenta a "su revolución." ¿Cómo era posible que los cubanos no apreciaran el vivir en su "glorioso socialismo" y prefirieran marcharse al odiado capitalismo?

"¿Qué había pasado con el 'Modelo Cubano' que Fidel Castro y sus admiradores pretendían que fuera emulado por los paises Latinos y otros," se preguntaba el WASHINGTON POST en su edición de abril 8, 1980. Su estado paranoico subió a niveles pocas veces antes alcanzado y como respuesta decretó: "que todo el que se quiera ir que se vaya, que los vengan a buscar y se los lleven." Y dió las órdenes para que el puerto del Mariel fuera habilitado para recibir barcos que vinieran a buscar familiares y amigos para sacarlos de Cuba.

Asi comenzó un éxodo, también sin paralelo en la historia

moderna. El mundo comunista se estremeció de espanto. El ejemplo no era para menos. Entre abril y octubre de 1980 salieron de la Isla más de 140,000 cubanos. Sin embargo la maldad del tirano decretó que también vinieran aun contra de su voluntad homosexuales, enfermos de los hospitales y presos comunes. Otros elementos que los comunistas consideraban peligrosos por sus actividades contra el gobierno y que no deseaban exiliarse pues estaban realizando distintas labores de perturbación al sistema fueron también obligados a abandonar el país.

Toda esta nueva situación toma desprevenido al exilio, pero no al ALPHA 66. Lo primero que hicimos fué entrar en contacto con los elementos venidos por el Mariel que formaban parte de nuestras células clandestinas dentro de Cuba o que eran de otros grupos de combatientes que trabajaban por la libre. Rápidamente nos dimos cuenta del efecto que habían causado en la Isla las campañas de nuestras horas radiales; de las visitas que habíamos enviado aprovechando los viajes de la comunidad y sobre todo nuestras actividades bélicas de desembarcos y ataques comandos. Se confirmaba lo que muchas veces habíamos repetido, que el ALPHA tenía una mística y respeto dentro del pueblo de Cuba, para el cual representábamos la esperanza en la liberación.

Establecimos un delegado en cada Campamento de Refugiados para que identificara a los combatientes que tenían relaciones con sabotajes o que hubieran participado en los mismos, y nos sorprendió que existía una gran cantidad de estos jóvenes, acabados de llegar, los cuales no habían escogido el exilio sino que habían sido embarcados a la fuerza y que lo que deseaban era volver a infiltrarse y continuar efectuando clandestinamente nuevas acciones contra la tiranía a la cual odiaban con todo su corazón y en la cual habían sufrido vejaciones y maltratos que no estaban dispuestos a olvidar.

De manera que el ALPHA comenzó a hacer gestiones para sacar de los campamentos de refugiados a todos estos héroes anónimos que la mayor parte de ellos no tenían en el exilio familias que los reclamaran y se montó en nuestras oficinas un verdadero centro donde recibieron comida, lugar donde dormir y donde los miembros del ALPHA les ayudaron a buscar trabajo.

Con todos los nuevos datos e informes que recibíamos a través de ellos nuestra campaña radial hacia Cuba se intensificó.

Comprendíamos que se presentaba una oportunidad para crear el caos nacional y avanzar en las acciones necesarias para la destrucción de la tiranía. Es aquí cuando la Dirección Nacional le da un nombre específico a esta labor, que en si era continuación de todo lo que habíamos hecho antes, pero ahora con una intensidad renovada y se crea el PLAN MAXIMO GOMEZ.

Era un nombre nuevo cuyo objetivo era activar lo que el Generalísimo Máximo Gómez había practicado en las guerras de independencia contra España. Dar candela y destruir todo lo que pudiera ser útil a la tiranía.

Los ejemplos de la destrucción causada por nuestros patriotas contra España son innumerables. Comenzaron con Carlos Manuel de Céspedes, el Padre de la Patria, quien al tener que abandonar la ciudad de Bayamo, le dió candela para que los españoles no recibieran más que escombros calcinados.

Máximo Gómez en carta dirigida a Eduardo Codina, residente en los Estados Unidos, en 1876, le dice..."Yo he sentido mucho que al terminarse la Campaña de Invierno, no se hubiera concluido con la obra de destrucción de todos los ingenios, pero no pude disponer oportunamente de los refuerzos que me enviara el Gobierno"...en la propia carta Gómez refiere que el Brigadier Maceo le informa..."Combatiendo nosotros aquí un ejército que lo componen dos clases; el soldado de línea que se bate y el voluntario hacendado que le da el pan, tenemos para uno la bala y el machete y para el otro el tizón."

Hay un sin número de ejemplos de nuestros heroicos mambises donde lanzan su furia contra la estructura económica del poder brutal del imperio español, quemando y destruyendo. El valiente General de Brigada Henry M. Reeve, el Inglesito, en su diario de campaña, antes de morir en combate, escribe el 27 de marzo de 1876: "Quemar la Colmena, entregar a las llamas todos los ingenios azucareros de Las Villas y Occidente y reducir a escombros y cenizas el comedero de nuestros enemigos, el elemento que representa el tiránico poder, y en que apoya su bárbara dominación, ese es mi lema."

Nosotros en California comenzamos a recibir la presión de la campaña del PLAN MAXIMO GOMEZ. Nos dimos cuenta enseguida que se trataba de un asunto que requería de las Delegaciones un trabajo extraordinario, pues teníamos que hacerle frente a grandes gastos que se iban a ocasionar con las nuevas infiltraciones y que además teníamos que explicar a todos los medios la importancia y lo que en si representaba el plan.

En Noviembre de 1980 vino Andrés Nazario a esta área y con él nos reunimos en el Restaurant "Madrid" un grupo de personas representativas de la colonia cubana a las cuales se les explicó los pasos que estábamos dando y se les pidió su cooperación. El Dr. Octavio Costa hizo una crónica en LA OPINION sobre dicha reunión y todos comprendieron la importancia del PLAN MAXIMO GOMEZ y nos prometieron ayudarnos. La Delegación nombró una comisión en la cual conjuntamente conmigo el Ing. Jose A. Bernal y Luis Beato nos dimos a la tarea de obtener los fondos suficientes que se nos habían asignado. Los Dres. Enrique Bin y Jorge Fernández Isla nos facilitaron sus respectivas oficinas y en muy pocos días obtuvimos más de $7,000.

Mediante las horas radiales, entrevistas y toda otra forma de penetración hacia Cuba comenzamos a hacer mención del PLAN MAXIMO GOMEZ y la reacción no se dejó esperar, se desató una ola de sabotajes dentro de la Isla como nunca antes se había visto. Por todos los medios nos llegaban los informes. Ingenio tras ingenio sufría el ataque del pueblo en sus transbordadores, en sus almacenes, en sus cañas, en sus líneas del ferrocarril. Las oficinas del Partido Comunista eran quemadas; estaciones de omnibus y ferrocarriles; incendios en las casas de curar tabaco, para fines de 1980 era una orgía de ataques al corazón de la maquinaria de la tiranía que no tenía fin.

Y mientras tanto se preparaban continuamente los grupos que iban a participar en las infiltraciones. Hechos estos que constituían en muchas ocasiones decepciones por fallas mecánicas, mal tiempo, problemas con la gasolina, etc. En Octubre de 1980 se infiltraron los primeros seis comandos y en la zona donde se suponían que trabajaran se sintió inmediatamente el efecto de los trabajos de destrucción que llevaban a cabo.

A finales de 1980 celebraron en Cuba los comunistas el II Congreso del Partido y aunque el tirano concentró sus discursos en amenazas para los que realizaban los sabotajes y sus ruegos para más vigilancia, nada se lograba, la candela envolvía la Isla de un extremo a otro.

La prensa internacional se hacía eco de esta situación, que

por otra parte era confirmada por distintas fuentes. A fines de 1980 fueron puestos en libertad 30 prisioneros Americanos que sufrían cárcel en Cuba y las historias que contaban de la situación en la Isla eran espeluznante. Walter T. White, uno de los prisioneros dejados en libertad contó en entrevista con el periodista Walter Riley (THE SPOTLIGHT,Noviembre 17, 1980): "Comenzando en la última semana de Octubre más del doble de fuegos inexplicables se han extendido desde Santiago de Cuba en el este hasta Pinar del Rio en el extremo oeste."

Otro fenómeno que se comenzó a producir en la Isla fué, que a pesar de que siempre habíamos recomendado el trabajo individual, o a lo más dos o tres personas, se comenzaron a recibir mensajes de grupos que trabajaban ya en forma organizada y que por supuesto se consideraban parte del ALPHA, asi aparecieron el grupo "Escorpión" "El Grupo Zapata", los "Jóvenes por la Libertad", "Los Bijiritas de José Martí" y muchos más cuyos mensajes recibíamos constantemente.

La organización denominada "Grupo Zapata" que venía trabajando de acuerdo con el ALPHA desde 1978 recibió un gran golpe cuando más de cuarenta de sus miembros fueron puestos bajo arresto y llevados a la corte en la Causa No. 77 de 1982 acusados de realizar 170 actos de sabotajes, y de ser miembros y estar en contacto con la organización 'ultra-reaccionaria y terrorista', según ellos, ALPHA 66. De acuerdo con lo detallado en la Causa 77 habían regado alcayatas entre otros lugares en la Avenida de Rancho Boyeros, Calzada de Managua, Calle Naranjito, Calzada de Bejucal, Avenida Cincuenta y Uno, Calle Cine, El Calvario, Ocho Vías, Parque Lenín, Reparto La Fortuna, Rutas de Omnibus 13 y 83 y muchas más que harían interminable esta lista.

También los acusaron de quemar cañas en los distintos ingenios de la provincia de La Habana, llegando a incendiar en una ocasión en 28 fuegos un total de un millón ochocientas mil doscientas sesenta arrobas de cañas. Así mismo eran acusados de incendios en los restaurantes campestres "Los Siboneyes", "Rincon Criollo", "Brisas del Caney", y "El Ranchón", este último situado en las Cuevas de Bellamar, provincia de Matanzas. Fábricas, maquinarias, almacenes y un sin número adicional de sabotajes, trajeron a estos luchadores largas condenas y entre ellas cinco fueron condenados a muerte, aunque gracias a las presiones de organismos internacionales sus penas fueron conmutadas.

El periodista Tomás Regalado en su artículo "Sentencia 9" publicado en el Miami Herald en Diciembre 4, 1982, relata: "Además de los cinco condenados a muerte, otros 27 cubanos también fueron incluidos en la Causa 77. Se aclara que una de las detenidas, Caridad Pavón Rodríguez, no fué juzgada debido a que se suicidó en la cárcel. (La información de familiares es que los golpes que se le propinaron le produjeron un ataque al corazón durante los interrogatorios)."

Tuve el honor de estrechar las manos de varios de estos valientes en un Picnic, que para recaudar fondos, dió el ALPHA hace varios años en Miami. Ya habían cumplido sus condenas y habían venido para el exilio. Y creanme que me sentí emocionado, pues son sencillos cubanos, como cualquier otro cubano, pero tenía hacia ellos una gran admiración por su trabajo de trituración del castro-comunismo, leyendo los detalles de la Causa 77.

Durante los años 1981 y 1982 continuaron las infiltraciones entre tropiezos y éxitos. A principios de 1981 fueron capturados por los Guarda Costas americanos en Cayo Nights seis comandos que se dirigían a Cuba, (según el FBI con armas y explosivos para operaciones anti-Castro). Los regresaron y juzgaron siendo condenados a 18 meses de prisión.

En otra ocasión en Mayo de 1981 nueve comandos quedaron al garete cerca de las costas de la Isla, debido a mal funcionamiento de la lancha. El mal tiempo los alejó y fueron recogidos por un carguero de Corea del Sur que los trajo a New Orleans. En total 17 intentos de infiltraciones y bojeo de las costas se realizaron en estos dos años, con nueve operaciones que resultaron en éxitos y el resto que por diversas causas no pudieron llevarse a cabo.

Constantemente recibíamos informes por todas las vías de los trabajos que realizaban los infiltrados. Un grupo de cinco que desembarcó cerca de Matanzas, en un punto cercano a Bacunayagua en Julio 4 de 1981, fué detectado antes de poder internarse suficientemente y su captura que duró varios días causó una tremenda conmoción en toda la provincia de Matanzas.

En Informe que recibimos en Octubre de ese año de "Escorpión" nos relata: "Desde horas tempranas del amanecer del domingo 5 de Julio, tropas especiales del Ministerio del Interior ocupan posiciones en distintos puntos a lo largo de la zona norte de Matanzas, efectuando registros en todas las vías de comunicación de la zona, como via blanca desde Arcos de Canasí, hasta la entrada de la ciudad de Matanzas por la Cumbre, en todos los apeaderos de la línea del tren de Hershey incluyendo la estación central de Versalles, así como la carretera de Corral Nuevo." Y continuaba Escorpión en su informe: : "Del lunes en adelante siguieron concentrándose tropas en la zona, ahora eran soldados de la FAR, calculados en dos mil efectivos, tendieron cercos y peinaron toda la zona del Valle de Yumurí y Chirino hasta la costa, además fueron colocados guardias en las cercanías de las casas de los campesinos de la zona para evitar que estos pudieran ayudar a los infiltrados"

Y sigue diciendo el informe: "Se habló de enfrentamiento y de que algunos habían sido capturados, pero nada de esto pudo ser confirmado....el jueves 9 por la tarde fueron retirados los efectivos y se dijo que todos habían sido detenidos."

Y terminaba Escorpión su informe: "Hemos hecho el esfuerzo por ofrecerles algunos detalles sobre esta infiltración y le expresamos nuestro sentimiento por estos hermanos que han caído en mano de estas bestias, esta acción en ningún momento ha constituido un fracaso ya que todo Matanzas, todo el que pasó por el lugar de los hechos pudo palpar la presencia y la acción de ALPHA 66, que no se está hablando, se está haciendo, como un pequeño grupo de hombres en un área tan pequeña pudieron mantener en jaque durante una semana a un ejército de dos mil hombres."

Según el Ministerio del Interior de Cuba estos comandos capturados en el norte de la provincia de Matanzas que llevaban provisiones, propaganda e iban bien armados planeaban llevar a cabo un atentado contra Fidel Castro el 26 de Julio cuando el tirano hablara en la celebración de dicha fecha en la ciudad de Matanzas.

Mientras tanto se requería un esfuerzo sobrehumano para generar los fondos suficientes para todos estos trabajos de infiltración y las Delegaciones, así como los miembros de Miami, trabajaban a todo tren con ese objeto. Nosotros tomamos la determinación de celebrar en el mes de Junio de 1981 el III Congreso de California de ALPHA 66 bajo el lema de "HACIA LA VICTORIA CON EL PLAN MAXIMO GOMEZ". Para presidirlo se nombró a Luis Beato, nuestro activo Secretario Nacional de Organización y se acordó que fuera en el Hotel HOLIDAY INN de Torrance.

Resultó un éxito total. Vinieron delegaciones de todas las ciudades importantes de California, varios miembros del Ejecutivo Nacional con Andrés Nazario y Diego Medina de la Florida y otros delegados de diversos estados, así como invitados de prestigio internacional en la lucha contra el comunismo. Estas experiencias nos fortalecían ante la opinión pública y nos ayudaban a cumplir nuestra misión recaudatoria, pues no todos comprendían el significado de lo que el PLAN MAXIMO GOMEZ representaba.

En Cuba la dinámica tomada por el pueblo amenazaba con llevar al caos a la Isla y con él terminar con el tirano. En 1981 tal parecía que una furia se había apoderado del pueblo, querían destruirlo todo, centros de abastecimientos, centros industriales, diplotiendas. Se había creado una cadena misteriosa que trabajaba al unísono pero independiente unos de otros, su punto de coincidencia era el ALPHA 66.

El gobierno por su parte arreciaba la represión. Las detenciones eran masivas, fusilamientos por todas partes, sin alardes, sin juicios, sin apenas saber si en realidad eran culpables de lo que se les acusaba. A la dinámica revolucionaria de la tea encendiaria respondieron con una ola de terror pocas veces vista.

El PLAN MAXIMO GOMEZ estaba consiguiendo su objetivo, era un éxito estratégico, destruyendo todo lo que los usurpadores del poder y sus secuaces utilizaban para vivir bien mientras mantenían al pueblo en la más absoluta miseria. Era un éxito sicológico pues enseñaba al hombre indefenso el valor de las armas simples contra las cuales la tiranía no tenía defensa. Y era un éxito político porque después de más de veinte años de gobierno se demostraba que a pesar del adoctrinamiento comunista el pueblo de Cuba nunca iba a aceptar la esclavitud imperante.

Durante el año 1983 continuaron las infiltraciones. En Abril cinco comandos desembarcaban en la operación "Mensaje a Oriente y Camagüey" y en Mayo se efectuaba con éxito la operación "Comando Victoria". No es prudente aun relacionar los nombres de todos estos valientes porque aunque algunos perdieron la vida en acciones contra las fuerzas de la tiranía o fueron fusilados, otros se reintegraron a la vida en zonas donde no eran conocidos, mientras que otros están presos o regresaron al exilio.

Es interesante tratar de entender la posición que hizo que estos cubanos venidos por el Mariel decidieran querer regresar a la

Isla para continuar en la desigual lucha que habían sostenido con el despótico régimen comunista. Ya estaban fuera de Cuba. Ya podían comenzar una vida nueva, sin embargo los atropellos recibidos, las vejaciones, los abusos les habían creado una fuerza interna que no estaba dispuesta a conformarse.

Tuve la oportunidad de conversar largo rato con uno de estos héroes venidos por el Mariel, que había desembarcado en Cuba en una de las acciones comandos del ALPHA cayendo nuevamente preso y al cabo de los años lo soltaron y lo enviaron a España.

Su nombre es Roger Abreu Azcuy. Me contó que era del pequeño pueblo de La Palma en la provincia de Pinar del Rio donde había trabajado toda su vida en el campo, casado, con dos hijos, tenía 45 años (en 1993). Por su actitud frente al gobierno y por llevar ayuda a los alzados de la zona, entre ellos Pastor Rodríguez, era considerado el hombre más peligroso de La Palma. Un dia se lo llevó la Seguridad del Estado y lo tuvieron seis años presos. Por su rebeldía en la cárcel estuvo en constante aislamiento sufriendo toda clase de maltratos.

Cuando el Mariel lo reclamó un tío y lo trajeron para el refugio de Arkansas (Fort Chester). El conocía desde Cuba toda la actividad del ALPHA y al encontrarse en el exilio comprendió que su puesto estaba en Cuba para seguir luchando. Así que se incorporó al Departamento Militar del ALPHA y pronto formaba parte de los que se preparaban para regresar a la Isla.

El grupo de infiltración con el cual participó fué a dar a un cayo de mangle muy fangoso en la zona de Isabela de Sagua (ese no era el lugar que ellos esperaban desembarcar) y en este cayo estuvieron escondidos siete días, para ver como podían trasladarse cada cual para las distintas áreas donde pensaban operar, pero un pequeño velero de 20 pies notó que había algo raro en el cayo y pronto dos helicópteros y varias lanchas los estaban cercando y los tomaron presos.

Los amarraron y les dieron golpes en forma brutal y asi amarrados los llevaron para la Habana, donde sufrió toda clase de interrogatorios y varias veces lo llevaron como si fueran a fusilarlo. En su presencia fusilaron a Luis Aguila un compañero que había participado con él en la misma acción. Al fin lo condenaron a 30 años y lo acusaron de los sabotajes en Pinar del Rio. En la prisión, donde siempre defendió al ALPHA, participó en varias huelgas de hambre y sufrió toda clase de maltratos estando incomunicado desde 1983 al 1988. El 18 de Mayo de 1992 por gestiones del Presidente de la Junta de Gobierno de Galicia, Manuel Fraga Irribarre, lo soltaron y lo enviaron para España.

Y de ese país pasó a los Estados Unidos a principios de l993. ¿Y qué hacía este combatiente natural de nuevo en Miami?

Pues lo mismo. Al frente de un grupo de militantes Alfistas ya había participado en varias operaciones en las costas de Cuba. "El que me la hace a mi, se la cobro yo" me dijo. "Pienso volver, La Palma, ese pedacito de tierra es lo más grande del mundo."

¡Ese pedacito de tierra! He ahí la clave. Es la atracción irresistible y la fuerza poderosa invencible con la que se enfrenta inutilmente la tiranía. Es la que mantiene vigente los esfuerzos del pueblo cubano a través del PLAN MAXIMO GOMEZ que año tras año destruye el aparato que lo ahoga, aun a costa de su propio sacrificio y que acabará por poner de rodilla al déspota opresor.

CAPITULO 23

LOS ESCOLLOS DEL CAMINO

No había precedente cuando el ALPHA 66 se lanzó en el año 1961 a su épica aventura, que la gran mayoría rechazaba como inútil.

Fidel Castro con la revolución que se había robado era un monstruo de popularidad en su apogeo, en su hora de gloria, al que íbamos a combatir. Tenía la gran mayoría del pueblo cubano que lo adoraba. Por un incomprensible vacío en el liderazgo de la oposición al dictador Fulgencio Batista, Fidel comenzó a perfilarse como la figura principal responsable de la caída del régimen usurpador y a la vez se deslizaba en la cúspide del momento en que el comunismo había demostrado una gran capacidad para lucir como la verdadera "ola del futuro."

No se conocía el camino que habría de recorrerse. Era menester hacer una guerra para liberar a un pueblo, desde un país que no era el nuestro con todos los factores en contra, teniendo que respetar las leyes de ese país que generosamente nos había recibido y dado albergue pero que no nos perdía pié ni pisada en cuanto a nuestras actividades contra el castro-comunismo. Había que tratar de convencer al cubano exiliado que lo que se pretendía era posible y luchar contra el fatalismo geográfico de la dependencia incrustado en la mente de los cubanos desde los años de la colonia.

Había, en fin, que llevar al pueblo de la Isla a comprender que su destino no era la falsa libertad que pregonaba el dictador de que Cuba era el "Territorio Libre de América", sino que las verdaderas libertades estaban siendo prostituidas por el sistema y convirtiendo a todos en meros muñecos manejados por un perverso ventrílocuo que les hacía creer las mentiras que les repetía hasta el cansancio.

Al cabo de los años y cuando nos encontramos al borde del final de la gran aventura y miramos hacía atrás nos damos cuenta de lo que hemos realizado y no queda por menos que sentirnos maravillados de los resultados del esfuerzo.

Que esta epopeya del ALPHA 66 es algo que sobrepasa lo posible y natural para convertirse en algo extraordinario lo indica el hecho que en 33 años somos los únicos que no hemos abandonado nuestro propósito; no hemos cambiado nuestra estrategia; no hemos dejado de trabajar en el empeño un solo día. Cuando alguien el cansancio, el tiempo, los compromisos familiares, las enfermedades, la misma muerte lo rinde; siempre tenemos otro cubano que viene a ocupar su lugar. Cuando algún Alfista ha dado para la causa el máximo sacrificio de la vida, el puesto no queda vacío, otro combatiente lo ocupa para que la continuidad histórica no se rompa.

Se comprende la magnitud de la tarea rendida por ALPHA 66 cuando vemos cuantas otras organizaciones, con tan buenos cubanos como los nuestros en un momento dado y después de intentar la lucha al igual que nosotros, han desistido. La relación sería interminable. Todas ocuparon un puesto en un momento dado. Algunas dejaron mártires en el camino, pero todas desaparecieron. Unas definitivamente y otras por largos años y que ahora al presentir que estamos llegando a los momentos finales, tratan de cobrar vida nuevamente.

Existen otras organizaciones como la Junta Patriótica, el CID, La Unidad, la Fundación Cubano Americana, todas de más reciente creación continuan luchando, cada una a su modo y manera. Solo el ALPHA 66 ha recorrido el camino desde el principio y lo ha de terminar cuando la victoria final sea una realidad.

Pero como Ulises, el legendario héroe homérico de "La Odisea", a su regreso de batallar en el sitio de Troya, donde demostró prudencia y astucia, tuvo que hacer frente a incontables obstáculos desconocidos con los que no había contado, venciéndolos uno a uno y marchando siempre hacia adelante, sin que nada lo apartara de su propósito de regresar a su reino en Itaca, ALPHA también se ha visto frente a situaciones con las cuales no se habían contado, verdaderas sorpresas, que han retrasado el proceso y no nos ha quedado más remedio que hacerle frente.

Y no nos estamos refiriendo a las dificultades naturales en una lucha como la nuestra, como son la rotura de un motor que deja paralizada una embarcación de momento en condiciones peligrosas frente a las costas de Cuba, o el naufragio de Vicente Méndez en su primer intento de desembarco (véase capítulo 10), esos son riesgos propios cuando se trabaja con reducidos fondos y hay que depender de equipos reparados o no realmente los mas idóneos para la labor a realizar.

Ni tampoco nos referimos a los ataques recibidos del enemigo, que son cosas naturales en una contienda y para combatir los cuales tiene que estarse preparado. No, las dificultades y escollos a que nos referimos van más allá. Son inconvenientes que nos sorprenden en un momento dado, pues no los esperábamos y que realmente nos causan pesadumbre y nos dejan un sentimiento de amargura en el espíritu que nos cuesta trabajo con palabras explicar.

Dos de estas situaciones las vamos a relatar someramente.

La primera se refiere a las infiltraciones. Toda organización de lucha con planes secretos el enemigo siempre trata de infiltrarla, para ver que se planea, como contrarrestarla y descansar tranquilo sabiendo que hay alguien dentro que le va a informar a tiempo sobre cualquier peligro. El ALPHA 66 no podía ser la excepción. Considerados nosotros como el principal peligro para el régimen hemos padecido a través de los años de individuos infiltrados por el gobierno de Cuba, que de pronto han aparecido en la Habana haciendo declaraciones contra nosotros. En una ocasión tuvimos el caso de un muchacho venido por el Mariel que confesó que él había sido enviado para matar a Andrés Nazario, pero que al conocerlo y ver la clase de hombre que era y el patriotismo que desplegaba en su trabajo, había decidido no llevar a cabo sus planes.

En el ALPHA, siempre abierta, siempre dispuesta a recibir a todo aquel que se ofrezca para trabajar en nuestra causa, sin mucho chequeo de su historial, que por otro lado nada significa pues los cambios habidos en la mentalidad del cubano han sido sorprendentes, la infiltración no siempre es detectable y prácticamente se considera que es una probabilidad su presencia en la organización, por lo que esto no nos reduce a un estado de recelo y dudas, aunque si se toman las precauciones debidas para no soltar prenda en lo que se piensa realizar. Las más sofisticadas organizaciones de inteligencia del mundo de vez en cuando nos dan la sorpresa de que han detectado un espía dentro de ellas. Y todo continua igual.

Pero hay casos que sí son verdaderas sorpresas, completamente fuera de toda lógica, que su efecto es devastador, no en el sentido del daño ocasionado, sino en el sentimiento desgarrador que en nuestro interior se produce, comparado solo con la pérdida de un familiar o amigo muy querido. Este es el caso de Francisco Avila Ascuy.

"Panchito" como era conocido por todos en el ALPHA y fuera de ella se había exiliado desde principios de los años 1960 uniéndose al JURE recibiendo entrenamiento en sus campamentos en

Puerto Rico y Santo Domingo. Después perteneció al R.E.C.E. y por último se unió al ALPHA en 1962, participando en una operación clandestina en Cuba donde estuvo siete meses infiltrado hasta que regresó a los E.U. Cinco años después, continuando en el ALPHA, se volvió a infiltrar en la isla con cuatro compañeros más siendo capturados y condenados a 25 años de prisión.

Cumplió 12 años de esa condena saliendo en una amnistía general en 1979. Pero antes la inteligencia cubana lo había reclutado como su agente en el exilio para que se infiltrara en los grupos que luchaban contra Castro. Así que se incorporó de nuevo al ALPHA, donde era considerado un héroe por las operaciones en que había participado.

En el primer año no tuvo participación en el Departamento Militar. Después fué capitán de barcos y más tarde al renunciar el Jefe de Operaciones se le nombró en ese puesto bajo las órdenes del jefe Humberto Pérez Zamora. Como tal, intervino en varias operaciones de infiltración en la Isla. En los primeros días de Febrero de 1992 Panchito confesó a Andrés Nazario sus contactos con el D.G.I. de Cuba, y con el F.B.I. americano. Al propio tiempo le manifestó que iba a terminar esas actividades de doble juego pues no quería que salieran a la luz al caerse el régimen de la Habana. A la vez le aseguraba que nunca había hecho nada que pudiera perjudicar las operaciones de infiltración en Cuba.

Andrés comunicó esa desagradable noticia a Diego Medina y Emilio Caballero y al mismo tiempo ante el hecho que ya no tenía remedio acordó con Panchito utilizar sus contactos para desinformar al gobierno de Cuba con noticias falsas que los hiciera gastar energías y dinero cuidándose de cosas que no iban a suceder, como por ejemplo que el ALPHA le estaba preparando a Castro un atentado en su viaje a España, y lo instó para que en demostración de que sus sentimientos eran contrarios a la tiranía de Cuba había que preparar algo para coger in fraganti a su contacto en los Estados Unidos con el sistema de la Habana.

El lunes 9 de noviembre de 1992, por el Canal 51, comenzó Panchito a hacer público su relato que duró toda la semana en segmentos filmados con el reportero Juan Manuel Cao y en el cual demostró la conección que hacía con Carlos Manuel Collazo Usallán, tercer secretario de la misión cubana en las Naciones Unidas al tener, de acuerdo con el F.B.I., una entrevista en un hotel de Nueva York con dicho funcionario, cuya entrevista fué grabada para la televisión. Según Panchito llevaba un año y medio en contacto con Collazo y anteriormente su contacto había sido un tal Rafael de la Guardia. Al hacerse público todo este embrollo el Departamento de Estado americano ordenó la inmediata deportación de Carlos Manuel Collazo.

Tenemos que reconocer que esta situación creada por Francisco Avila causó al ALPHA un gran trastorno en todos los órdenes, su conducta no se podía justificar en forma alguna. Nuestros enemigos en el exilio pretendieron sacar lascas para restarnos prestigio. Pero la militancia estuvo siempre en forma sólida respaldando a Andrés Nazario y al resto de los que con él formaban el núcleo dirigente de la organización.

El informe a los medios de prensa del Jefe del Departamento Militar Humberto Pérez Zamora dejaba en claro entre otras consideraciones: "Que la actuación de Avila como doble agente nunca ha puesto en peligro la vida de ningún miembro del Departamente Militar, más allá de los peligros que siempre hemos corrido"....."y que en ninguna ocasión en las costas Cubanas han sido capturados en el momento del desembarco los comandos de ALPHA 66, y menos que los hayan estado esperando porque habían sido delatados de antemano."

Y abunda el informe de Humberto Pérez relatando la anécdota de lo ocurrido en una operación realizada el 28 de Junio de 1986, en la que frente a las costas de Varadero una patrullera cubana tipo "Komar" nos detectó la lancha nuestra la cual iba piloteada por Armando Valdés y en la que nos encontrábamos José Jimenez, Jefe de Instrucción, Francisco Avila (Panchito), Jefe de Operaciones y Humberto Pérez, Jefe Militar. Panchito se da cuenta de que Armando Valdés nos estaba conduciendo hacia una trampa y le pone la pistola en el costado y lo obliga a que nos lleve de regreso a la base de Operaciones.("Después pudimos comprobar que Valdés era capitán de la Seguridad del Estado Cubano," dice Humberto).

Algunas cosas en particular nos molestaron porque quien es respetado por mantener un prestigio en su palabra puede hacer un daño enorme cuando ofrece una opinión y este fué el caso del periodista Agustín Tamargo el que en artículo publicado en "El Nuevo Herald" y también en "La Voz Libre" de Los Angeles escribía que: "El agente Panchito ha destruido a ALPHA 66. Le ha hecho más daño con sus revelaciones del que hizo con la infiltración..."

Salí a rebatir la tesis expuesta por Tamargo en artículo publicado en el "20 de Mayo" en Enero 2 de 1993 afirmando: "Claro que interpretamos esa declaración de que "ha destruido a ALPHA 66" como una frase en sentido figurado, pues no es posible que el distinguido periodista que tiene una larga experiencia en el estudio de los avatares de nuestro exilio pueda pensar que sea cierto. Cuando un conjunto de ideas se entrelazan para formar una tesis o un programa con un fin determinado y alrededor de ellas se crea un núcleo que la cultiva, la defiende y cree en dicho programa con vehemencia, eso se convierte en lo que pudiéramos llamar una 'causa idealista' y es indestructible."

Posteriormente en Marzo 27 y 28 de 1993 ALPHA celebró en Miami su ASAMBLEA GENERAL EN CAMPAÑA y Agustín Tamargo fué invitado especialmente para que hablara sobre el periodismo en el exilio y al comenzar nos dijo:

"Antes de hablar brevemente sobre lo que yo creo debe ser la misión del periodismo Cubano en el exilio permítame decirles que me siento sumamente satisfecho de ver la forma en que ALPHA, por ser un cuerpo de patriotismo y de ideas tan sólido se recupera de todos los golpes que ha recibido. Yo soy testigo, porque soy un exiliado muy viejo, de la fundación del ALPHA que se hizo en medio del entusiasmo apasionado que había al comienzo de la década del sesenta, con la esperanza firme de que íbamos a regresar pronto a Cuba."

"Me maravilla la manera en que ALPHA mantiene 30 años después la misma firmeza en sus ideales y en sus principios. ALPHA ha sufrido como todos sabemos algunos fracasos, algunas deserciones, algunas traiciones, algunas infiltraciones y sin embargo ALPHA 66 está aquí presente, con sus muertos, con sus presos, con sus líderes algunas veces fatigados, pero firmes en la defensa de un ideal que nunca han entregado."

"Me parece que algunos pueden discrepar de la tesis de la lucha armada que ALPHA ha enarbolado desde el primer momento, de lo que nadie puede discrepar es de la fuerza moral que está detrás de esa tesis que simplemente representa la terquedad, la obstinación patriótica de los cubanos que ni se venden, ni se transan, ni se entregan." Hasta aquí lo expresado por Agustín Tamargo.

Como en las tragedias griegas, de esta prueba, de las

infiltraciones, creo que al tener que enfrentarnos a las mismas habíamos salido fortalecidos.

El segundo escollo que prometimos analizar se refiere a la intriga. Esa hijastra de la envidia que se esconde en forma taimada para destruir a quien le estorba o estima que le hace sombra.

El que ha tenido la oportunidad de ver actuar al ALPHA en actos donde su palabra se oye, no solo por Andrés Nazario, Diego Medina sino por cualquier otro de los dirigentes de la organización en Miami o las Delegaciones debe haber notado que nunca hemos criticado a nadie y que siempre hemos llamado a los cubanos a unirse. Sobre todo Andrés que ha hecho una costumbre el incitar a todos a trabajar por la liberación de Cuba uniéndose a las distintas organizaciones que existen en el exilio, instándolos para que no permanezcan al margen de esta lucha. Si no les gusta el ALPHA, si la forma de lucha nuestra no les agrada, otras organizaciones tienen otros métodos, otras ideas y otros dirigentes pero el triunfo final requiere que todos participen cada cual como lo estime mas conveniente a su modo de pensar.

No existe un acto en el destierro, organizado por cualquier organización en el que los Alfistas no estén presentes. Nunca se les ha prohibido que se marginen de nada que represente un frente de lucha contra el castro-comunismo, siempre y cuando esto no rompa la disciplina de nuestra organizacion.

Desde el inicio de nuestra contienda liberadora hemos disfrutado de la simpatía de todos los que admiran la tozudez y audacia desplegada por nuestros militantes. El honroso calificativo de "Freedom Fighters" (Luchadores por la Libertad) ha sido siempre el que nos han aplicado tanto la prensa americana, como la de Europa y en parte América Latina. No así la prensa y radio de Cuba que nos ha motejado como "terroristas" y hasta hace poco, pues ya se han dado cuenta de que el mote no camina, de agentes de la C.I.A.

Pero de un tiempo a esta parte, en los últimos años, hemos notado como el calificativo de "terroristas" se menciona a menudo con relación al ALPHA sin que tenga base alguna que lo sustente, pues nadie nunca nos ha acusado de amenazar a persona alguna ni andar con explosivos u otros instrumentos característicos de ese tipo de lucha.

¿Terroristas porque hemos apoyado y estimulado la lucha de un pueblo inerme contra la tiranía que lo asfixia? ¡Un pueblo aterrorizado de tal forma que si alguien es denunciado por tener un revolver calibre 22 puede ser llevado al paredón! ¡Un pueblo cuyas únicas armas, consisten además de su coraje; en un puñado de arena para destruir un motor; un fósforo apagón que muchas veces ni siquiera llega a encenderse; o la obscuridad de una noche estrellada, mas propia para soñar y dar gracias a Dios por una tierra tan bendita, que para hacer un sabotaje!

¿Pórque nos hemos hecho eco del dolor interno que siente el Cubano ante su impotencia somos terroristas?

Alquien tiene que estar alimentando esa perversa intriga contra el ALPHA. Un caso concreto que podemos citar ocurrió en Mayo 3, 1992 cuando la revista que acompaña al periódico Los Angeles Times los domingos y que se llama "Los Angeles Times Magazine" publica una entrevista del periodista Pat Jordan con Jorge Mas Canosa titulada "AFTER FIDEL, MR. MAS?" (Después de Fidel el Sr. Mas?)

En esta interesante entrevista, toda en Inglés, en la página 72 Pat Jordan pone en boca de Mas Canosa lo siguiente: "La cuarta categoria de los exiliados cree que nada salvo una invasión armada de la isla ha de satisfacer su sed de venganza. Grupos como el Alpha 66 y Omega 7 les gusta llamarse a si mismo militaristas; otros los llaman terroristas. Después de 30 años aun usan uniformes de combate y conducen maniobras militares en los Everglades."

"Mas Canosa estaba tan determinado a desasociar su movimiento Cubano del terrorismo que en 1984, acompañado por un guarda espaldas armado él fue a New Jersey para reunirse con miembros de Alpha 66 y demandar que este grupo diera fin a sus actividades terroristas. Sus demandas, no fueron atendidas. El nombre de Mas Canosa comenzó a aparecer en misteriosas "listas de condenados a muerte" que circulaban entre los exiliados de Miami.

Tan pronto tuve conocimiento de esta entrevista de Mas Canosa con Pat Jordan, escribí a Andrés Nazario para verificar si había alguna veracidad en la misma. Andrés categóricamente me aseguró que nunca se habían reunido con Mas Canosa en New Jersey ni en ningún otro lugar para discutir la línea del ALPHA y que desde luego ni Mas Canosa ni nadie tenía autoridad para hacernos un planteamiento de tal índole.

A la vez Andrés se comunicó con Mas Canosa y se quejó de lo publicado por la revista de Los Angeles. Este le pidió excusas por lo que consideraba un error, ya que él no había hecho esas manifestaciones detrimentes sobre el ALPHA y que le escribiría al periodista, lo cual realizó según copia de carta que nos envió en la cual le informaba a Pat Jordan que se sentía consternado con la caracterización de terroristas dada al ALPHA 66, que no se había reunido con ALPHA, la cual no era opuesta a sus esfuerzos en la Fundación Cubano Americana. Añadía que se sentía triste de que ALPHA fuera calificada de tal manera cuando había trabajado por tanto tiempo para obtener la libertad de Cuba.

Al final de su carta Mas Canosa pedía que se publicara la aclaración para estar seguro que el ALPHA 66 fuera presentada debidamente y "que el gran trabajo de esta importante institución no se dañe en ninguna forma por una percepción pública tan erronea como pueda ser."

En dos ocasiones escribimos nosotros a la revista Los Angeles Times Magazine. Nunca nos publicaron la aclaración que les pedíamos y tampoco publicaron la carta cuya copia Mas Canosa nos envió.

Así que cual es la moraleja de esta historia. Que no importa quien fuera el culpable, si el entrevistado que lo niega o el periodista, que como un consumado malabarista sacó la noticia del aire, el resultado final fué que para los que tuvieron acceso a leer el artículo, en una revista de prestigio que no solo se lee en California, sino que se distribuye en bibliotecas y universidades dentro y fuera de los Estados Unidos y cuya tirada dominical es de un millon y medio de ejemplares, quedó señalada el ALPHA 66 erróneamente como "una organización terrorista que lucha para satisfacer su sed de venganza".

Pero hay algo más en que hemos sentido la rudeza del golpe bajo con respecto a Mas Canosa.

En el DIARIO LAS AMERICAS de Septiembre 25 de 1994 el periodista Juan Abreu, en artículo titulado "El Preludio del Dialogo" escribe:..."En una reciente entrevista con el semanario New Times, Jorge Mas Canosa habla de esta actitud del exilio a la que he aludido, de la siguiente forma: "Si la Fundación no se hubiese creado, Miami hoy sería posiblemente la Belfast o el Beirut de América. Ustedes tienen miles de gente aquí entrenada por la CIA, expertos en explosivos, gente verdaderamente radical. La Fundación trajo un sentido de unidad, de dirección. Cambió completamente la estrategia de la comunidad cubanoamericana. Nosotros cancelamos las operaciones comando contra Cuba y las limitamos a los Everglades, donde ellos pueden vestir sus uniformes de camuflaje y no les hacen daño a nadie." El dirigente de la Fundación parece acreditarse aquí el mérito total por el cambio hacia las tácticas no violentas en el exilio. No creo que esto sea cierto, aunque es innegable el papel de su organización en la creación de una atmósfera propicia a esta estrategia. Y hay que darle crédito pues no cabe duda que este abandono de la solución violenta se ha impuesto en el exilio." Hasta aquí la parte del artículo de Juan Abreu.

No hemos visto aclaración o negación de Mas Canosa a estos cargos que afirman que la Fundación ha sido responsable de crear las condiciones para que los que se entrenan en los Everglades solo luzcan sus uniformes de camuflaje, (y en este caso el ALPHA en primer lugar) sin que sus actividades puedan realizar su objetivo que es estar preparados para realizar infiltraciones, ataques comandos o sentirse listos para cualquier eventualidad que se produzca en Cuba.

Nos resistimos a pensar que las dificultades que hemos sufrido en los últimos tiempos donde se nos han incautado barcos y equipos sean producto o culpa de organización alguna y en cuanto el "abandono de la solución violenta" denota un derrotismo con el cual el ALPHA 66 no quiere parte, pues lo contrario la "solución pacífica" no es otra cosa que un diálogo desonroso con los culpables. En otras palabras una verguenza nacional.

CAPITULO 24

EL REGRESO DE MENOYO

Una característica de los movimientos que se han creado en el exilio para luchar contra el castro-comunismo ha sido en la gran mayoría de los casos el hecho de que una vez que el dirigente ha tenido un tropiezo y está fuera de circulación, o alguna acción determinante no ha tenido éxito, el movimiento ha desaparecido.

Asi ocurrió con el JURE cuando el Ingeniero Manuel Ray no pudo cumplir su promesa de desembarcar en Cuba. Se repitió con el R.E.C.E. cuando fué capturado y fusilado en Cuba el Comandante Mosqueda (Yarey) y ese fué el caso de los COMANDOS L cuando Tony Cuesta fué capturado en Cuba. Así también ocurrió con el C.O.R.U cuando la odisea carcelaria del Dr. Orlando Bosch en Venezuela. Las maquinarias que seguían a estos dirigentes dejaron de funcionar.

No fué así en el ALPHA. La captura en Cuba de Eloy Gutiérrez Menoyo en Enero de 1965 (Capítulo 6) produjo una reacción totalmente contraria. El aparato que él había dejado entendió que la organización se había creado para liberar a Cuba y lo fundamental era continuar la lucha para que su sacrificio y el de los tres compañeros que habían caido presos con él, no fuera en vano. No fué fácil, como se relata en los Capítulos 7 y 8, pero el aparato en ningún momento dejó de funcionar.

La campaña que el ALPHA 66, en todos sus niveles, emprendió para destacar la situación en que su Jefe Nacional se encontraba no tiene paralelo en el destierro. Constantemente desde todas las áreas salían escritos, entrevistas, denuncias, protestas que resaltaban el hecho heroico de desembarcar en Cuba, los atropellos recibidos de los sicarios de la tiranía, las huelgas de hambre. No había una sola circunstancia que no se aprovechara para destacar la figura de nuestro Jefe preso.

Aunque existían cientos de miles de presos en las cárceles de Cuba, muchos de ellos con un historial de lucha tremendo, ningún otro obtuvo el respaldo año por año, que recibió Menoyo de los miembros de su organización.

En un principio no fué fácil defender su conducta, pues había un sector del exilio que le echaba la culpa de haber entregado a Fidel

Castro lo que se llamó la "conspiración Trujillista" y en ocasiones a trompada limpia los Alfistas se enfrentaron a sus detractores.

Pero el prestigio de la organización se fué consolidando en el exilio de tal manera que esa circunstancia del pasado pasó a un plano secundario y aunque muchos no querían pertenecer al ALPHA por no simpatizar con Menoyo, otros nos decían: "estamos con Uds. aunque no me puedo pasar a su Jefe."

El ALPHA se fué nutriendo de gente nueva que cada año venían de Cuba y que habían oido allá de los ataques comandos y las infiltraciones. Poco a poco muchos de los que fueron fundadores o participaron en los primeros tiempos se fueron retirando, por distintas causas, la principal de ellas la necesidad de hacerle frente a los problemas de la familia. Así que la mayoría ya no conocía a Menoyo, pero su respeto por él era inquestionable.

Y en protestas, mítines, en New York, en New Jersey, en San Francisco, en Los Angeles, donde quiera que los cubanos hicieran una manifestación, ahi estaban los hombres y las mujeres del ALPHA con las pancartas con el retrato de Menoyo pidiendo su libertad. Su efigie presidía cuanto congreso o acto se celebraba.

Pero no era eso solamente. Las gestiones con personajes importantes a través de todo el mundo eran constantes. En España, que por haber nacido Menoyo en ese país, era nuestro lugar favorito para tenerlo siempre presente, y presumíamos que podría ser determinante en obtener su libertad, se le escribieron cartas en distintas ocasiones al Rey Juan Carlos I, al Primer Ministro Leopoldo Calvo Sotelo, al Presidente del Gobierno Español Adolfo Suárez, posteriormente al también Presidente Felipe González. A políticos como Angel Maestro, Secretario General del Partido Acción Nacional, al Director de "El Pensamiento Navarro"; de "Fuerza Nueva"; al Director de "El Alcazar","El ABC", "El Pais", etc. Cuanta oportunidad el ALPHA vió para poner presente en la mente de los españoles el caso de Eloy Gutiérrez Menoyo, no la desperdició.

En Noviembre de 1983 se constituyó en Madrid, España un Comité Pro-Derechos Humanos de Presos en Cuba, presidido por Armando Valladares y 18 intelectuales españoles de mucho nombre para pedir la libertad de Eloy Gutiérrez Menoyo. Llevaron a la hija de Eloy a España con el fin de hacer propaganda en favor del padre.

Andrés Nazario nos pidió que se hiciera una campaña en todas las delegaciones en periódicos y radio y las personas que pudieran hacerlo, en primer lugar los miembros del ALPHA 66 y sus amigos, cursaran telegramas dirigidos al Presidente del Gobierno Español, Felipe González, apoyando las gestiones de ese Comité, y así lo hicimos.

Ya en 1984 el caso Menoyo constituía en cierta forma una responsabilidad a la cual el gobierno de España tendría que hacerle frente. Los periodistas al entrevistar a Fidel en el aeropuerto al pasar por Madrid en Febrero de 1984 le preguntaron porque no soltaba a Menoyo, a lo cual contestó que:..."Además, es jefe de una organización contrarrevolucionaria activa que planifica actos de terrorismo en nuestro país, que trata de desembarcar gentes armadas para hacer sabotajes y atentados a los dirigentes de la revolución, y esa organización tiene vínculos estrechos con la CIA."

Y continuaba: "De no ser esa razón, hace rato que nosotros lo habríamos puesto en libertad. Pero yo les pregunto ¿es correcto que pongamos en libertad a un jefe activo de una organización terrorista que trabaja con la CIA?"

Claro que el tirano sabía que el ALPHA no tenía vínculo alguno con la CIA pero esa era su forma de restarnos prestigio y en España donde por muchos años se gestaban planes tendientes a un diálogo con el verdugo nadie tenía interés en esclarecer la verdad.

En Mayo de ese mismo año el caso de Menoyo lo llevaron al Congreso Español donde la Cámara Baja rechazó una proposición de ley del Grupo Popular en la que se pedía al Gobierno que tomara iniciativas para la liberación del preso. Fueron los Socialistas y Comunistas los que se opusieron a la proposición del Grupo Popular, haciendo el diputado socialista Luis Planas acusaciones a Menoyo de ser, no un disidente, sino un espía norteamericano y perteneciente a un movimiento armado rebelde.

La campaña por la liberación de Menoyo, no conocía descanso, ya se vislumbraba que el asunto era algo irritante para el gobierno de España, que para evitar la crítica de los órganos de prensa y del pueblo tendría que tratar de resolver. En la visita que en Noviembre de 1986 hizo el Presidente del Gobierno Español el socialista Felipe González a la Habana, donde participó en los agasajos que le preparó el tirano, como la visita a las coristas del Cabaret Tropicana, al partir declaró: "La liberación del español Eloy Gutierrez Menoyo se resolverá antes del final del año."

Esta declaración de Felipe González nos puso en estado de

alerta pues aunque no teníamos ninguna fe en el cumplimiento de las promesas por parte de Castro, se notaba que había una gran compenetración entre ambos y era difícil que quedara incumplida por lo que podía representar políticamente para el Presidente del Gobierno Español.

Contábamos con ansiedad los días que quedaban hasta el fin del año cuando el cable nos anunció el 21 de Diciembre que ese día llegaba a Madrid Eloy Gutiérrez Menoyo procedente de la Habana.

En el avión que lo conducía a España él dijo que él se consideraba el jefe espiritualmente y moralmente del ALPHA 66. También comenzó a especularse en distintas entrevistas que él se declaraba socialista.

En la membresía del ALPHA se pensaba que Menoyo cuando llegara a España llamaría por teléfono a Andrés Nazario para cambiar impresiones pero no sucedió así por varios días y mientras tanto viejos amigos de él retirados de la lucha revolucionaria, que no tenían buena opinión del ALPHA, iban a España a recibirlo. Así que sus primeras impresiones, fuera de su familia, las recibía de estos elementos y de los grupos dialogueros en Madrid, que coincidiendo con Castro, se complacían en sembrar en Europa la cizaña de que el ALPHA era una organización terrorista.

Cuando se comunicó con Andrés y habló también en varias ocasiones con el Dr. Emilio Caballero y con el Dr. Diego Medina se acordó que el ALPHA enviaría una delegación a Madrid a conversar con él. El sugirió que no fuera Andrés, sino que fueran Medina y Caballero. La razón que adujo fué que Andrés era una persona muy conocida que iba a despertar la curiosidad de la prensa y tendrían que celebrar conferencias y entrevistas. Se aceptó su sugerencia y así se hizo. Sobre el 10 de Enero fueron estos dos dirigentes de primera línea del ALPHA rumbo a España, cargados con una cantidad enorme de información y datos de la labor que ALPHA había desarrollado durante los 22 años que Menoyo había estado en presidio, y a ratificarle que era considerado como nuestro Jefe Nacional y que nos poníamos a sus órdenes.

Pasaron cinco días en Madrid, durante los cuales conversaron con Menoyo por más de 30 horas. En una ocasión estuvieron continuamente hablando cerca de once horas. Comprendieron que Menoyo había recibido una información negativa sobre el ALPHA y sobre la dirección de Andrés al frente de la misma y trajeron la impresión para Miami de que todo estaba aclarado y que Menoyo había demostrado gran admiración por lo que habíamos hecho durante su ausencia, especialmente por haber realizado la hazaña de ser los únicos supervivientes como organización, ya que todas las demás que él recordaba habían dejado de existir.

Nos pedía que le diéramos un tiempo para descansar y utilizar su independencia durante ese tiempo (de un año y medio a dos años) en gestiones contra la tiranía de Cuba en Europa, donde pensaba además fundar varias Delegaciones del ALPHA en distintas ciudades del continente. El informe que dieron a su regreso Diego Medina y Emilio Caballero fué tan positivo que todos nos sentíamos entusiasmado para trabajar, pues comprendíamos que el reintegrarse Menoyo al ALPHA representaba una fuerza nueva que daría mas contundencia al movimiento para continuar siendo, como éramos, los líderes en la lucha frente al castro-comunismo.

Sin embargo a Andrés no le acababa de convencer la posición de Eloy y así se lo hizo saber a Medina y Caballero. Para él ya Menoyo no se sentía como miembro del ALPHA, ni tenía simpatía por la dirección que estaba al frente de la misma, pero habían prometido darle un recibimiento a su llegada a Miami y se dieron a la tarea de prepararlo para el 14 de Marzo. No podía ser antes pues Menoyo iba a Puerto Rico a la boda de su hija y de ahí vendría para Miami.

Acordaron que Andrés fuera a Puerto Rico a hablar con Eloy cuando este estuviera en esa isla, así que acompañado de Silverio Rodríguez y Rodolfo García Guelmes embarcó Andrés para la entrevista.

De primera intención todo fué muy bien, muy cordial, conversaron de diversos temas, pero cuando fueron a tratar los asuntos de la organización Menoyo comenzó a poner reparos a lo que se había hecho durante los años que él había estado preso en Cuba. Que porque no se hablaba del II Frente del Escambray y solo se mencionaba el ALPHA; que porque se había dado el grado de Coronel a Vicente Méndez; le reprochó que se habían hecho acciones sin contar con él y que cuando la captura de los pescadores él había recibido golpes en el presidio.

Andrés contestó toda esta andanada, pero cuando Menoyo le preguntó cual era su posición en la organización al tiempo de su desembarco en Cuba y cual era actualmente, y Andrés le contestó que el era Secretario de Organización en 1964 y ahora era el Secretario General, Eloy le dijo: "¿Entonces te has alzado con el ALPHA?"

A esta mortificante pregunta Andrés le contestó: "Bueno, eso no lo voy a discutir aquí en tu casa, lo discutiremos cuando vayas a Miami." No hubo más reunión, ni más encuentro. Andrés regresó para Miami y continuó trabajando en el acto del recibimiento que estaba enteramente en manos del ALPHA, única organización interesada en hacer nada para destacar el regreso de Menoyo.

Todas las Delegaciones recibieron la encomienda de enviar una representación a Miami para el recibimiento a nuestro Jefe Nacional y por supuesto nosotros aquí en Los Angeles nos preparamos para asistir José Luis González, Yoel Borges, Fabio Blas Hernández y yo. Había una verdadera expectación por conocerlo personalmente.

El acto del 14 de Marzo en el estadio del Tropical Park fué algo sin precedente en el exilio. Las gradas se llenaron con más de 5,000 personas, (según reportó la televisión) ningún preso había antes recibido una bienvenida tan afectuosa. Por gestiones del ALPHA varios alcaldes del área de Miami le entregaron las llaves de sus ciudades a Menoyo y se declaró el 14 de Marzo como "Dia de Eloy Gutiérrez Menoyo."

El acto fué sencillo pero muy impresionante. Andrés con vibrantes palabras en un corto discurso le dió la bienvenida al recien llegado y Menoyo hizo el resumen recordando a sus compañeros presos, abogando por continuar la lucha contra la tiranía y que todos debíamos estar unidos, como estaban en ese día, sin odio pues al odio creado por el tirano había que oponer una doctrina de amor.
En ningún momento translució al público presente el conflicto que ya existía entre Menoyo y la dirección del ALPHA.

Al dia siguiente se suponía que hiciera una visita a la oficina de la Organización donde se le daría un brindis y tendría la oportunidad de conversar con los principales miembros del Ejecutivo y de las Delegaciones que habían venido de New York, New Jersey, Tampa, Washington, Chicago, California, Puerto Rico, Costa Rica y de otros muchos lugares donde el ALPHA estaba representada.

Nosotros los que veníamos desde Los Angeles llegamos temprano a la Oficina que se encontraba en el 408 del S.W. en la 22 Avenida ya allí en conversación con Emilio Caballero este me dijo que Eloy no quería ir a la oficina del ALPHA y que habían tenido que convencerlo de que era necesario que asistiera, ya que una gran cantidad de miembros de la Organización habían venido de lejanos lugares solamente para estar con él en esta ocasión.

También tuve conocimiento de que Diego Medina no había asistido al acto del Tropical Park ya que Eloy había manifestado que él y Caballero no lo habían entendido cuando estuvieron en Madrid. Y Diego razonaba que si habían estado cinco días conversando y no lo habían entendido era inútil cualquier otra conversación.

Tuve la impresión de que existía una tirantez entre Menoyo y la dirección del ALPHA, pero nada dije a los que habían venido conmigo y decidí observar todo con verdadera atención. Eloy llegó un poco tarde, venía con varios amigos armados que aparentemente estaban haciendo la labor de guarda espaldas. Cosa chocante pues en el ALPHA no podía esperar peligro alguno. La oficina estaba llena y Andrés lo recibió junto con Emilio Caballero y le fueron presentando los miembros que él no conocía, así como los Alfistas de las Delegaciones. Algunos viejos amigos lo abrazaron pero en realidad él no demostró gran entusiasmo, mas bien lucía que estaba deseoso porque todo terminara.

Cuando los de California fuimos presentados él nos dijo que era posible que viniera por Los Angeles, pues tenía que ir a San Antonio, Texas donde había sido invitado para hablar en una reunión de la S.I.P. (Sociedad Interamericana de Prensa) y le dije que nos avisara, para que los miembros de la Delegación pudieran tener una reunión con él.

Dos cosas me llamaron la atención. Las paredes de la oficina nuestra están cubiertas con los retratos de todos los mártires del ALPHA y noté que Eloy ni siquiera hizo un comentario o se detuvo a ver estos recuerdos que tan sagrados son para nosotros. Y en segundo lugar que la reunión se terminó y no tuvo siquiera unas palabras para los presentes, en ningún sentido, que demostrara agradecimiento por la protesta permanente que todos habíamos realizado a su favor durante su cautiverio.

Sin la perspectiva de volvernos a reunir con él, todo terminó allí. Nuestros compañeros regresaron a Los Angeles al dia siguiente pero yo me quedé unos días más en Miami. Estaba determinado a conocer cual era la verdadera situación de Menoyo con respecto al ALPHA. Cuando estuve solo con Andrés este me contó todo lo de su entrevista en Puerto Rico que ya antes he relatado.

Y regresé a Los Angeles convencido de que nada nos unía ya con el que por tanto tiempo habíamos defendido y considerado nuestro jefe.

A la semana siguiente recibíamos una Circular de Miami firmada por Andrés Nazario donde nos decía que Eloy regresaba a España donde fijaría su residencia y que: "Por lo pronto no estará ubicado en ALPHA 66 debido a la necesidad de ejercer mayor influencia en sus gestiones como líder independiente con su historial y jerarquía pública."

La reunión de la S.I.P. en San Antonio estaba señalada para Marzo 25 y 26 y al dia siguiente de la misma recibí una llamada telefónica de Antonio Morejón, un viejo Alfista que aunque ya no pertenecía a la Organización manteníamos buenas relaciones de amistad. Me dijo, "espérate que te voy a poner a alguien al teléfono." Y me puso a conversar con Menoyo que ya estaba en Los Angeles. Había venido con Eddy Carrera y se encontraba en una reunión con un grupo de presos.

Lo invité a venir a mi casa donde yo podía citar a los miembros del ALPHA para una reunión y me dijo que no, que no podía venir, que estaba residiendo en casa del Dr. José Armando Valle, el cual había asistido a la asamblea de la S.I.P. como director del periódico NOTICIAS DEL MUNDO y que si queriamos reunirnos con él esa tarde, pues tenía que ser ese mismo dia, debíamos ir a casa de Valle.

Argumenté que era muy difícil citar a los miembros del ALPHA, de las doce del día a las cinco de la tarde para un lugar con el cual no estaban familiarizados, situado cerca de las montañas. Tuvimos por teléfono una pequeña discusión donde me dijo que él había ido a casa de Valle porque allí nadie lo podría localizar. Que yo debía entender que Fidel había comisionado a veintitres hombres para matarlo en el exilio. Este argumento lo encontré completamente fuera de lógica, si lo hubieran querido matar bastantes oportunidades habían tenido cuando estaba preso.

Pero me puse a pensar que estaba tratando con un hombre que habia estado 22 años en presidio al que se le debía cierta consideración y que no tenía por que ser yo el intransigente. Así que traté de localizar a algunos de los miembros de nuestro ejecutivo local y con el Dr.José A. Moliné y William Henning nos fuimos Zoraida y yo para la reunión. Allí llegaron Yoel Borges, José Luis

González, Nelson Gil y Eugenia, Angel Torres y Fina, Gilberto y Tomasa Romero, Antonio Morejón y señora y dos ex-presos más. Los demás no pudieron ser informados de la reunión a tiempo y Luis Beato, nuestro Secretario de Organización Nacional, se encontraba enfermo en el hospital.

Como de costumbre en nuestras reuniones comenzamos cantando el himno nacional y Yoel presidió la reunión. Yo había decidido poner en claro la situación de Menoyo con respecto al ALPHA así que no le di muchas vueltas al asunto y comencé a pedirle explicación, para tener de primera mano sus respuestas, a los asuntos que representaban duda.

Le dije, Eloy yo tengo entendido que Usted en varias entrevistas ha manifestado que es Socialista, tratando de darle cierto sentido a la palabra para hacerla mas aceptable, pero aquí desde el Canadá hasta Miami esa palabra es veneno y por supuesto el ALPHA no quiere saber nada de ella. Trató de darnos una explicación pero no negó que el hubiera dicho que era Socialista.

Después le dije Usted ha celebrado lo que el ALPHA ha hecho y que tiene muy buen concepto del trabajo realizado, precisamente por Andrés Nazario, pero sin embargo todo lo que hemos oído es que Usted ha criticado las cosas que hemos hecho. Como por ejemplo que hubiéramos dado a Vicente Méndez el grado de Coronel, lo cual hicimos para inspirar respeto por el hecho heróico de desembarcar en Cuba y que su categoría denotara superioridad a los grados de Comandantes que en esa época eran los más altos en el ejército cubano.

Le eché en cara que él había criticado que el ALPHA hubiera continuado haciendo acciones contra la tiranía sin órdenes de él y hasta le había puesto pero a la captura de los pescadores. Así mismo que él había criticado la separación del ALPHA del II Frente aparentando que era una sorpresa para él, cuando desde la cárcel en escrito de fecha Octubre 5 de 1970 nos decía entre otras cosas: "Lo importante en estos momentos es perforar las filas del enemigo y al mismo tiempo unir a ALFA a la mayoría de los que actuan contra el sistema. En esta tarea estoy trabajando hace meses y los de II (II Frente) ya están incorporados de lleno. Los del 30 (30 de Noviembre) también han cerrado filas con nosotros y están trabajando muy bien."

Le dije: "Nosotros fuimos a Miami a cambiar impresiones con Ud. como dirigentes del ALPHA, no parece que Ud. tenía interés en discutir estas divergencias en una reunión general como esta.

Le reproché otras discrepancias que habían asomado en sus conversaciones con Andrés en Puerto Rico y para finalizar le dije: "Mire Eloy aquí no queda ninguna organización independiente que no sea el ALPHA. Todas las demás están comiendo en el "pesebre" americano en una forma u otra."

Muchos de los presentes en la reunión que muy poco conocían de las cosas que yo estaba planteando estaban asombrados y a pesar de que no hubo un momento prácticamente en que no hubiera un punto conflictivo, la reunión se llevó a cabo en un ambiente de respeto y consideración.

Fué la primera y última reunión que Eloy celebró con un grupo de Alfistas. Para mí fué reveladora. No era este el hombre que habíamos esperado y defendido como Jefe Nacional del ALPHA. ¡Que suerte habíamos tenido al descubrirlo tan a tiempo!

¿Sucumbió a su herencia de padre y abuelo socialista? ¿Fué tramitado por el régimen de Fidel Castro? ¿Cumplía un compromiso con el gobierno socialista de España que había logrado su excarcelación? ¿Lo malquistaron contra el ALPHA nuestros enemigos? Cualquiera sabe. Posiblemente la verdad esté entrelazada entre estas cuatro conjeturas.

Lo mismo da una cosa que otra. Es uno más de los dialogueros que le hacen el juego al tirano. En su manifiesto publicado a toda plana en varios periódicos el 19 de Marzo de 1993 anunciando la creación de una organización llamada CAMBIO CUBANO que él dirige en la parte que dice "Mensaje Abierto a Fidel Castro" hay un párrafo que dice: "Este es un llamado a su inteligencia y a su preocupación por su papel en la historia."

Preocuparse por el papel que ha de tener Fidel Castro en la historia me parece una perogrullada pero si a eso vino Menoyo al exilio, alla él.

CAPITULO 25

LA ESTREPITOSA CAIDA DEL COMUNISMO

Los que estamos viviendo estos últimos años del Siglo 20 hemos sido testigos de uno de los acontecimientos más maravillosos que podíamos haber soñado y que para muchos era un sueño irrealizable: El 'despetronque' total del comunismo, ese malvado sistema cuyo esquema se elaboró en el Siglo 19 y se puso en práctica en los inicios de este siglo en lo que había sido la Rusia Imperial desde la cual se fué extendiendo como un manto de odio y terror por diversas partes del mundo.

Para los que hemos dedicado nuestra vida a combatir de frente y sin tregua ese mal de la humanidad el gozo ha sido doble. Su caída la habíamos pronósticado pues entendíamos que el comunismo llevaba en sí como parte de su propia naturaleza la semilla de su destrucción.

Bastó que se abriera una pequeña grieta por donde pudiera penetrar el aire libre consubstancial al ser humano para que el aparato se viniera abajo, como pasa cuando un techo podrido le cae una gota más de agua de la que puede aguantar.

Fué un deleite ver como una tras otra las naciones de Europa del Este se quitaban de encima el dogal del comunismo a la vez que se desmoronaba el aparato de terror y la Unión de Repúblicas Socialistas Soviéticas se partía en múltiples pedazos bajo el empuje de sus pueblos que destrozaban la opresión que por tanto tiempo habían padecido.

El momento estelar ocurrió en Noviembre 9 de 1989 cuando el símbolo de la opresión, el muro de Berlín, fué destruido por la furia de los que habían sufrido su presencia desde que fué instalado para evitar que los esclavos del comunismo pudieran huir hacia la libertad.

Teníamos derecho los cubanos que al igual que en Europa la caída del régimen rojo ocurriera en Cuba, pero una vez más nos sentimos defraudados. El macabro dictador para evitar la catástrofe fusiló sin miramiento alguno en Julio de 1989 a su héroe nacional, el General Arnaldo Ochoa, y en el procedimiento embarró a todos los generales del ejército (47) que en una de las páginas más bochornosas de ejército alguno en el mundo, demostrando gran cobardía se hicieron cómplices del crimen, cuando uno por uno justificaron públicamente que le fuera aplicada la pena máxima a su compañero. No hubo uno solo que pusiera una objeción para salvar la dignidad del cuerpo militar.

Este lapso de tiempo entre 1989 hasta la fecha, Febrero de 1995, ha sido un período difícil en el exilio. Ha habido sectores que se han dejado envolver por el pesimismo y le atribuyen al régimen del tirano poderes de permanencia que en realidad no tiene. Su capacidad de maniobra se ha puesto a prueba y su falta de escrúpulos ha asombrado al mundo entero, pero nada ha logrado. Sus volteretas no lo han situado ni a un solo paso mas lejos del despeñadero en que inevitablemente caerá, desgraciadamente arrastrando en la caída al sufrido pueblo cubano que inerme contempla la debacle.

Pero el ALPHA 66 ha entendido que la batalla hay que continuarla y no ha descansado un solo momento. Hemos hecho una campaña internacional contra el turismo sexual que se ofrece por la tiranía y que ofende a la mujer cubana. Hemos dicho que el turista que va a Cuba es y debe ser considerado un enemigo del pueblo cubano, y así lo han entendido en la Isla, pues en innumerables ocasiones los turistas han sentido el rigor de los puños del pueblo, y la tea incendiaria ha dado cuenta de muchos lugares de esparcimiento creados no para distraccion del cubano, sino para el usufructo del turismo.

Hemos continuado infiltrando nuestros agentes. Unas veces en forma clandestina y otras por vía legal, para continuar el engranaje que ha de ser indispensable en el momento que le falte la tierra bajo sus pies al sátrapa. En ocasiones nuestras campañas han puesto tan tensos a los sicarios del régimen que han producido escándalos internacionales como ocurrió cuando prendieron y condenaron al mexicano Mario Garcia Ruvalcaba acusándolo de llevar propaganda del ALPHA 66, asi como granadas explosivas para hacer sabotajes y que tuvo el gobierno de México, bajo la presión de la prensa de ese país, que intervenir para que lo soltaran.

A la vez que trabajan dentro de Cuba nuestros hombres, se forman nuevos movimientos clandestinos como "Los Hijos de la Viuda" que en contacto con el ALPHA no dan descanso a la tiranía con sus sabotajes en las provincias orientales. No todo se sabe en el exilio aunque de vez en cuando nos llega la noticia en alguna forma. Tan reciente como en el mes de Diciembre de 1994, según informa el periodista Ariel Remos en el DIARIO LAS AMERICAS (Enero 28, 1995) se recibió noticia a través del Canadá del arresto de 13 personas en los poblados de Cándido González y en Santa Cruz del Sur, acusados de sabotajes y atentados contra los poderes del estado y de estar vinculados con la organización de anti-castristas exiliados ALPHA 66.

Cuatro días después el 1ro. de Febrero un nuevo comunicado en el DIARIO LAS AMERICAS relataba como noticias de la Habana reportaban la detención por la Seguridad del Estado de cinco personas más por el supuesto delito de conspirar para sabotear la planta mecánica de Camagüey, dando los nombres de los encartados, todos menos uno, menores de 30 años. Son los efectos del Plan Máximo Gómez que no han dejado de sentirse y que terminarán por poner de rodillas al traidor Castro.

Es de notar lo difícil que resulta la tarea del ALPHA 66 ya que a la vez que el Gobierno Americano con la Ley Torricelli trata de evitar que la tiranía se aproveche de los grandes beneficios que representa el poder comerciar libremente con este país y acogerse a los sistemas internacionales de crédito controlados en gran parte por los Estados Unidos, a nosotros se nos decomisan armas y barcos cuando tratamos de llevar nuestra voz de fuerza real a las costas de Cuba. Armas y barcos comprados con el esfuerzo de la gente humilde del destierro. El daño es enorme pues nada levanta más el ánimo del pueblo en la Isla que el saber que en el exilio hay hombres y organizaciones dispuestos a correr todos los riesgos inherentes a desembarcar en las costas cubanas con un arma en la mano.

Sobre esta situación nos hemos quejado en varias ocasiones por escrito al Presidente Bill Clinton y a los congresistas cubano-americanos, así como lo hemos denunciado públicamente pero nuestra queja hasta el presente no ha sido escuchada.

Esto no nos desanima porque nada hará variar el final, los síntomas de la hecatombe de la satrapía roja están a la vista. Los grupos en defensa de los Derechos Humanos en la Isla surgen por doquier; el pueblo se revela contra las injusticias como pasó en Cojímar y en Regla; el gobierno tiene que acudir a métodos salvajes como el ataque al remolcador "13 de Marzo" que ha escandalizado al mundo por la ferocidad con que atacaron a personas inermes entre ellos mujeres y niños; y como un avance de lo que ha de venir se produjo el levantamiento en la Habana del 5 de Agosto de 1994, y la subsecuente salida por mar de cerca de cuarenta mil balseros, increiblemente presos en Guantánamo y Panamá por el gobierno Americano.

Europa está ya libre de los gobiernos comunistas. En Asia las camarillas rojas en China, Corea del Norte y Vietnam luchan para conservar el poder totalitario que el comunismo les ofrece y en América el único "territorio esclavo" que existe es Cuba, pero nada ni nadie podrá salvar a la tiranía del desenlace final. El basurero de la historia está listo para recibirlos.

CAPITULO 26

HASTA AQUI - UNA PAUSA ANTES DEL TRIUNFO

Cuando hice la decisión hace alrededor de dos años de escribir la historia del ALPHA 66 vista desde mi posición como Coordinador en el Estado de California, tuve la duda de si podría llevar a cabo esta tarea. No estaba acostumbrado a esta clase de trabajo y sabía que tendría que hacerla en los ratos libres que me dejaran mis ocupaciones en la Organización, mis compromisos de tesorería con mi Iglesia, mi "part time" y por supuesto mis responsabilidades con mi larga familia. Tenía para comenzar la enorme tarea de poner en orden una montaña de papeles y datos que guardaba con esmero desde que llegué al exilio.

Cité a mis hijos, yernos, nuera y sobrinas y ante ellos volqué una enorme cantidad de cajas llenas de papeles, revistas, periódicos y recortes y en dos noches las separamos en una forma más o menos que nos permitiera tener una guía para empezar. Después de eso por muchos días vino a ayudarme Juan Pérez Norat, viejo y fiel Alfista, y ya me fuí dando una idea de como y donde estaban los datos que me servirían para el trabajo que pretendía realizar.

Al terminar el Capítulo 25 de esta "histórica tarea de ALPHA 66" me doy cuenta que solo he tocado sin profundizar la verdadera trascendencia e importancia que esta epopeya ha representado en estos años de exilio. Sobre el tema que trata cada uno de los capítulos se pueden escribir varios libros. No tengo acceso, ni ese era mi propósito, el de penetrar a la abundancia de datos, informaciones, anécdotas y relatos personales de todos los que han participado en una forma u otra en la fecunda obra que es ALPHA 66.

Apenas conozco la lucha vista desde las demás Delegaciones del ALPHA, pues he escrito solo del trabajo en California y las operaciones en general a cargo de la Dirección Nacional. Se, sin embargo, que en el New Jersey de Silverio Rodríguez, de Tomás Tápanes, de Humberto González, de Montano, de Gary Verdes y en el New York de Antonio Purriño, de Helsa Fernández, de Rolando Olivares, de Raul La Rosa, de Arnaldo Solís, de Elsa Ibarra, de Ixa Valdés y de tantos otros luchadores cuya lista sería interminable, se han escrito páginas que tendrán que ser recogidas por la historia, pues han sido estas Delegaciones sostenes sólidos del aparato que hemos creado frente al castro-comunismo.

Sin olvidarnos de las demás Delegaciones como Chicago, con Antolín Pestano e Ibrahím Valdés, Puerto Rico, New Orleans, y tantas otras como Tampa, donde Enrique y Yita González con Adalberto Tosca nunca han dejado caer nuestra bandera de lucha. Todas estas Delegaciones en un momento dado han sido indispensables para determinada tarea, bien sea económica, militar o de inteligencia.

Y además, ¿Qué podemos decir ahora de la labor de los Alfistas dentro del territorio cubano? Es ahí donde el valor, la audacia y el sacrificio están escribiendo páginas gloriosas que asombrarán al mundo, cuando el aire independentista penetre en el suelo de nuestra tierra.

En este relato, a propósito, no hemos tocado algunos extremos que aun no es prudente hablar de ellos. Bien porque pudieran comprometer futuras operaciones similares o bien porque son hechos sobre los cuales otros deben penetrar en su momento dado con lujo de detalles.

Desde hace muchos años dijimos que el ALPHA 66 aspiraba a formar en Cuba libre un partido político que expusiera al pueblo los principios por los que estamos luchando, y haciendo uso de los derechos en una democracia, aspirar al poder para desde el mismo poner en práctica el tipo de gobierno que nosotros creemos que puede hacer a un pueblo felíz.

Esto no era fácil de entender, pues en los finales de los años sesenta y en los setenta, la moda era que cuando se hablaba de crear algo para combatir al castro-comunismo lucía más bonito, pues daba la sensación de desprendimiento, el hacer una pública renunciación a ocupar cargo alguno en el gobierno que se creara en la Isla una vez libre.

El ALPHA consideró siempre falto de lógica y sin sentido práctico el hacer esta renunciación, pues en la batalla contra un poder opresor lo primero que hay que esgrimir son los principios por los que se lucha y si se renuncia a poner en práctica esos principios una vez que se ha triunfado, se está dejando el camino para que otros sin compromisos o con otras ideas asuman el poder y nada garantiza que eso sea lo mejor para que la nueva república que hay que crear vaya por los derroteros en los cuales queden consagradas las libertades a que tiene derecho el pueblo de Cuba.

Claro que al decir que no se aspiraba al poder había que pensar que se hacía porque el cubano del exilio estaba realmente amargado y desilucionado con la política. Había visto en sucesión un golpe de estado sin justificación alguna seguido por una dictadura militar corrompida, a cuyo frente Batista gobernaba con políticos que no tuvieron reparos en pisotear la constitución de la República. Salió el pueblo de esta situación para caer en una siniestra trampa que Fidel Castro, un personaje perverso, y el comunismo internacional, nos tendieron, y que se mantiene así mismo por una camarilla militar que en su más alta esfera es la cobardía el vínculo que los une, como se demostró en el juicio de Ochoa.

¿Y cuáles son los principios de este nuevo movimiento histórico denominado ALPHA 66?

El mundo moderno que nos ha tocado vivir, caprichosamente ha ido dividiendo y situando a las personas, a los partidos políticos y a los gobiernos en el poder, señalando a cada cual como conservadores o derechistas unos, liberales o izquierdistas otros, o nacionalistas. Cuando los quieren hacer aparecer en forma negativa los llaman la extrema derecha o la extrema izquierda o un ultra nacionalismo.

Entonces volvemos a preguntar: ¿Dónde situamos al ALPHA 66?

Los vocablos han sido manoseados tanto que casi se convierten en malas palabras. No podemos decir que somos de derecha porque nuestro origen viene en su gran mayoría del sudor del trabajador, del verdor del campo, del olor de la hoja del tabaco o del característico de los centrales azucareros, del pequeño comerciante, de los profesionales y oficinistas de la clase media que respiran el aire y reciben el calor del contacto con el pueblo.

El ALPHA no está compuesta por los dueños de Ingenios, grandes terratenientes ni las élites de los grandes clubs, a los cuales daríamos la bienvenida desde luego si decidieran integrarse a nuestra causa.

Ahora bien tampoco podemos decir que somos liberales, a pesar de que eso es realmente lo que éramos nosotros como partes del pueblo pobre o de la clase media, según siempre fueron considerados en Cuba. El vocablo hemos visto con asombro en el exilio, ha sido prostituido, al extremo que alrededor de las teorías "liberales" se han juntado los que han considerado que el comunismo no es tan malo y que se puede llegar a un término medio para poder vivir en paz capitalismo y comunismo.

Esta repugnante teoría política se elaboró cuando los que presumen de "inteligentes" en las cancillerias de las grandes potencias no concebían que el comunismo podía ser derrotado y que había que buscar una fórmula para convivir con él. ¡Cómo si fuera posible pactar con el diablo y esperar que el pacto fuera respetado! ¡Cómo si se pudiera olvidar la montaña de cadáveres, los abusos y atropellos, que han servido de base al comunismo para llegar al poder!

La caida fulminante del comunismo en Europa abrió en parte los ojos a los que propagaban esa teoría, pero aun nos la quieren aplicar a los pueblos, que como el de Cuba, China, Corea y Vietnam, sufrimos los embates de la herencia de terror que el comunismo ayudó a implantar.

Pudiéramos con orgullo decir que el ALPHA es un movimiento "nacionalista" pero también este vocablo ha sido abusado y con él se han cubierto los más grandes tiranos que ha visto este siglo, comenzando por Adolfo Hitler, y muchos tiranuelos que se han enseñoreado sobre sus pueblos y lo que han hecho es sembrar el terror, el hambre y la miseria.

La persona humana siente un amor profundo, distinto, quizas comparable solamente al amor de los hijos por la madre, por el lugar donde nació, o en el caso de muchos cubanos desterrados, donde debieron haber nacido. Es un sentimiento universal que penetra profundamente en nuestro ser, cuanto más lejanos nos encontramos del lugar donde vinimos al mundo, no escogido por nosotros, sino por circunstancias en que no tuvimos intervención.

Este amor singular por el lugar donde vimos por primera vez la luz es lo que distingue al vocablo "nacionalista", que sin embargo ha sido empañado de tal forma que ha perdido el brillo que debiera tener.

¿Qué queda entonces a ALPHA 66 para expresar lo que somos?

Solo ir a la raíz y buscar en el pensamiento de los hombres que forjaron el sentido de patria en nuestra Cuba. Varela, Luz y Caballero, Céspedes, Agramonte, Calixto García y tantos otros patriotas que sintieron en su fuero interno que valía la pena dedicar la vida, y si necesario fuera darla, por traer a la tierra donde habían nacido el derecho a que fuera libre y soberana y no la colonia manejada a capricho por un poder opresor.

Y por último ir al fondo del pensamiento del trio glorioso formado por el Generalísimo Máximo Gómez y Báez, el Lugarteniente General Antonio Maceo y Grajales y del maestro de nuestra nacionalidad José Martí Pérez quienes entre los tres nos legaron todo lo que debe ser inspiración, lo mismo en la guerra como en la paz, para que nuestra Patria sea verdaderamente el asentamiento de un pueblo libre.

Si extraemos las enseñansas que estos hombres nos dejaron con su ejemplo y no dejamos que nos nublen la vista los desmanes de tantos pícaros que han venido después, pondremos delante del pueblo en una Cuba libre una tésis política, que ya está escrita en nuestros principios prográmaticos, pero que además esta avalada por nuestra conducta a través de todo este proceso.

La Cuba del futuro debe estar exenta de nuevos experimentos raros. Ya con el castro-comunismo basta y sobra. Tampoco puede volver a un pasado en que sus desafueros y errores ahogaron, muchas veces en sangre, los avances indiscutibles que se habían logrado. Una vez que los resortes y libertades necesarias para que la nueva Republica funcione estén en su puesto, lo que se requiere es que el ciudadano tenga conciencia tanto de su derecho, como de su deber. Una república con hombres honestos, con espiritu de servicio dispuestos a dar de sí lo mejor, desde el más alto funcionario hasta el más humilde empleado, tiene que ir hacia adelante y convertirse en poco tiempo en un ejemplo para las demás naciones.

Tengo la seguridad que ha sido en el destierro el conglomerado de hombres y mujeres del ALPHA 66 el que ha dedicado más tiempo, durante tantos años al estudio de lo que debe ser la Cuba del futuro. El pasado en la República, el nefasto presente y lo que es necesario poner en práctica en el futuro, en una Cuba libre, ha sido analizado una y otra vez y todo viene a concentrarse en un punto de partida: el ciudadano.

No el hombre nuevo que creyó inventar el comunismo, sino el hombre y la mujer, viejos y nuevos, que comprendan que no se puede hacer una República de respeto, si los ciudadanos no son respetuosos; que no puede haber una República donde prime la honradez si los ciudadanos no son honestos; que una República no irá hacia adelante si sus ciudadanos se conforman con la mediocridad y no luchan por buscar la perfección en todo.

211

La Constitución de 1940 ya había asegurado para Cuba un sistema que por evolución nos estaba situando en un lugar privilegiado en el continente americano. Si volvemos a sus principios con una nueva constitución que recoja los avances de los últimos años y nos comprometemos todos a respetarlos habremos triunfado.

Hay que superar los errores que han cometido algunos de los países que se quitaron de encima al comunismo y que han caído en el desafuero y el libertinaje, al extremo que viejos comunistas disfrazados de demócratas están volviendo a posiciones de poder. La línea divisoria entre la libertad y el libertinaje es difícil de definir, pero el daño es tremendo cuando se pasa de una a otra.

Hay que evitar que, imitando a Castro, nos vendan la República. Que lo que está haciendo el déspota sin contar con nadie, pueda ser imitado en una Cuba libre. El poder adquisitivo del cubano del exilio, y el afán de lucro de muchos capitalistas es tan poderoso que con el pretexto de dar trabajo pueden pretender comprarnos la Isla pedazo a pedazo, dejando al cubano como simple asalariado sin más perspectiva de participación en su propia tierra.

No es posible en un trabajo como este hacer un estudio pormenorizado sobre lo que queremos para Cuba. Ahora bien, si alguien le pregunta a un Alfista, no importa en que Delegación, si es de New York, de New Jersey, de Texas, de California, de Miami o de cualquier otro estado o país, lo que piensa se debe hacer en la Cuba del futuro obtendrá la misma respuesta. Nuestro pensamiento ha sido estudiado por años en congresos regionales y nacionales, en simposios, seminarios, foros, asambleas, etc. Ha sido analizado en reuniones internacionales donde hemos estado en estudios profundos conjuntamente con mentes claras en cuestiones de ideologías y formas de gobierno, pero sobre todo hemos contado con la clara inteligencia de nuestros líderes Andrés Nazario Sargén y Diego Medina Hernández y nosotros aquí en California por muchos años pudimos contar con el pensamiento diáfano de Néstor Aranguren y Hedesa y la orientación revolucionaria de Luis Beato Oteiza.

Pero ha sido Andrés Nazario el verdadero factor determinante en la creación, permanencia y orientación de ALPHA 66 como el aparato revolucionario de acción frente a la tiranía castro-comunista que avasalla a nuestro pueblo. Su devoción a la Organización, su dedicación constante día y noche, año por año, no tiene paralelo en el destierro. Su clara inteligencia para no dejarse confundir por falsos

212

caminos que lo aparten del objetivo, que siempre ha sido RUMBO SUR, es un elemento poderoso que ha hecho posible que ALPHA 66 haya estado en todos estos años a la cabeza de la lucha real y peligrosa contra la satrapía roja.

De su pluma han salido cientos y cientos de orientadores artículos que publican los periódicos del destierro en todas las áreas y que son recogidos por diarios de la America Latina. En ellos se destacan dos factores para el esfuerzo que requiere la lucha contra el castro-comunismo. Primero, su seguridad y fe en el triunfo final de nuestra causa, ese valioso optimismo indispensable para que una tarea pueda ser llevada a buen éxito no importando los sacrificios y el tiempo que la victoria requiera. Y segundo, su clara percepción para el análisis de todas las circunstancias que han rodeado la lucha desde el principio. No podemos señalar un solo caso en que haya tomado un camino equivocado, mientras otras organizaciones y otros dirigentes han dado tumbos y traspiés, él ha sabido dirigir los pasos del ALPHA 66 por el camino correcto.

Su frase favorita de que la guerra es "sin pedir permiso, ni esperar por nadie" ha sido repetida miles de veces y quizás haya quien diga que es siempre lo mismo, porque desgraciadamente hay algunas personas a las que molesta que exista un pensamiento que no claudica.

Con él los miembros del Ejecutivo hemos analizado una y otra vez todos los pasos que ha dado el ALPHA y todos los proyectos para el fortalecimiento del aparato, unas veces personalmente y en otras por cartas. Nosotros en California a través de los años y en contestación a nuestras preocupaciones o preguntas hemos sido favorecidos con verdaderos conceptos revolucionarios.

En carta a Guillermo Suñé en Abril de 1973 le dice Andrés en uno de sus párrafos: "Asegurado está que ALPHA 66 es el instrumento idóneo de la liberación cubana. No es casualidad; hemos trabajado mejor que los demás y tenemos una estrategia adecuada. Los factores que determinan en los grandes momentos se inclinan a nuestro favor. Hemos logrado sembrar en el alma cubana de todas partes la mística del esfuerzo; la fe y la conciencia de victoria. Esas cosas no son fáciles de crear, pero después de formada en cada mente y en el corazón de las masas son indestructible. Somos leyenda, vibraciones de emoción, somos el sentimiento de un pueblo que nadie puede tocar, pero que late y promueve ilusiones."

En el propio año 1973, en Marzo, nos escribe Andrés una larga carta a Néstor Aranguren y a mí, en que resalta su inquebrantable fe en lo que estamos haciendo. Dicen así algunos de sus párrafos: "La herencia de los hombres y de los pueblos son influyentes. Todo influirá a favor nuestro. Ahora bien ustedes saben, que nada triunfa por mera suerte. Nosotros hemos triunfado porque al igual que José Martí el ALPHA 66 ha dado prueba de tener estrategia política y revolucionaria y seguir el mismo apostolado del Maestro. Todo eso es muy difícil, sumamente difícil, pero yo diría que la importancia suprema estriba en que el aparato revolucionario nuestro está integrado por hombres de principios, revolucionarios, gentes desprendidas y firmes en el roll que desempeña cada cual. Esos ingredientes, sumados a la cantera de lo heroico conjugan formalmente el instrumento de la revolución. Tenemos pues, el enorme privilegio y la grave responsabilidad de ser los futuros dirigentes de la Cuba del futuro."

Y más adelante, en la propia carta: "Hace muchos años que formamos la gran familia de ALPHA 66 más allá de los vínculos afectivos --son infinitos esos vínculos--, constituimos esa fuerza de convicciones, de apostolado, de hondo sentido político y fuerte sentimiento revolucionario. Esa familia se ha convertido en una fuerza mayor y en una fuerza mística que enciende la fe por todas partes."

Muchos de los artículos escritos por Andrés terminan pidiendo a los cubanos que luchen, que si no lo quieren hacer en las filas del ALPHA lo hagan en cualquier otra organización, pero que no se queden estáticos e indiferentes ante la tragedia que sufre nuestro pueblo. Y en cuanto a la unidad Andrés ha sido siempre un convencido de que todos los factores que están contra el castro-comunismo deben trabajar juntos, aunque comprende que solo la verdadera unión puede existir cuando los integrantes tienen una misma meta o propósito y su estrategia de lucha es la misma. Por ejemplo el ALPHA no está interesada en gestiones con ningún gobierno o entidades que nos empañen o nos enturbien lo que debe ser una victoria límpida que asegure al pueblo cubano una verdadera independencia.

Mientras Andrés Nazario ha concentrado su orientación sobre el destierro, sin dejar de enviar sus mensajes a Cuba, el ALPHA ha podido contar con Diego Medina que fustiga diariamente a través de la radio al marxismo-leninismo, al socialismo y a toda la pudrición creada por Castro para enseñorearse sobre nuestro pueblo y en las pocas veces que escribe para el destierro sus conceptos son de una claridad impresionante. Véase lo que nos dice en algunos de los párrafos de su artículo "Nuestra Soberanía" publicado en el DIARIO LAS AMERICAS en Junio 1ro. de 1991:

"Después de la década de los años treinta se abolió la nefasta Enmienda Platt y cuando estábamos aprendiendo a caminar con nuestros propios pies, llegó un granuja llamado Fidel Castro y le entregó nuestra soberanía al imperialismo soviético. Volvimos a convertirnos en una República sin soberanía."

"¿Comprenden ahora ustedes lo caro que nos ha costado a los cubanos vivir sin soberanía? ¿Comprenden ustedes ahora por que decimos que la característica más importante que debe tener el futuro gobierno de Cuba es la de ser un gobierno soberano?

Y sigue diciendo Diego en su artículo: "Sería un bochorno y una verdadera catástrofe nacional que, a la caída del castrismo, el nuevo gobernante de Cuba sea un títere ruso o un títere norteamericano, o de cualquier otro país."

"El futuro gobernante de Cuba debe ser un cubano con todas las características que encierra esa hermosa palabra. El futuro gobernante de Cuba debe mantener buenas relaciones con todos los países libres del mundo pero sin arrodillarse jamás delante de ninguno de ellos."

"Tenemos que aprender a descubrir a los títeres sin que importe el color de su disfraz. Cuando vemos a alguien de rodillas hoy podemos estar seguros de que seguirá de rodillas mañana."

Pero claro detrás de estos dos dirigentes, Andrés y Diego, existe un grupo de hombres que forman un núcleo de fe y patriotismo sobre el cual descansa la Dirección Nacional: Osier González, Hugo Gascón, Emilio Caballero, Rolando Olivares, Humberto Pérez, Pedro Arrechea y tantos otros batalladores incansables son los héroes de la retaguardia que han sostenido el peso de la lucha sin desmayar y sin percibir remuneración alguna desde que cada uno de ellos llegó al destierro.

Hemos querido dar una idea del pensamiento que ha moldeado al ALPHA 66 y que cual si fuera una vara mágica ha hecho el efecto de poner en marcha nuestra cubanía dándole una consistencia indestructible, pues es el pensamiento de la Cuba eterna por la cual han dado su vida miles de mártires.

Nuestra histórica tarea, visionaria si se quiere, como si persiguiéramos una estrella que aparentemente está fuera de nuestro alcance, nos hace sentir que llevamos dentro algo intangible, que genera una fuerza interna, perseverante, irreductible que no se aparta de lo que considera nuestra obligación, que no podemos determinar si es divina o moral, o ambas cosas a la vez y que en el devenir del tiempo podremos, al besar la tierra cubana en una Cuba libre, sentir que hemos cumplido con nuestro deber.

24 de Febrero de 1995
Dia del Centenario del Grito de Baire.

OPINIONES SOBRE EL ALPHA 66

Durante todo este tiempo de lucha han sido centenares de personas las que han dado su opinión sobre nuestra organización. Hemos creido interesante dar a conocer algunas de esa opiniones, lo que hacemos a continuación.

Carlos Márquez Sterling - Párrafos de su artículo "ALPHA 66 Organización que Trabaja Incansablemente por Cuba" publicado en el DIARIO LAS AMERICAS, Enero 20 de 1976.

> "ALPHA 66 es una organización de cubanos modestos. En estas orientaciones siguen la ruta martiana de trabajar pegados a las entrañas de la tierra. Digamos, una vez más, que las clases dirigentes cubanas, en gran parte se han desentendido del drama cubano. Desean la vuelta, o mejor dicho, desean saber que se puede volver, pero no trabajar por ese regreso, y en gran medida, tampoco contribuyen a él.

> Filosofias a un lado, sobre cosas que no tienen remedio, el nervio del esfuerzo en el exilio está, sin duda alguna, en aquellas organizaciones que quedan más cerca de lo que es pueblo. ALPHA 66 es una de ellas. Sus componentes se emocionan al sentido de la patria. Son, por lo general, integrantes de una clase que luchaba en Cuba con grandes obstáculos. Palpita en ella la cubanía de lo que pudo haber sido cubanidad.

> Si algún día se pudiera en el exilio aunar a todos los factores cubanos, bajo la bandera inmarcesible de la cubanía, estamos seguros de que tendríamos que reconocerle a ALPHA 66, uno de los lugares mas destacados, en esa aglutinación."

****

José A. Chaviano - Párrafos de su columna "Sin Comentarios" en el HERALDO DE BROWARD publicado el 15 de Noviembre de 1984.

"Desde el año 1959 hasta la fecha, muchas organizaciones se han esforzado en llevar la lucha popular a vías de hecho, pero muchas de ellas no han podido sobrevivir mas allá de sus deseos, por falta de dirigencia, por falta de fondos; y quizás también por no contar con suficiente apoyo, tanto moral como económico.

A pesar de todo lo anterior, han habido organizaciones que se han mantenido en su linea combativa desde entonces y en honor a la verdad se debe reconocer, que de todas las existentes en su momento, esta que vamos a mencionar es la única que cuando se menciona su nombre en la Patria esclava, nuestros hermanos la conocen y ayudan a propagar sus ideas, tanto pública como privadamente, lo mismo en conversaciones entre amigos, como poniendo el nombre de la misma en cualquier lugar público.

Este nombre no es otro que el de la Organización Alpha 66.

No conozco mucho sobre la organización Alpha 66, pero debo decir que apoyo incondicionalmente a la misma, y este escrito en mi columna, desde este periódico, lo dedico a esta brava organización, de la cual nosotros, los cubanos, debemos de sentirnos orgullosos, no solo por que HABLA, sino POR QUE HACE."

****

Tomás Regalado - Párrafo de su disertación ante la Asamblea General en Campaña de ALPHA 66 - Marzo 28 de 1993.

"Dicen que los periodistas tienen que ser, o deben de ser, muy objetivos y además de eso muy imparciales. Cada vez que se invita a un periodista o a un comentarista, pues estas personas siempre tienen el cuidado o la prudencia de hablar profesionalmente y de no vincularse a la entidad a la cual han sido invitados. En este caso para mi es muy distinto y muy diferente, porque desde hace muchos años, desde siempre, todos Uds. estoy seguro que saben de mi admiración y mi vinculación y mi respaldo total a ALPHA 66 y yo también me siento un miembro de ALPHA 66."

****

Emilio Martínez Paula, Director de INFORMACION de Houston, Texas. Párrafos de su artículo "Con Nazario Sargén en el Orange Bowl" de Septiembre 23, 1994.

"El pasado sábado 18 cerca de cincuenta mil cubanos, e hispanos de distintas nacionalidades, se juntaron en el Orange Bowl en Miami, Florida, para orar por la libertad. Por la libertad de Cuba, y por la libertad de los cubanos que se encuentran en la Base Naval de Guantánamo, Panamá y otros lugares. Para orar...y a Dios rogando y con el mazo dando... pues la multitud clamaba por la guerra justa y necesaria.

El pueblo cubano se ha refugiado en la religión...pero también está pidiendo guerra. La guerra justa y necesaria que proclamaran los hombres del 68 y del 95 cubano lo que hace que se mire la tesis de Alpha 66 como la única que queda en pié, gracias a hombres del limpio y firme patriotismo de Nazario Sargén."

****

Manuel Márquez-Sterling - Párrafos de su artículo "¡Cuba, Cuba las hizo! publicado en el DIARIO LAS AMERICAS, Diciembre 22 de 1993.

"Juzgamos que en nuestra estrategia cubana las actividades de organizaciones como el Alfa 66 son de una importancia extraordinaria. Las acciones de estas organizaciones vienen a reconstituir lo que siempre existió a lo largo de toda nuestra historia, desde Armenteros hasta la dictadura de Batista. O sea, que la resistencia interna tenga la fe, la esperanza y hasta solamente la ilusión, de que afuera hay fuerzas que siempre habrán de ayudarles a oponerse a la dictadura de paso. El error más grande que en estos momentos pudiera cometer el exilio que aspira a ver el renacimiento de una Cuba curada del morbo castrofidelista, sería ignorar, o peor aun, criticar a organizaciones como ésta por las acciones que llevan a cabo.

No somos, ni hemos sido miembros de esta organización, pero creemos que en los presentes momentos ha dado un paso muy importante al abrir una brecha en los planes y en los designios de aquellos que se arrogan el derecho a dictaminar los destinos de nuestra patria. Pronto el poder de todas las organizaciones oficiales de este país se habrá de volcar para acallar las voces de organizaciones como ésta. Es imprescindible que estas voces no desaparezcan y que el exilio, como el pueblo de Fuenteovejuna, la obra inmortal de Lope, cuando estas organizaciones hagan sus ataques y los poderosos quieran saber quiénes las hicieron, les gritemos a todo pulmón: ¡Cuba, Cuba las hizo!"

NESTOR ARANGUREN

Luis Beato

E.P.D.
Nuestros queridos
compañeros que
representan más de
cuarenta Alfistas
fallecidos en este
Estado de California
durante todos estos
años de destierro.

Ing. José A. Bernal

Abundio Rodríguez

Edith Salazar

Orestes Pérez Borroto

Ixa Valdés, Dr. Enrique Alvarado
y Rolando Olivares.

Tomás Regalado,
invitado especial

IV CONGRESO DE CALIFORNIA

Vista de la mesa presidencial
en primer plano Argelio Arco
Delegado en San Francisco.

José Luís González, Oscar Talleda
y Antonio Rotella.

De izquierda a derecha de pié Nelson Gil, Armando Dueñas, Oscar Talleda, Milto Rodríguez, Mario Aday, José Luís González, Dr. Enrique Alvarado, Angel Torres, Antonio Rotella, Miguel Talleda, al frente Yoel Borges y Senén Reyes.

1991 - Fabio Blas Hernández, Jorge Castro y Luis Beato

1975 -1er. Congreso de California Guillermo Navarro, Diego Medina y Andrés Nazario.

Mayo 1976 en el Aeropuerto de Los Angeles: Armando Pérez Roura y Miguel Talleda, Delegados al Congreso de la WACL en Seul, Corea son despedidos por Esther Herrera, Carmen Castro, Joaquín Talleda, Zoraida Talleda, Luis Beato y Manuel Luaces.

1976 - Talleda, Pérez Roura y Silvio Mora visitan en Corea las instalaciones industriales.

1976 - Olguita Nazario en unión de una Delegada de Corea del Sur

1970-De izq. a derecha Dr. Enrique
Alvarado, Alfonso Fábregas, Mariano
Sedó, Miguel Talleda, Luis Cuellar
debajo Guillermo Suñé, Néstor Aranguren
y Manuel Luaces.

En protesta Armando Dueñas, Jorge Castro
y el Ing. José A. Bernal.

Armando Carrera

Iris, Isabel y Sergio Mayea

Guillermo Ceballos

Enrique González

Dr. Jorge Mas

Osvaldo Díaz Christian

Juan Pérez Norat

1983 -Fotos del Campamento "YUMURI" en las montañas del Desierto de Mojave en California.
Sergio Mayea, José Avila, Miguel Talleda y Jorge Castro dan la bienvenida a las huestes de estudiantes y profesionales Mexicanos en su visita al campamento.

CALIFORNIA 1995: Un grupo de miembros de la gran familia del ALPHA se reunen para planear actividades.

Dr. Luis R. Simón

Eugenia Gil, Felicia Aduriz y Olga Nazario

De izq. a derecha Yoel Borges, Miguel Talleda
Jorge Poitou y el Ing. Guillermo Suñé.

1995 -Equipo Especial, de izq. a derecha, Orlando Moreno, Carlos
López, Nelson Gil, Eduardo Martín, Pedro Alfonso y Nivaldo Zada.

24 de Febrero 1995 - Un grupo de Alfistas, bajo la dirección del Comandante Sergio Mayea, escalan Caldwell Mountain como parte de su entrenamiento, dejando en la cima de la montaña una placa conmemorativa del centenario del Grito de Baire y haciendo constar que ALPHA 66 lucha por la Segunda Independencia.

Juan León, Conrado Gómez, Carlos López y Mario Aday

1991 - Andrés Nazario otorgando un reconocimiento especial a quien fuera Delegado en Torrance, Pablo González fallecido en 1994.